改正 中国会社法

条文の解釈から学説論争、
立法過程の解明へ

徐 治文［著］

法律文化社

はしがき

　中華人民共和国会社法（以下では2023年会社法と省略する）が2023年12月29日に改正され、2024年7月1日から施行された。1993年中国会社法制定以前、中国では社会主義計画経済体制のもとで企業は、主に国有企業（全人民所有制工業企業法の規制対象）という企業形態で営まれていた。1993年の中国憲法改正で中国の経済体制は、社会主義計画経済体制から社会主義市場経済体制に移行した（憲法15条）。その社会主義市場経済体制に対応するためには現代的企業形態である会社制度を整備することが必要であった。そして中国会社法は、現代企業制度を建設する必要に応えるため、会社の組織と行為を規定し、会社、株主及び債権者の合法的な利益を保護し、社会経済秩序を維持し、社会主義市場経済の発展を促進するため、憲法に基づいてこの法律を制定する（会社法1条）という立法趣旨のもとで1993年12月29日に公布され、1994年7月1日より施行された。私が1994年4月1日より九州大学法学部研究助手になり、恩師・森淳二朗先生のご指導のもと、博士論文の研究題目として「会社法とコーポレート・ガバナンス」について考え始めた頃だった。

　2023年会社法の構成は、2018会社法の13章、218条と比べると15章、266条となっている。また、今回の会社法改正では条文数の増加のみならず、会社法の立法理念にも重要な変化が見られた。1994年〜2018年の間に会社法の改正が主に効率性優先・規制緩和という方向で行われてきた。例えば中国会社法は2013年の大改正で定款による私的自治を認める任意法規を増加し、会社設立の行政認可規制を撤廃し、会社の最低資本金規制を原則的に廃止し、会社設立・登記手続も簡素化するなど「入り口での法規制」を大幅に緩和した。

　そして2023年会社法は、効率性優先・規制緩和という立法理念を維持しながら、公平性・取引安全の重視・規制強化という方向でも行われた。例えば2023年会社法では会社の監査機関の設計については2018年会社法の監事会設置制度を維持・改善しながら任意法規として監査役会の代わりに有限責任会社、株式会社及び国有独資会社の審計委員会の設置も初めて認めた（2023年会社法第69条・第121条・第176条）。他方、2013年会社法では会社契約という会社観のもとで会社法は契約的法的な側面を強調し過ぎた結果、会社乱立や債権者保護の弱体化等のマイナスの影響も顕著に現れた。その是正策として2023年会社法では

i

株主出資の早期納付、従業員・中小株主の権益保護の強化、株主出資の５年納付期限および取締役等の第三者に対する責任等数多くの規制強化制度も導入された。本書は、紙幅の制約があるため実質的に内容の変更があった改正条文（新規条文を含む）を中心に解釈を行うことにした。立法過程における学説論争の検討は、中国会社法研究における１つの重要な着眼点になると考えられる。上記の理由で本書は、2023年会社法の立法過程における学説論争への解明を行うことにした。

　今回の立法過程でインターネット環境を利用して四回の会社法修訂草案審議稿が公開された上で公衆への意見聴取も行われた。立法を求める背景や制定までの利害調整などについてのほか議事規則、草案段階での意見聴取や情報公開、制定手続の整備等は、中国法研究におけるもう１つの重要な着眼点となると考えられる。そのために本書は、四回の会社法修訂草案審議稿から見た2023年会社法の立法過程への解明を試みることにした。

　2022年９月３日に東京大学で開催された現代中国法研究会で「南巡講話後市場経済と法の歩みと行方」という題目の研究報告を発表させて頂き、現代中国法研究会の皆様に多大な御教示を頂いた。記して深く謝意を表したい。

　また、2023年10月21日に温州大学法学院で開催された中国法学会商法学研究会2023年度大会に「日本の上場会社の監督・監査機関について」という題目の報告も発表させて頂き、中国法学会商法学研究会の皆様に多大な御教示を頂いた。記して深く謝意を表したい。

　本書は、2024年度追手門学院大学研究成果刊行助成金の助成を受けて出版することができた。真銅正宏学長をはじめ、事務方の皆様にはこの場を借りて心から感謝し厚く御礼申し上げます。なお、本書の資料収集・翻訳の一部には追手門学院大学大学院博士後期課程２年在籍の付宇辰君の協力を得た。最後に本書の出版にあたっては、法律文化社の取締役社長・畑光氏をはじめ、関係の皆様に大変お世話になった。これらの方々に深く感謝したい。

　2025年２月吉日

徐　　治文

目　次

はしがき

序　章　中国会社法改正の背景とその概要……………………………1

第1節　はじめに　1

第2節　中国会社法の制定および改正の歴史的経緯　1

一　1993年中国会社法の制定および施行　1

二　中国会社法の改正　2

　　1　1999年中国会社法の第一回改正　2

　　2　2004年中国会社法の第二回改正　2

　　3　2005年中国会社法の第三回改正（第一回修訂＝全面的改正）　2

　　4　2013年中国会社法の第四回改正　3

　　5　2018年中国会社法の第五回改正　3

第3節　2023年中国会社法第六回改正（第二回修訂＝全面的改正）の背景および内容　4

　　1　2023年中国会社法の改正背景　4

　　2　2023年中国会社法の改正の必要性　4

　　3　2023年中国会社法の改正概要　5

　　4　2023年中国会社法改正のポイント　5

　　5　2023年中国会社法の構成　10

第4節　本書の基本的視点および構成　11

　　1　2023年会社法の改正条文（新規条文を含む）の解釈　11

　　2　2023年会社法の立法過程における学説論争　12

　　3　四回の修訂草案審議稿から見た2023年会社法の立法過程　12

第Ⅰ部　改正 中国会社法

第1章　総　則 …………………………………………………17

第1節　2023年会社法の改正条文（新規条文を含む）の解釈　17

1　立法目的（第1条）　17
2　会社名称（第6条）　19
3　法定代表者の選任と辞任（第10条）　19
4　法定代表者の職務行為の法的効果（第11条）　20
5　従業員の民主的管理（第17条）　20
6　会社の社会的責任（第19条、第20条）　21
7　会社会議の電子通信化（第24条）　22
8　取消のできる会社決議（第26条）　22
9　会社決議の不成立（第27条）　23
10　会社決議の無効・取消・善意第三者の保護（第28条）　24

第2節　会社法第1条・第20条の立法過程における学説論争　24

一　立法目的と従業員権益保護の明文化　24
　1　明文化肯定説　24
　2　明文化否定説　25
二　会社の社会的責任の明文化　25
　1　明文化肯定説　25
　2　明文化否定説　26
　3　明文化折衷説　26

第3節　四回の修訂草案審議稿から見た会社法第1条・第20条の立法過程　27

一　立法目的と従業員権益保護の明文化　27
　1　四回の修訂草案審議稿　27
　2　立法機関の見解　28
二　会社の社会的責任の明文化　28
　1　四回の修訂草案審議稿　28

目　次

2　立法機関の見解　29

第2章　会社設立・脱退制度の完備 ……………………………………33

第1節　2023年会社法の改正条文（新規条文を含む）の解釈　33

1　設立登記の申請（第29条）　33
2　会社設立用の申請資料の規範性（第30条）　34
3　会社登記事項・公示（第32条）　35
4　会社の営業許可証（第33条）　35
5　会社登記事項の変更手続（第35条）　36
6　会社抹消の登記・公示（第37条）　36
7　詐欺的会社登記の取消（第39条）　37
8　国家企業信用情報開示システムによる情報開示（第40条）　38
9　会社の登記機関（第41条）　38

第2節　2023年会社法第29条・第31条の立法過程における 学説論争　39

会社登記の法的性質をめぐる学説論争　39
1　公法的性質説　39
2　私法的性質説　39
3　二重的性質説　40

第3節　四回の修訂草案審議稿から見た2023年会社法第37条の立 法過程　41

会社抹消の登記・公示について　41
1　四回の修訂草案審議稿　41
2　立法機関の見解　42

第3章　会社資本制度の完備と株式譲渡規制の強化 ……………45

第1節　2023年会社法の改正条文（新規条文を含む）の解釈　45

一　有限責任会社に関連する規定　45
1　有限責任会社の株主人数（第42条）　45
2　会社設立時の株主協議（第43条）　46

v

3　会社設立時の債務負担（第44条）　46

4　株主出資の全額納付義務および違約責任（第49条）　46

5　出資金払込の催促義務（第51条）　47

6　株主権利の喪失（第52条）　47

7　株主出資の不正回収の禁止（第53条）　48

8　株主出資の早期納付（第54条）　49

9　株主名簿（第56条）　49

10　株主の知る権利（第57条）　50

二　株式会社に関連する規定　51

1　会社の株主人数規定（第92条）　51

2　会社定款の記載事項（第95条）　52

3　登録資本金の全額納付制度（第96条）　53

4　発起設立・募集設立の出資方式（第97条）　54

5　発起人の連帯責任（第99条）　55

6　出資検査（第101条）　56

7　会社の株主名簿（第102条）　57

8　設立大会の開催（第103条）　58

9　発起人の責任（第105条）　59

10　設立大会終了後の設立登記（第106条）　60

11　出資に関連する株主の義務・責任（第107条）　61

三　株式会社の株式発行および譲渡　61

1　株式およびその種類（第142条）　61

2　株式発行の原則（第143条）　62

3　種類株式の発行（第144条）　63

4　種類株式発行会社の定款記載事項（第145条）　64

5　種類株主会の決議（第146条）　64

6　株式および株券（第147条）　64

7　株券の形式および記載事項（第149条）　65

8　新株発行の株主会（第151条）　66

9　授権資本制度（第152条）　67

10　新株発行に関する取締役会の決議規則（第153条）　68

11　株式募集説明書の公告および記載事項（第154条）　68

12　株金払込の取扱銀行（第156条）　69

13　株式譲渡の自由とその制限（第157条）　70

14　株式譲渡の方式（第159条）　71

15　特定株主の株式譲渡制限（第160条）　72

16　株主の株式買取請求権（第161条）　73

17　自社株式の取得制限（第162条）　74

18　財務援助の禁止およびその例外（第163条）　75

第2節　2023年会社法第47条の立法過程における学説論争　76

一　2023年会社法第47条（株主出資の納付期限）の解釈　76

二　2023年会社法第47条（株主出資の納付期限）をめぐる

　　学説論争　77

1　資本規制緩和説　77

2　資本規制強化説　78

3　折衷説　78

第3節　四回の修訂草案審議稿から見た2023年会社法第47条の立法過程　79

株主出資の納付期限（第47条）について　79

1　四回の修訂草案審議稿　79

2　立法機関の見解　80

第4章　会社機関設置の改善・上場会社の企業統治の強化……83

第1節　2023年会社法の改正条文（新規条文を含む）の解釈　83

一　有限責任会社の機関設置・権限配分　83

1　株主会の職権（第59条）　83

2　一人株主の書面決定要求（第60条）　84

3　株主会の議事方式および決議手続（第66条）　85

4　取締役会の職権（第67条）　86

5　取締役会の構成（第68条）　87

6　取締役の任期および辞任（第70条）　88

7　取締役の事前解任および賠償請求権（第71条）　89

8　取締役会の招集権者（第72条）　89

9　取締役会の議事方式および決議手続（第73条）　89

10　経理の任意設置および職権（第74条）　91

11　1名の取締役の選任（第75条）　92

12　監査役会の設置および構成（第76条）　92

13　監査役会の報告請求権等（第80条）　94

14　監査役会の議事方式および決議手続（第81条）　94

15　監査役会設置の例外規定（第83条）　95

16　株式譲渡（第84条）　96

17　株主名簿の変更（第86条）　97

18　株主の出資義務（第88条）　98

19　株主の株式買取請求権（第89条）　99

20　株主の知る権利（第110条）　100

二　株式会社の機関設置・権限配分　101

1　株主会（第111条）　101

2　株主会の職権（第112条）　101

3　株主会の招集権者（第114条）　102

4　株主会の議事方式および決議手続（第115条）　103

5　株主の議決権（第116条）　105

6　議決権の代理行使（第118条）　106

7　取締役会の構成・職権（第120条）　106

8　取締役会への出席義務（第125条）　107

9　経理の設置および職権（第126条）　108

10　取締役会設置の例外規定（第128条）　109

11　監査役会の設置・構成（第130条）　109

12　監査役会の職権（第131条）　111

13　監査役会の議事方式および決議手続（第132条）　111

14　監査役会設置の例外規定（第133条）　112

三　上場会社の特別規定　112

1　株主会の特別決議事項（第135条）　112

2　独立取締役および定款自治（第136条）　113

3　審計委員会の事前審議事項（第137条）　113

4　利害関係のある取締役の避止義務（第139条）　114

5　支配株主等の関連情報の開示義務（第140条）　115

目　次

　　6　子会社による親上場会社の株式取得禁止（第141条）　115

　　7　上場会社の情報開示（第166条）　115

第2節　会社法第59条・67条・74条の立法過程における学説
　　　論争　116

　会社機関の設置・権限配分をめぐる学説論争　116

　　1　株主会中心主義　116

　　2　取締役会中心主義　116

　　3　株主中心主義　118

第3節　四回の修訂草案審議稿から見た会社法第59条・67条・
　　　74条の立法過程　118

　　1　株主会の設置とその権限について　118

　　2　取締役会の設置とその権限について　120

　　3　経理の設置とその権限について　122

　　4　立法機関の見解　122

第5章　取締役・監査役・高級管理者の責任強化　125

第1節　2023年会社法の改正条文（新規条文を含む）の解釈　125

　　1　取締役・監査役・高級管理者の欠格要件（第178条）　125

　　2　取締役・監査役・高級管理者の忠実・勤勉義務（第180条）　126

　　3　取締役・監査役・高級管理者の背任行為（第181条）　127

　　4　利益相反取引の規定（第182条）　127

　　5　会社商業機会の奪取行為の禁止（第183条）　129

　　6　競業避止義務（第184条）　129

　　7　関連取締役の表決権行使の回避（第185条）　129

　　8　株主二重代表訴訟（第189条）　130

　　9　取締役・高級管理者の第三者に対する責任（第191条）　132

　　10　支配株主・実質的支配者の連帯責任（第192条）　132

　　11　取締役の責任保険（第193条）　133

第2節　2023年会社法第191条の立法過程における学説論争　134

　取締役・高級管理者の第三者に対する責任をめぐる学説論争　134

ix

1 立法化反対説 134

2 立法化賛成説 135

第3節　四回の修訂草案審議稿から見た2023年会社法第191条の立法過程 137

取締役・高級管理者の第三者に対する責任について 137

1 四回の修訂草案審議稿 138

2 立法機関の見解 139

第6章　国家出資会社の組織機関に関する特別規定 …………… 141

第1節　2023年会社法の改正条文（新規条文を含む）の解釈 141

1 国家出資会社の定義（第168条） 141

2 国家出資者の職責の履行機関（第169条） 142

3 国家出資会社における党組織の地位（第170条） 142

4 会社定款の制定権限（第171条） 143

5 国有独資会社の株主権の行使（第172条） 143

6 取締役会の構成（第173条） 144

7 経理の任免および兼任（第174条） 145

8 取締役・高級管理者の兼任禁止（第175条） 146

9 国有独資会社の審計委員会（第176条） 147

10 国家出資会社の内部統制等（第177条） 148

第2節　2023年会社法第69条・121条・176条の条文解釈 149

1 有限責任会社の審計委員会（第69条） 149

2 株式会社の審計委員会（第121条） 149

3 国有独資会社の審計委員会（第176条） 150

第3節　2023年会社法第69条・121条・176条の立法過程における学説論争 151

監査役会の廃止・審計委員会をめぐる学説論争 151

1 監査役会強化説 151

2 監査役会廃止説 152

3 監査役会と独立取締役の併存説 153

目　次

　　　4　審計委員会・監査役会の二者択一説　153

第4節　四回の修訂草案審議稿から見た会社法第176条の立法
　　　　過程　154
　　審計委員会の設置について　154
　　　1　有限責任会社の審計委員会（第69条）　154
　　　2　株式会社の審計委員会（第121条）　155
　　　3　国家独資会社の審計委員会（第176条）　157

第7章　株主・中小株主の権益保護の強化……………………………163
第1節　2023年会社法の改正条文（新規条文を含む）の解釈　163
　　　1　株主権濫用の賠償責任（第21条）　163
　　　2　会社法人格の否認（第23条）　164
　　　3　異議株主の株式買取請求権（第89条第3項）　165
　　　4　支配株主・実質的支配者の忠実・勤勉義務（第180条第3項）　167
　　　5　支配株主・実質的支配者の連帯責任（第192条）　168
　　　6　特定株主の株式譲渡制限（第160条第1項）　168

第2節　2023年会社法第57条の立法過程における学説論争　169
　　株主の会計証憑閲覧権（会社法第57条）をめぐる学説論争　169
　　　1　会計証憑閲覧賛成説　171
　　　2　会計証憑閲覧反対説　172

第3節　四回の修訂草案審議稿から見た2023年会社法第57条の
　　　　立法過程　173
　　　1　四回の修訂草案審議稿　173
　　　2　立法機関の見解　175

第8章　会社債権管理制度等の完備……………………………177
第1節　2023年会社法の改正条文（新規条文を含む）の解釈　177
　　一　会社債権管理制度　177
　　　1　会社債券の定義および発行方式（第194条）　177

xi

2　会社債券の公開発行登録制および募集方法（第195条）　178

3　無記名債権の廃止（第197条）　178

4　社債権者名簿（第198条）　179

5　会社債券の譲渡方式（第201条）　180

6　転換社債の発行（第202条）　181

7　社債権者会議（第204条）　181

8　社債受託管理人（第205条）　182

9　社債受託管理人の義務・責任（第206条）　182

二　その他の関連条文の改正（新規条文を含む）　182

1　会社の税引後利益配分（第210条）　182

2　取締役・高級管理者による違法配当責任（第211条）　184

3　利益配当の期限（第212条）　184

4　資本準備金の構成（第213条）　184

5　資本準備金の用途（第214条）　185

6　会計士事務所の招聘および解任（第215条）　186

7　簡易合併および小規模合併（第219条）　186

8　会社登録資本の減少（第224条）　187

9　違法な登録資本減少の法的責任（第226条）　188

10　資本増加時の優先的購入権（第227条）　188

11　会社の解散事由（第229条）　189

12　定款変更による会社存続（第230条）　190

13　会社清算人および清算委員会（第232条）　190

14　人民法院による強制清算（第233条）　191

15　清算グループの構成員の忠実義務と勤勉義務（第238条）　192

16　営業許可の強制的取消（第241条）　193

17　虚偽登記の法的責任（第250条）　193

18　情報の不実開示の法的責任（第251条）　194

19　虚偽出資の法的責任（第252条）　194

20　出資金の不正回収の法的責任（第253条）　195

21　違法な会計帳簿に対する罰則（第254条）　196

22　施行日および猶予期間（第266条）　197

第2節　2023年会社法第54条の立法過程における学説論争　197

目　次

　一　株主出資の早期納付規定（第54条）　197
　二　株主出資の早期納付をめぐる学説論争　198
　　1　早期納付反対説　198
　　2　早期納付賛成説　198
　　3　折衷説　199

第3節　四回の修訂草案審議稿から見た2023年会社法第54条の
　　　　立法過程　199
　　1　四回の修訂草案審議稿　199
　　2　立法機関の見解　200

第Ⅱ部　関連法規訳文

1　2023年中華人民共和国会社法　205
2　中華人民共和国市場主体登記管理条例　257

索　引

序　章　中国会社法改正の背景とその概要

第 1 節　はじめに

　中国では市場経済体制に対応する基本的な法律として有限責任会社および株式会社を規制対象とする会社法が1993年12月29日に公布され、1994年 7 月 1 日より施行された。そして30年の歳月を経て2023年12月29日に第14期全国人民代表大会常務委員会第 7 回会議では中華人民共和国会社法が可決・公布され、2024年 7 月 1 日から施行された（以下では2023年会社法と省略する）[1]。

　2023年会社法は、15章266の条文からなり、2018年会社法の13章218の条文と比べて条文と内容が大幅に増加した。今回の改正では2018年会社法における16の条文が削除され、228の条文が新たに追加され、修正された。その中で実質的に112条の条文が修正され、全面的法改正となった[2]。会社法の制定と完備は、中国現代企業制度を健全的に確立する道であり、会社の法制度の確立と発展は中国社会主義市場経済の持続的健全な発展にとって重要な促進作用を持っている。また、2023年会社法の施行は、中国の民事裁判にも中国国内企業および日系企業の中国現地法人にも大きな影響を与えている。そのために中国の2023年会社法に関する研究は、会社法理論的にも実務的にも重要な意義があると考えられる。

第 2 節　中国会社法の制定および改正の歴史的経緯

一　1993年中国会社法の制定および施行

　1993年以前、中国では社会主義計画経済体制のもとで企業は、主に国有企業（全人民所有制企業）という企業形態で営まれており全人民所有制工業企業法の規制対象であった。1993年の中国憲法の改正で中国の経済体制は、社会主義計画経済体制から社会主義市場経済体制に移行した（憲法15条）。その社会主義市場経済体制に対応するためには近代的企業形態である会社制度を整備することが必要であった。そして中国会社法は、現代企業制度を建設する必要に応えるため、会社の組織と行為を規定し、会社、株主および債権者の合法的な利益を

保護し、社会経済秩序を維持し、社会主義市場経済の発展を促進するため、憲法に基づいてこの法律を制定する（会社法１条）という立法趣旨のもとで1993年12月29日に公布され、1994年７月１日より施行された。会社法の施行で中国では国有企業を含む従来の企業形態に加え、有限責任会社および株式会社という企業形態も法的に承認された。

二　中国会社法の改正

1　1999年中国会社法の第一回改正

　中国では1999年に会社法の第一回改正が行われた。1993年会社法では、国有独資会社に対する国の管理監督権について国家が授権した機構若しくは国家が授権した部門は、法律と行政法規の規定に従い、国有独資会社の国有資産を監督し、管理するという簡単な規定のみが設けられた（67条）。1999年会社法第67条では、国有独資会社の監査役会について下記のように定めていた。

　①国有独資会社の監査役会は主に国務院、または国務院が授権した機構、部門が任命派遣した人員により構成され、かつ会社従業員の代表が参加すること、②監査役会の構成員は、３名を下回ってはならず、監査役会は、本法第54条第１項第１号及び第２号に定める職権及び国務院の定めるその他の職権を行使すること、③監査役は、取締役会会議に列席すること、④取締役、支配人および財務責任者は、監査役を兼任してはならないこと。

　また、ハイテク技術産業の発展を促進し、ハイテク技術関連企業が証券市場での直接融資を行うことを支持するために、1999年会社法では「ハイテク企業に属する株式会社は、発起人が知的財産権及び非特許技術のより出資する金額が会社登録資本に占める比率、会社の新株発行及び株式上場の申請条件は、国務院が別途に規定する」という内容が追加された（229条２項）。

2　2004年中国会社法の第二回改正

　1993年会社法では株式の発行価額について額面金額を超過する価格を株券の発行とするには、国務院証券管理部門の承認を得なければならないとされていた（131条第２項）が、2004年の改正によって上記第２項の内容が削除された。

3　2005年中国会社法の第三回改正（第一回修訂＝全面的改正）

　2001年のWTO加盟以後、社会主義市場経済体制の確立に対応し、国際的

序　章　中国会社法改正の背景とその概要

な慣習にも適応対応するためには、中国ではより抜本的な会社法改正を行うことが必要であった。会社組織および行為を規範化し、会社、株主および債権者の適法的な権益を保護し、社会経済秩序を維持し、社会主義市場経済の発展を促進するため、本法を制定する（1条）という立法目的のもとで2005年10月27日に第三回改正中国会社法が公布され、2006年1月1日より施行された。

　2005年中国会社法改正の特徴は、主に以下のようなことであった。まず、会社定款による私的自治が認められ、会社法における任意規定、特に有限責任会社に関する任意規定の数が大きく増加された。さらに会社設立に関しては、幅広く設立準則主義の採用が容認され、最低資本金規制も大幅に緩和された。また、会社訴訟関連の規定を充実させ、司法による事後的救済制度を整備するという改正も行われた。結局、2005年会社法改正は、新たに増加した条文41か条で、削除した条文も46か条に達し、そして内容を改正した条文137か条となる会社法制定以来の全面的改正であった。

4　2013年中国会社法の第四回改正

　会社設立のハードルを引き下げ、中小投資者の負担を軽減し、会社参入の利便を図るという規制理念のもとで2013年に中国会社法の第四回改正が行われ、2014年3月1日より施行された。2013年会社法では特に有限責任会社の株主の出資について登録資本金引受制を実施し、出資の納付期間、最低登録資本金と初回出資納付比率の関連規定を廃止し、大幅な規制緩和が行われた。

5　2018年中国会社法の第五回改正

　2018年10月20日第13回全国人民代表大会常務委員会第6回会議で会社法第142条の改正案は、可決され、施行された。会社の自社株式の買い戻しについて改正会社法第142条の内容は、下記の通りであった。

　会社は、自社株式の買い戻しをしてはならない。ただし、下記の状況の場合を除く。

　　①会社登録資本の減少

　　②当該会社の株式を所有しているその他の会社との合併

　　③自社株式の買い戻しを従業員持株計画又は株式激励計画に使う場合

　　④株主が株主総会で可決された、会社合併・分割の議決について異議があり、会社に対して株式の買い戻しを請求する場合

⑤株式を上場会社発行の転換株式権付きの社債に使う場合

⑥上場会社が会社価値及び株主の利益を維持するのに必要な場合

第3節　2023年中国会社法第六回改正（第二回修訂＝全面的改正）の背景および内容

1　2023年中国会社法の改正背景

　第2節の3ですでに検討したように会社設立のハードルを引き下げ、中小投資者の負担を軽減し、会社参入の利便を図るという規制理念のもとで2013年に中国会社法の第四回改正が行われ、2014年3月1日より施行された。2013年中国会社法は、登録資本の引き受け登記制度を採用し、出資期限、最低資本金規制および初期出資比率制限等を廃止した。2013年中国会社法の大幅な規制緩和では会社設立のハードルが引き下げられ、創業の活力が刺激されたため会社設立数と登録資本金がともに急速に増えた。例えば、2014年3月末現在、新規設立の会社数は、54.62万社で前年同期比62.3％増という大幅な増加となった。また、2021年12月に会社法第一回改正草案が公表された段階の統計数値では会社設立数が2013年当時の1033万社から3080万社に増加した[3]。他方では2013年中国会社法の大幅な規制緩和は、出資者の債務逃れ事件の増加、取引安全および債権者利益の保護にマイナスの影響をもたらした[4]。会社出資をめぐる紛争が多発しており、2018年会社法の資本制度に対する批判的意見も会社法学界では少なくなかった。

2　2023年中国会社法の改正の必要性

　中国の立法機関は、会社法の全面的改正の必要性について下記の4つをポイントとして説明した[5]。

　①会社法改正が国有企業改革を深め、中国特色の現代企業制度を完備するニーズに応えることである。国有企業に対する党の指導を堅持することは、重要な政治的原則であり、現代企業制度の構築は国有企業の改革方向である。会社法改正で国有企業改革の進化に関する党中央の政策決定を貫徹・実施することは、国有企業統治の改革成果を固め、中国特色の現代企業制度を完備し、国有経済の高品質発展を促進する必然的要求である。

　②会社法改正が企業の経営環境の改善を持続的に維持し、市場イノベーショ

ンの活力を激発するニーズに応えることである。すなわち、会社法改正は、会社設立・退出の利便性に制度的保障を提供し、会社の融資・投資の利便性や企業統治の改善により多様な制度的選択を提供し、会社運営のコストを低減させ、市場化・法制化・国際的な経営環境の構築を促進し、市場イノベーションの活力を激発する客観的ニーズに応えることである。

③会社法改正が知的財産権保護の制度を完備し、法に基づき知的財産権の保護を強化するニーズに応えることである。すなわち、会社法改正で企業の組織形態と出資者の責任形態を主とする市場主体法律制度を完備し、会社の組織・行為を規律し、会社設立・運営・退出等関連段階の利害関係者の責任を完備し、会社・株主・債権者の合法的権益を切実に保護する。それは知的財産権保護の制度を完備し、知的財産権平等保護を強化する重要な内容である。

④会社法改正が資本市場の基本制度を完備し、資本市場の健全な発展を促進するニーズに応えることである。つまり、会社法の全面的改正、会社資本制度、企業統治など基本制度の完備、投資者特に中小投資者の合法的権益に対する保護の強化は、資本市場の健全な発展を促進し、実体経済を効果的にサポートする重要な措置である。

3 2023年中国会社法の改正概要

中国の立法機関は、今回の主要な改正内容は下記の8つの分野におよんでいると説明した。[6]

①会社設立・脱退制度の完備
②会社資本制度の完備
③株主出資・株式譲渡規制の強化
④会社機関設置の改善と上場会社の企業統治の強化
⑤取締役・監査役・高級管理職の責任強化
⑥株主・中小株主の権益保護の強化
⑦国家出資会社の組織機関に関する特別規定の完備
⑧会社債権管理制度の完備

4 2023年中国会社法改正のポイント

(1)規制強化に関する改正

１）株主出資の早期納付規定（第54条）

2023年会社法第54条は、新規条文で有限責任会社の株主出資の早期納付に関する規定である。本条の規定は、初めて会社法の明文規定で有限責任会社の株主出資の早期納付制度を導入した。本条の規定は、下記の通り規定している。

つまり、会社が満期債務を返済できない場合、会社又は満期債権の債権者は、出資を引き受けたが、出資の納付期限に達していない株主に対して出資の早期納付を請求する権利がある（第54条）。

２）株主出資の５年納付期限規定（第47条）

2018年会社法では登録資本金の引き受け制度について下記の通りに定めていた。

①有限責任会社の登録資本金は会社登記機関に登記された株主全員が引き受けた出資額とする（第26条第１項）。

②法律、行政規範及び国務院の決定に有限責任会社の登録資本金の実際払込期限、登録資本金の最低限度額に別途規定がある場合は、その規定に従う（第26条第２項）と規定していた。これに対して2023年会社法では登録資本金の実際払込期限について下記の通りに定めている（第47条）。改正のポイントは、以下の２つである。

①登録資本金の払込期限　全株主が引き受けた出資額は、株主が会社定款の規定に従って会社が設立された日から５年以内に完納する（第47条第１項）。

②株主出資期間規定の例外　法律、行政規範及び国務院が有限責任会社の登録資本金の拠出、登録資本金の最低限度額、株主出資期間に別途規定がある場合、その規定に従う（第47条第２項）。

３）株主権利の喪失（第52条）

2023年会社法第52条は、新規条文で初めて会社法の明文規定で株主権利の喪失制度を導入した。本条規定のポイントは、以下の２つである。

①株主が会社定款の規定に従って出資期限までに出資を納付していない場合、会社が第51条第１項の規定に従って納付催促状を発行し、出資納付を催促し、出資を納付する猶予期間を明記することができるが、猶予期間は会社が出資取立書を発行した日から60日を下回ってはならない（第52条第１項）。

②猶予期間が満了し、株主が出資義務をまだ履行していない場合、会社は取締役会の決議により当該株主に失権通知を発行することができ、通知は書面形

式で発行しなければならず、通知が発行された日から当該株主は出資を納付していない株式の権利を喪失する（第52条第1項）。

4）取締役・高級管理者の第三者に対する責任（第191条）

2023年会社法第191条は、新規条文で取締役・高級管理者の第三者に対する責任について下記の通りに定めている（第191条）。

①取締役、高級管理者が職務を執行し、他人に損害を与えた場合、会社は、損害賠償責任をおわなければならない。

②取締役、高級管理者に故意または重大な過失があった場合も損害賠償責任も負わなければならない。

5）出資金払込の催促規定（第51条）

2023年会社法第51条は、新規条文で有限責任会社の出資金払込の催促に関する規定である。本条の規定は、初めて会社法の明文規定で出資金払込の催促規定を導入した。本条規定のポイントは、以下の2つである。

①有限責任会社が設立された後、取締役会が株主の出資状況を審査しなければならず、株主が期限までに定款に定めた全額出資を納付していないことを発見した場合、会社から当該株主に書面による催促状を発行し、出資納付を催促しなければならない（第51条第1項）。

②取締役会が適時に会社法第51条第1項規定の義務を適時に履行せず、会社に損害を与えた場合、責任のある取締役が賠償責任を負担しなければならない（第51条第2項）。

6）支配株主・実質的支配者の連帯責任（第192条）

2023年会社法第192条は、新規条文で初めて支配株主・実質的支配者の連帯責任制度を導入した。つまり、会社の支配株主、実質的支配者が取締役、高級管理者に対して会社または株主の利益を損なう行為をするように指示した場合、当該取締役、高級管理者とともに連帯責任を負なければならない（第192条）。

(2)規制緩和に関する改正

1）有限責任会社の審計委員会（第69条）

2023年会社法第69条は、初めて取締役会における審計委員会を設置できる制度を導入した。本条規定のポイントは、下記の2つである（第69条）。

①有限責任会社は会社定款の規定に従い、取締役会に、取締役からなる審計委員会を設置でき、本法に規定される監査役会の職権を行使し、監査役会または監査役を設置しない。

②会社の取締役会構成員の従業員代表は、審計委員会の構成員になることができる。

2）株式会社の審計委員会（第121条）

2023年会社法121条は、新規条文で取締役会における審計委員会に関する規定である。本条の規定は、初めて取締役会における審計委員会制度を導入した。本条規定のポイントは、下記の2つである（第121条）。

①株式会社は、会社定款の規定に従って取締役会に取締役からなる審計委員会を設置でき、本法に規定される監査役会の職権を行使し、監査役会または監査役を設置しない。

②審計委員会の構成員は3人以上で、その過半数の構成員は会社で取締役以外の職務を兼任してはならず、会社と独立して客観的判断に影響を与える利害関係を持ってはならない。会社の取締役会構成員における従業員代表は審計委員会の構成員になることができる。

3）国有独資会社の審計委員会（第176条）

2023年会社法では審計委員会・監査役会の二者択一制度について重要な改正を行い、国有独資会社が取締役会に取締役からなる審計委員会を設置し、本法に規定する監査役会の職権を行使する場合、監査役会または監査役を設置しないと定めている（第176条）。

4）取締役会設置の例外規定（第128条）

2023年会社法第128条は、新規条文で初めて中小株式会社の取締役会設置の例外規定を導入した。本条規定のポイントは、下記の2つである（第128条）。

①規模が小さい又は株主数が少ない株式会社は、取締役会を設置せず、取締役1人を設置し、本法に規定される取締役会の職権を行使することができる。

②当該取締役は、経理を兼任することができる。

(3)社会主義性格的関連規定の改正

1）従業員の合法的な権益の保護

会社法の立法目的（第1条）について会社、株主および債権者の合法的な権

序　章　中国会社法改正の背景とその概要

益を保護するという従来の表現を拡大して、従業員の合法的な権益を保護することが追加された。2018年会社法では会社は憲法と関連法律の規定に基づいて従業員代表大会またはその他の形式を通じて、民主管理を実施すると定めていた（第18条2項）が、2023年会社法は、「従業員代表大会を基本形式とする民主管理制度を確立し、健全化し、」という内容を追加した上、会社は制度改正、解散、破産申請および経営上の重大な問題を検討決定し、重要な規則制度を制定する際、会社の労働組合の意見を聴取し、従業員代表大会又はその他の形式を通じて従業員の意見と提案を聴取しなければならないと定めている（第17条第2項）。

　2）国家出資会社における党組織の地位（第170条）

　2023年会社法第170条は、新規条文で国家出資会社における党組織の指導に関する規定である。国家出資会社における中国共産党の組織は、中国共産党規約の規定に従って指導的役割を発揮し、会社の重大な経営管理事項を研究討論し、会社の組織機構が法に基づいて職権を行使することを支持すると定めている。

　本条の規定では初めて会社法の明文規定で国家出資会社における党組織の指導的役割を明確にし、国家出資会社における党組織の地位とその企業統治に参加する方式を確立した。[7]

(4)今回の会社法改正に対する理論的評価

　(1)会社の資本制度の規制強化

　中国会社法は2013年の会社法改正で定款による私的自治を認める任意法規を増加し、会社設立の行政認可規制を撤廃し、会社の最低資本金規制を廃止し、会社設立・登記手続も簡素化にするなど「入り口での法規制」を大幅に緩和した。

　2013年会社法では会社契約という会社観のもとで会社法は契約的法的な側面を強調し過ぎた結果、会社乱立や債権者保護の弱体化等のマイナスの影響も顕著に現れた。2018年会社法の資本規制は、明らかに過少規制で中小株主・債権者の保護および取引安全を図る視点から会社法改正の必要が確かにあった。

　2023年会社法では資本制度の規制強化策として株主出資5年納付期限（第47条）、出資金払込の催促規定（第51条）、株主権利の喪失（第52条）、株主出資の

9

早期納付（第54条）等が定められている。会社法の理念が公平性を基本としながら効率性にも配慮すべきであるという視点から理論的に評価すべきであろう。

(2)会社の監査機関設計等の規制緩和

2023年会社法では会社の監査機関の設計については2018年会社法の監事会設置制度を維持・改善しながら任意法規として監査役会の代わりに有限責任会社、株式会社および国有独資会社の審計委員会の設置も初めて認めた（2023年会社法第69条・第121条・第176条）。

これは、中小閉鎖会社が数多く存在している実態を柔軟に対応して法規制の実効性の向上のみならず、「取引費用」の低減や「効率性」・競争力の向上という視点からも現代会社制度へと一歩を踏み出したと理論的に評価すべきであろう。なぜなら、任意法規のもとで会社関係者がそれぞれの会社の経済規模や経営実態等に対応して自らの創意工夫を通じて効率的にその利害対立を解決でき、強行法規と任意法規の結合という二元的な会社法構造こそ、安定した活力のある会社秩序を実現することができるからである。

ただし、審計委員会が監査役（会）の代わりに企業不祥事の事前防止や会社・株主・債権者・従業員の利益保護によく機能できるかという重要な課題について今後の実証研究で解明すべきであろう。

5　2023年中国会社法の構成

2023年中国会社法の構成は、下記の通りである。

中華人民共和国会社法

第1章　総則	（第1条～第28条）	
第2章　会社登記	（第29条～第41条）	
第3章　有限責任会社の設立及び組織機構	第1節　設立（第42条～第57条）	
	第2節　組織機構（第58条～第83条）	
第4章　有限責任会社の持分譲渡	（第84条～第90条）	
第5章　株式会社の設立及び組織機構	第1節　設立（第91条～第110条）	
	第2節　株主会（第111条～第119条）	
	第3節　取締役会、経理（第120条～第129条）	
	第4節　監査役会（第130条～第133条）	

	第5節　上場会社組織機構に関する特別規定（第134条～第141条）
第6章　株式会社の株式発行及び譲渡	第1節　株式の発行（第142条～第156条）
	第2節　株式の譲渡（第157条～第167条）
第7章　国家出資会社の組織機構に関する特別規定	（第168条～第177条）
第8章　会社の取締役、監査役及び高級管理職の資格及び義務	（第178条～第193条）
第9章　社債	（第194条～第206条）
第10章　会社の財務、会計	（第207条～第217条）
第11章　会社の合併、分割、増資、減資	（第218条～第228条）
第12章　会社の解散及び清算	（第229条～第242条）
第13章　外国会社の支店等	（第243条～第249条）
第14章　法律責任	（第250条～第264条）
第15章　附則	（第265条～第266条）

第4節　本書の基本的視点および構成

　2023年中国会社法の改正内容が主に下記の8つの分野、すなわち、①会社設立・脱退制度の完備、②会社資本制度の完備、③株主出資・株式譲渡規制の強化、④会社機関設置の改善と上場会社の企業統治の強化、⑤取締役・監査役・高級管理職の責任強化、⑥株主・中小株主の権益保護の強化、⑦国家出資会社の組織機関に関する特別規定の完備、⑧会社債権管理制度の完備におよんでいたため、本書では上記の8つの改正分野に焦点を当て2023年会社法の改正条文（新規条文を含む）の解釈・学説論争・立法過程という3つの基本的視点から2023年会社法の特徴および条文の内容を解明していく。

1　2023年会社法の改正条文（新規条文を含む）の解釈

　2023年会社法は15章266の条文からなり、2018年会社法の13章218の条文と比べて条文と内容が大幅に増加した。今回の改正では2018年会社法における16の条文が削除され、228の条文が新たに追加され、修正された。その中で実質的

に112条の条文が修正され、全面的法改正となった。本書は、ページ数上の制約があるため実質的に内容の変更があった改正条文（新規条文を含む）を中心に解釈を行うことにする。

2　2023年会社法の立法過程における学説論争

1994年7月1日より中国会社法が施行されてから30年余の歳月が経ちました。会社法理論研究もある程度進化し、多くの研究成果も蓄積されてきた。中国の立法機関の説明では会社法理論研究の成果は、会社法の全面的改正に重要な理論的根拠と支持を提供したという。[8]立法過程における学説論争の検討は、中国会社法研究における1つの重要な着眼点になると考えられる。上記の理由で本書は、2023年会社法の立法過程における学説論争への解明を行うことにする。

3　四回の会社法修訂草案審議稿から見た2023年会社法の立法過程

2018年9月7日に第13回全人代常務委員会は会社法改正を含む立法計画を公表した。2019年5月に全人代常務委員会の法制工作委員会は、会社法改正に関連する中央政府各部門・専門家グループが参加する会社法修訂草案グループを設置した上、会社法修訂草案の作業グループも組織し、会社法修訂草案作りの作業を展開していた。[9]

2021年12月17日に「中華人民共和国会社法（修訂草案）1審稿」（以下では修訂草案と省略する）は全人代常務委員会の会議で第1回審議が行われ、公表された。2022年12月17日に全国人民代表大会常務委員会は「修訂草案2審稿」について審議を行った。その後、2023年8月28日に全国人民代表大会常務委員会は、修訂草案3審稿について審議を行った。その後、2023年12月25日に全国人民代表大会常務委員会で修訂草案4審稿について審議が行われた。2023年12月29日に全国人民代表大会常務委員会で会社法修訂草案4審稿について最終審議が行われた後、2023年改正会社法が可決され、同日に公布された。今回の立法過程でインターネット環境を利用して四回の会社法修訂草案審議稿が公開された上で公衆への意見聴取も行われた。

立法を求める背景や制定までの利害調整などについてのほか議事規則、草案段階での意見聴取や情報公開、制定手続の整備等は、中国法研究におけるもう1つの重要な着眼点となると考えられる。[10]上記の理由で本書は、四回の会社法

序　章　中国会社法改正の背景とその概要

修訂草案審議稿から見た2023年会社法の立法過程への解明を行うことにする。

［注］

1）　2023年中華人民共和国会社法：中華人民共和国主席令第15号。中華人民共和国全人代常務委員会公報2024年第 1 号、

http://www.npc.gov.cn/wxzlhgb/c27214/gb2024/202402/P020240202330064224451.pdf（2025年 1 月 5 日最終閲覧）

　　　2018年中華人民共和国会社法：中華人民共和国主席令第15号。中華人民共和国全人代常務委員会公報2018年第 6 号、

http://www.npc.gov.cn/zgrdw/wxzl/gongbao/site161/20190329/fc4dd4f775c81e07b8fa02.pdf（2025年 1 月 5 日最終閲覧）

　　　中華人民共和国市場主体登記管理条例：中華人民共和国国務院令第746号、

https://www.gov.cn/gongbao/content/2021/content_5636139.htm（2025年 1 月 5 日最終閲覧）

　　　また、本書では下記の中華人民共和国公司法修訂草案審議稿を参照し、2023年会社法の立法過程の解明を試みることにした。

　　　中華人民共和国公司法修訂草案（一次審議稿）

　　　中華人民共和国公司法修訂草案（二次審議稿）

　　　中華人民共和国公司法修訂草案（三次審議稿）

　　　中華人民共和国公司法修訂草案（四次審議稿）

2）　趙旭東主編・劉斌副主編「2023新公司法重点熱点問題解読」法律出版社、2024年、 1 頁。

3）　王瑞賀「関于『中華人民共和国公司法（修訂草案)』的説明」中華人民共和国全人代常務委員会公報2024年第 1 号、33頁。

4）　袁曙宏「関于『中華人民共和国公司法（修訂草案)』修改情况的説明」中華人民共和国全人代常務委員会公報2024年第 1 号、40頁。

5）　王瑞賀、前掲注 3 ）、33-35頁。

6）　王瑞賀、前掲注 3 ）、35-37頁。

7）　王翔「新『公司法』時代背景与内容解読」中国法律評論、2024年第 2 期、39-40頁。

8）　王瑞賀　前掲注 3 ）、34頁。

9）　王瑞賀、前掲注 3 ）、34-35頁。

10）　高見澤磨・鈴木賢編『要説 中国法』東京大学出版社、2017年、 8 頁。

第 **I** 部

改正 中国会社法

第1章　総　則

第1節　2023年会社法の改正条文（新規条文を含む）の解釈

1　立法目的（第1条）

　1993年会社法第1条では現代企業制度を構築するニーズに適応し、会社の組織と行為を規範化し、会社、株主、債権者の合法的な権益を保護し、社会経済秩序を維持し、社会主義市場経済の発展を促進するために、憲法に基づいて本法を制定すると定められていたが、2005年会社法では現代企業制度を構築するニーズに適応する内容と憲法に基づいての部分が削除された。

　表1-1が示した通りに2023年会社法では2018年会社法に比べれば、下記の4つの改正が行われた。[1]

　⑴会社、株主、従業員および債権者の合法的な権益を保護する

　会社の設立、運営および終止において次の4種類の利害関係者、すなわち会社、株主、従業員・債権者が存在する。この4種類の利害関係者は、それぞれ異なる権利を享有し、異なる義務を負担する。そのため会社法は、すべての利害関係者の合法的権利を保護しなければならない。

　①会社の合法的な権益を保護する。

　会社法は会社の合法的な権益を保護する。会社は社会主義市場経済の最も重要な市場主体の1つであり、国民経済の重要な創造者であり、会社法がまず保

表1-1

2018年会社法	2023年会社法
第1条 　会社の組織と行為を規範化し、会社、株主、債権者の合法的な権益を保護し、社会経済秩序を維持し、社会主義市場経済の発展を促進するために、本法を制定する。	第1条 　会社の組織と行為を規範化し、会社、株主、<u>従業員及び</u>債権者の合法的な権益を保護し、<u>中国特色のある現代企業制度を完備し、企業家精神を促進し、</u>社会経済秩序を維持し、社会主義市場経済の発展を促進するために、<u>憲法に基づいて</u>本法を制定する。

護しなければならないのは会社の合法的権益である。

②株主の合法的な権益を保護する。

会社法は株主の合法的な権益を保護する。株主出資は会社資本の由緒であり、会社資本は会社が設立され、経営される重要な物質的基礎であり、株主が自発的に安心して会社に投資し、投資収益を得るためには、会社法は株主の合法的権益を保護しなければならない。

③従業員の合法的な権益を保護する。

会社法は従業員の合法的な権益を保護する。会社の成功は、株主の出資、取締役、高級管理職の経営と監査役の監督、さらに従業員の勤勉な労働と仕事から離れられないため会社法は従業員の合法的な権益を保護しなければならない。

④会社法は債権者の合法的な権益を保護する。

会計恒等式「資産＝負債＋所有者権益」によると、会社の資産は株主の出資と債権者の借入に由来する。会社が適切に経営しているかどうかは、株主が投資を回収できるかどうかにもかかわるし、債権者が債権を実現できるかどうかにもかかわる。この意味では、債権者の利益を保護することは株主の権利と同等に重要である。

(2)中国特色のある現代企業制度を完備する

中国特色のある現代企業制度とは下記の2つのポイントとして現れる。1つは国家出資会社制度である。もう1つは、職員労働者代表大会・労働組合制度および共産党基礎組織の権限配分である[2]。

(3)企業家精神を促進する

会社の取締役・監査役・高級管理職等の企業からは、重要な商事主体で重要な生産的要素である。誠実信用・大胆創造などの優秀な企業家精神を促進することは、企業の活力を激励し、経済の高品質的発展を促進するのに利する[3]。

(4)憲法に基づいて本法を制定する

会社とは最も重要な市場主体であり、会社法の制定・改正は、中国特色のある現代企業制度を完備し、国家が「企業経営管理制度」を完備するという憲法上の関連規定を貫徹する重要な措置である。上記の理由で憲法に基づいて本法を制定するという文言が追加された[4]。

第1章　総　則

2　会社名称（第6条）

2023年会社法第6条は、新規条文で会社名称権に関する規定である。

2023年会社法第6条第1項は、会社には自分の名称を有しなければならず、会社名は国家の関連規定に準拠しなければならないと規定している。

2023年会社法第6条第2項は、会社の名称権は法律によって保護されると定めている。本条は2023年会社法改正条文であり、『民法典』第110条第2項「法人、非法人組織は名称権、名誉権、栄誉権を享有する」、『企業名称登録管理規定』第4条「企業は1つの企業名称しか登録できず、企業名称は法律によって保護される」などの関連規定を参考し、吸収し、会社名の取得と保護に対して規定を行い、会社法の規範体系をより厳格かつ完全にした。

3　法定代表者の選任と辞任（第10条）

2023年会社法第10条は改正条文で法定代表者の選任と辞任に関する規定である。

2018年会社法では会社の法定代表者は会社定款の規定に基づいて、取締役会長、執行取締役または支配人が担当し、法に基づいて登録する。会社の法定代表者の変更は、変更登記を行わなければならないと定めていた（第13条）。これに対して2023年会社法は、会社の法定代表者について以下のように規定している。

第1に、会社の法定代表者は会社定款の規定に基づいて、会社を代表して会

表1-2

2018年会社法	2023年会社法
第13条 　会社の法定代表者は会社定款の規定に基づいて、取締役会長、執行取締役または支配人が担当し、法に基づいて登録する。会社の法定代表者の変更は、変更登記を行わなければならない。	第10条 　会社の法定代表者は会社定款の規定に基づいて、会社を代表して会社の事務を執行する取締役または支配人が担当する。 　法定代表者を務めていた取締役または支配人が辞任した場合は、同時に法定代表者を辞任するものとみなす。 　法定代表者が辞任する場合、会社は法定代表者が辞任する日から30日以内に新しい法定代表者を確定しなければならない。

第Ⅰ部　改正 中国会社法

社の事務を執行する取締役または支配人が担当すると定めている（第10条第1項）。

第2に、法定代表者を務めていた取締役または支配人が辞任した場合は、同時に法定代表者を辞任するものとみなすと規定している（第10条第2項）。

第3に、法定代表者が辞任する場合、会社は法定代表者が辞任する日から30日以内に新しい法定代表者を選定しなければならないと規程している（第10条第3項）。

4　法定代表者の職務行為の法的効果（第11条）

2023年会社法第11条は、新規条文で法定代表者の職務行為の法的効果に関する規定である。新規条文のポイントは、下記の3つである。

第1に、法定代表者が会社の名義で従事する民事活動、その法的結果は会社が負担とすると規定している（第11条第1項）。

第2に、会社定款または株主会の法定代表者の職権に対する制限は、善意の第三者に対抗してはいけないと定めている（第11条第2項）。

第3に、法定代表者が職務執行により他人に損害を与えた場合、会社は民事責任を負い、会社が民事責任を負った後、法律または会社定款の規定に基づいて、過失のある法定代表者に賠償を追求することができると規定している（第11条第3項）。

5　従業員の民主的管理（第17条）

2023年会社法第17条は改正条文で従業員の民主的管理に関する規定である。2018年会社法では会社は憲法と関連法律の規定に基づいて従業員代表大会またはその他の形式を通じて、民主管理を実施すると定めていた（第18条第2項）。これに対して2023年会社法は、「従業員代表大会を基本形式とする民主管理制度を確立し、健全化し、」という内容を追加した（第17条第2項）。

また、2023年会社法第17条第2項では会社は制度改正、解散、破産申請および経営上の重大な問題を検討決定し、重要な規則制度を制定する際、会社の労働組合の意見を聴取し、従業員代表大会又はその他の形式を通じて従業員の意見と提案を聴取しなければならないと規定している。

第 1 章　総　則

表 1 - 3

2018年会社法	2023年会社法
第18条 　会社の従業員は『中華人民共和国労働組合法』に基づいて労働組合を組織し、労働組合活動を展開し、従業員の合法的権益を守る。会社は当社の労働組合に必要な活動条件を提供しなければならない。会社の労働組合代表従業員は、従業員の労働報酬、労働時間、福利、労働安全衛生などの事項について法に基づいて会社と集団契約を締結する。 　会社は憲法と関連法律の規定に基づいて従業員代表大会またはその他の形式を通じて、民主管理を実施する。 　会社は制度改正及び経営上の重大な問題を検討決定し、重要な規則制度を制定する際、会社の労働組合の意見を聴取し、従業員代表大会又はその他の形式を通じて従業員の意見と提案を聴取しなければならない。	第17条 　会社の従業員は『中華人民共和国労働組合法』に基づいて労働組合を組織し、労働組合活動を展開し、従業員の合法的権益を守る。会社は当社の労働組合に必要な活動条件を提供しなければならない。会社の労働組合代表従業員は、従業員の労働報酬、労働時間、<u>休憩と休暇</u>、労働安全衛生、<u>保険福利厚生</u>などの事項について法に基づいて会社と集団契約を締結する。 　会社は憲法と関連法律の規定に基づいて、<u>従業員代表大会を基本形式とする民主管理制度を確立し、健全化し、</u>従業員代表大会またはその他の形式を通じて、民主管理を実施する。 　会社は制度改正、<u>解散、破産申請</u>及び経営上の重大な問題を検討決定し、重要な規則制度を制定する際、会社の労働組合の意見を聴取し、従業員代表大会又はその他の形式を通じて従業員の意見と提案を聴取しなければならない。

6　会社の社会的責任（第19条、第20条）

　2023年会社法第19条・第20条は、改正条文で会社の社会的責任に関する規定である。2018年会社法では社会的責任について事業活動に従事する会社は、法律および行政規範を遵守し、社会道徳、商業道徳、信義誠実の原則を守り、政府および公衆の監督を受け入れ、社会的責任を負わなければならないと定めていた（第5条第1項）。これに対して2023年会社法では以下のように改正が行われた。

　第1に、2023年会社法は、2018年会社法第5条第1項の内容を第19条に移行し、「法律および行政規範」の文言を「法律・法規に」に変更した。この変更で会社が遵守すべき法令の範囲が拡大された。

　第2に、2023年会社法は、2018年会社法第5条の会社の社会的責任について

21

第Ⅰ部　改正　中国会社法

表1‑4

2018年会社法	2023年会社法
第5条第1項 　事業活動に従事する会社は、法律および行政規範を遵守し、社会道徳、商業道徳、信義誠実の原則を守り、政府および公衆の監督を受け入れ、社会的責任を負わなければならない。	第19条 　事業活動に従事する会社は、法律・法規を遵守し、社会道徳、商業道徳、信義誠実の原則を守り、政府および公衆の監督を受け入れなければならない。 第20条 　事業活動に従事する会社は、当社の従業員、消費者その他の利害関係者の利益及び生態環境保護などの社会的公益を十分に考慮し、社会的責任を負わなければならない。 　国は会社が社会福祉事業活動に参加し、社会的責任報告書を発行することを奨励する。

実質的内容を拡充した。つまり、2018年会社法第5条第1項の「社会的責任を負わなければならない」という部分を第20条に移行し、社会的責任に関する規定の内容を実質的に拡充した[5]

7　会社会議の電子通信化（第24条）

　2023年会社法第24条は、新規条文で会社会議および決議の電子通信化に関する規定である。2023年会社法第24条は、会社の株主会、取締役会、監査役会が会議を開催、採決するには電子通信方式を採用することができ、会社の定款に別途規定がある場合を除くと規定している。

8　取消のできる会社決議（第26条）

　2023年会社法第26条は、改正条文で取消のできる会社決議に関する規定である。2018年会社法では株主会又は株主総会、取締役会の会議招集手順、採決方式が法律、行政規範又は会社定款に違反し、又は決議内容が会社定款に違反した場合、株主は決議が行われた日から60日以内に、人民法院に取り消しを請求することができると定めていた（第22条第2項）。これに対して2023年会社法は、「ただし、株主会、取締役会の会議招集手順または採決方法にわずかな瑕疵があり、決議に実質的な影響がない場合を除く。」という内容を追加した（第26条第1項）。

第1章　総　則

表1‐5

2018年会社法	2023年会社法
第22条 　会社の株主会又は株主総会、取締役会の決議内容が法律、行政規範に違反する場合、無効とする。 　株主会又は株主総会、取締役会の会議招集手順、採決方式が法律、行政規範又は会社定款に違反し、又は決議内容が会社定款に違反した場合、株主は決議が行われた日から60日以内に、人民法院に取り消しを請求することができる。 　株主が前項の規定に基づいて訴訟を提起した場合、人民法院は会社の要請に応じて、株主に相応する担保の提供を要求することができる。 　会社は株主会または株主総会、取締役会の決議に基づいて変更登記を行った場合、人民法院はその決議の無効または撤回を宣告した後、会社は会社登記機関に変更登記の取り消しを申請しなければならない。	第26条 　株主会、取締役会の会議招集手順、採決方式が法律、行政規範又は会社定款に違反し、あるいは決議内容が会社定款に違反した場合、株主は決議が行われた日から60日以内に、人民法院に取り消しを請求することができる。<u>ただし、株主会、取締役会の会議招集手順または採決方法にわずかな瑕疵があり、決議に実質的な影響がない場合を除く。</u> 　株主会会議への参加を通知されていない株主は、株主会決議が行われたことを知っているか、知っているべき日から60日以内に、人民法院に取り消しを請求することができる。決議が成立した日から1年以内に取消権を行使しなかった場合、取消権は消滅する。

　2023年会社法では、株主会会議への参加を通知されていない株主は、株主会決議が行われたことを知っているか、知っているべき日から60日以内に、人民法院に取り消しを請求することができる。決議が成立した日から1年以内に取消権を行使しなかった場合、取消権は消滅するという内容の規定も追加された（第26条2項）。

9　会社決議の不成立（第27条）

　2023年会社法第27条は、新規条文で会社決議の不成立に関する規定である。

　2023年会社法では以下のいずれかの場合、会社の株主会、取締役会の決議は成立しないと規定している（第27条）。

　⑴株主会、取締役会会議を開催せずに決議した場合。

　⑵株主会、取締役会会議は決議事項を採決しなかった場合。

　⑶会議に出席した人数又は所持した議決権数が本法又は会社定款に規定され

23

第Ⅰ部　改正 中国会社法

る人数又は所持する議決権数に達しなかった場合。

⑷決議事項に同意した人数又は所持した議決権数が本法又は会社定款に規定
される人数又は所持する議決権数に達しなかった場合。

10　会社決議の無効・取消・善意第三者の保護（第28条）

2023年会社法第28条は、改正条文で会社決議の無効・取消・善意第三者の保
護に関する規定である。

第１に、2023年会社法では会社の株主会、取締役会の決議が人民法院に無
効、取り消し、または不成立を宣告された場合、会社は会社の登記機関に当該
決議に基づいて行った変更登記の取り消しを申請しなければならないと定めて
いる（第28条第１項）。

第２に、2023年会社法では、株主会、取締役会決議が人民法院によって無
効、取り消し、または不成立を宣告された会社は、この決議に基づいて善意の
第三者と形成された民事法律関係に影響を与えないと規定している。

第２節　会社法第１条・第20条の立法過程における学説論争

一　立法目的と従業員権益保護の明文化

2023年会社法の立法過程において従業員権益保護の明文化という議論につい
て賛成意見が多く見られたが、関連する法分野がそれぞれ特定の役割分担があ
るため立法目的の文言に従業員権益保護の規定を入れるべきかをめぐり商法学
界では下記の通り意見が分かれた。

1　明文化肯定説

明文化肯定説は、会社法の立法目的（第１条）について会社、株主および債
権者の合法的な権益を保護するという表現を拡大して、会社、株主、従業員お
よび債権者の合法的な権益を保護すると改正すべきであると強調する。[6]明文化
肯定説ではその理由について以下のように説明されている。

①会社の民主的管理業務を積極的に推進することは、党の第20回大会の精神
を貫徹し、全過程の人民民主を実行し、従業員の権益を保護し、会社の持続的
健全な発展を促進する措置である。

②会社とは、多元的利益の連合体として資本の連合であり、資本と労力の結

合体でもある。従業員は、重要な利害関係者としてその権益が当然、会社法による保護を受けるべきであろう。

2 明文化否定説

明文化否定説は、従業員権益保護の明文化について以下のような理由で反対している[7]。

①会社法の立法目的関連の条文は、孤立的に存在できなくて具体的な制度の保障に依存するものである。従業員の権益保護に関連する会社法の具体的規定が欠如であれば、会社法の立法目的も達成しにくい。

②会社法と労働法は、異なる法律分野としてそれぞれの役割分担があり、守備範囲も異なる。会社法は、株主、取締役・高級管理職および債権者の利害関係を重点的に調整する法律であり、従業員の権益保護は、労働法と社会法によるもので会社法によるものではない。

二 会社の社会的責任の明文化

企業の社会的責任の会社法立法をめぐって中国商法学界ではこれまでに幅広い研究・議論も行われてきた[8]。企業の社会的責任の会社法立法については、主に3つの学説に分けられている。

1 明文化肯定説

すなわち、企業の社会的責任を法律条文に組み入れることを賛成し、世界の会社の立法史における地位を肯定するという説である。そして、中国の法律は会社立法の主流に順応し、企業の社会的責任を引き続き強化すべきだと指摘した上で立法化肯定説は、以下のように強調している。

道徳準則は一般的に法律に直接規定されておらず、主に市場、世論、風習などの法律以外の非公式制度に依存している。企業の社会的責任を立法することは、道徳的な自発によって明らかに実現できないという消極的な観点で考えられる。法律化とは、立法者が一定の道徳理念と道徳規範を用いて、立法手続きを通じて法律的、国家的な意志の形で表現し、規範化、制度化させることを指す[9]。同様に、企業の社会的責任の法律化は、企業の社会的責任において一部内容を純粋的な道徳から切り離し、法律の形で具体的に規範化することである。

第Ⅰ部　改正 中国会社法

2　明文化否定説

明文化否定説は、企業の社会的責任その概念の存在価値を否定するではなく、企業の社会的責任の内容を会社法の条文に置くべきではなく、削除すべきであると考えている上で以下のように主張している。

企業の社会的責任は法律の強制的な制約のない宣示的な条項であり、企業の社会的責任を法律の原則とするが、その内包に対して具体的な解釈はなく、その境界がはっきりしないとなって、企業の社会的責任の内包と法律の適用範囲を無限に拡張するのは必然であり、直接あるいは間接的に会社の営利の本質を弱めて、会社法の本来の基本的な属性に背いた。[10]

企業の社会的責任の立法を通じて、会社の自治管理に深刻な影響を与える。言い換えれば、会社が企業の社会的責任を負う過程は、実に国が社会主義市場経済への介入を強化する過程であり、国が自分で創設した企業の社会的責任を通じて、公共利益を考慮することを目的とすると同時に、政府を通じて会社と社会との関係を調整することは、会社のガバナンスに危害を及ぼすことになる。[11]上記のように、現代企業制度の大きな特徴は企業自治である。この論点は、企業の社会的責任が実には現代企業制度に反しており、企業自治に危害を及ぼすと指摘している。

3　明文化折衷説

明文化折衷説は、企業の社会的責任の立法する理念を肯定しているが、強制的に実施すべきではないと指摘した上で以下のように強調している。

企業の社会的責任条項は、宣示的な条項にすぎず、会社法全体に企業の社会的責任を適用する具体的な条文もなく、実践の中で法律の強制性をとるべきではない。[12]原則として、企業の社会的責任を重視する立法の主旨を体現し、会社の営利目的の維持と会社に企業の社会的責任を要求する間に合理的なバランスを実現することを強調した。会社法全体の構造から見ると、企業の社会的責任条項を会社法総則に位置付けて、会社法を統率し、重要な指針として、各部門法にも一定の指導作用がある。[13]また、裁判官や弁護士に会社法の解釈を指導し、株主や他社の法律関係当事者に投資や意思決定活動を指導することに重要な現実の意義がある。[14]

法的手段を用いて企業の社会的責任を実行することは、極めて直接的な制約

方法であることは間違いないが、企業の社会的責任の立法化は完全に細分化することはできない。つまり、法律上で企業の社会的責任に対する規定は一般的には原則的な規定である。そのため、企業の社会的責任を効果的に実行するには、道徳準則によって法律の不足をカバーしなければならない。それで、企業の社会的責任条項の制約性を適度に通じて会社の行為を調整することにより、会社の個人営利と企業の社会的責任の一体的な実現を統合する。だから、企業の社会的責任の自発性はイコール任意性ではなく、企業の社会的責任の制約性はイコール強制性でもない[15]。その代わりに、各分野の関連規則などによって、「法律のハードな制約と道徳のソフトな制約を同時に発揮する」[16]、つまりソフトローの形式で実施される。もちろん、立法化は、企業の社会的責任の履行に対する制約性は依然として一般的な道徳制約より強い。

　結局、2023年会社法に関して中国の立法機関は、主にこれまでに検討した明文化肯定説および明文化折衷説の立場に沿って立法作業を進めてきたと考えられる。

第3節　四回の改訂草案審議稿から見た第1条・第20条の立法過程

一　立法目的と従業員権益保護の明文化

1　四回修訂草案審議稿

　会社法修訂草案1審稿では、会社法第1条について何の変更もしていなかった。会社法修訂草案2審稿審議の過程において、「中国特色のある現代企業制度を完備し、企業家精神を促進し」という文言を追加され、一般商事会社にも準用できる立場も表明された。修訂草案3審稿ではその改正理念を完全に維持し、新たな改正意見や提案は出さなかった。修訂草案4審稿の審議では、利害関係者の例として「従業員」の文言を追加された上で第1条の条文の最後に、「憲法に従う」も追加された[17]。

第Ⅰ部　改正 中国会社法

表 1 - 6

会社法 修訂草案 1 審稿	会社法 修訂草案 2 審稿	会社法 修訂草案 3 審稿	会社法 修訂草案 4 審稿
第 1 条 　この法律は、会社の組織と行為を規制し、会社・株主・債権者の正当な権益を保護し、社会及び経済秩序を維持し、並びに社会主義市場経済の発展を促進することを目的として制定する。	第 1 条 　この法律は、会社の組織と行為を規制し、会社・株主・債権者の正当な権益を保護し、<u>中国特色のある現代企業制度を完備し、企業家精神を促進し</u>、社会主義市場経済の発展を促進することを目的として制定する。	第 1 条 　この法律は、会社の組織と行為を規制し、会社・株主・債権者の正当な権益を保護し、<u>中国特色のある現代企業制度を完備し、企業家精神を促進し</u>、社会主義市場経済の発展を促進することを目的として制定する。	第 1 条 　この法律は、会社の組織と行為を規制し、会社・株主・<u>従業員</u>・債権者の正当な権益を保護し、<u>中国特色のある現代企業制度を完備し、企業家精神を促進し</u>、社会主義市場経済の発展を促進することを目的とし、<u>憲法に従って</u>制定する。

2　立法機関の見解

　2023年12月25日、全国人民代表大会憲法と法律委員会は、「会社法（修訂草案）の審議結果に関する報告」の中で、ある常務委員会構成員、社会公衆は、従業員の民主的管理をさらに強化し、従業員の合法的権益を保護することを提案した。憲法と法律委員会は、研究を経て立法目的の中で「従業員」の合法的権益を保護する規定を追加することを提案した。従業員の権益保護は、会社法修訂草案 1 審稿・ 2 審稿・ 3 審稿に全く言及されなかったが、最終的には2023年会社法第 1 条に採用された。従業員権益保護の立法目的を増設し、会社法における従業員権益保護制度を統領し、会社法と労働法の間の密接なつながりを貫いた。

二　会社の社会的責任の明文化

1　四回の修訂草案審議稿

　会社法改正草案 1 審稿では第18条・第19条は2018年会社法第 5 条の内容を分解して企業の社会的責任に関する内容を第19条に入れて充実した。会社法改正草案 2 審稿では第19条、第20条は条文の順序上の調整のみを行った。そして会社法改正草案 3 審稿と 4 審稿では条文の言葉遣いのみに修正した。

第1章　総　則

表1-7

会社法 修訂草案1審稿	会社法 修訂草案2審稿	会社法 修訂草案3審稿	会社法 修訂草案4審稿
第19条 　事業活動に従事する会社は、法律・法規から規定されている義務を従った上で、当社の従業員、消費者その他の利害関係者の利益及び生態環境保護などの社会的公益を十分に考慮して、社会的責任を負わなければならない。 　国は会社が社会公益活動に参加し、社会的責任報告書を開示することを奨励する。	第20条 　事業活動に従事する会社は、法律・法規から規定されている義務を従った上で、当社の従業員、消費者その他の利害関係者の利益及び生態環境保護などの社会的公益を十分に考慮して、社会的責任を負わなければならない。 　国は会社が社会公益活動に参加し、社会的責任報告書を開示することを奨励する。	第20条 　事業活動に従事する会社は、法律・法規から規定されている義務を従った上で、当社の従業員、消費者その他の利害関係者の利益及び生態環境保護などの社会的公益を十分に考慮して、社会的責任を負わなければならない。 　国は会社が社会公益活動に参加し、社会的責任報告書を開示することを奨励する。	第20条 　事業活動に従事する会社は、当社の従業員、消費者その他の利害関係者の利益及び生態環境保護などの社会的公益を十分に考慮し、社会的責任を負わなければならない。 　国は会社が社会公益活動に参加し、社会的責任報告書を開示することを奨励する。

2　立法機関の見解

　また、中国の立法機関は会社法の立法目的等について下記の見解を表明した。

　(1)会社は最も重要な市場主体であり、会社法を改正して中国の特色ある現代企業制度を充実することは、中国が「企業経営管理制度」を完備させることに関する憲法を貫徹、実行するための重要な措置であり、「憲法に基づく」という言葉を追加して本法を制定することを提案した。[18]

　(2)以下の改正を行うことを提案する：第1に、立法目的の中で「従業員」の合法的な権益を保護する規定を追加する。第2に、会社が「解散、破産申請」を検討決定する際に従業員の意見を聞く規定を増加する。会社が審計委員会を設置して監督職責を履行することを許可し、監査役会または監査役を設置しないことは、審計委員会の会社財務、会計監督に対する専門性を強化することである。審計委員会が新しい制度であることを考慮すると、その人員構成に対して適切な柔軟性と包容性を維持することは会社実務の発展に有利である。これ

第Ⅰ部　改正 中国会社法

により、会社の取締役会構成員の従業員代表が審計委員会構成員になることができる規定を追加すると提案した。[19]

⑶党の第18期第4回全体会議の決定に関する要求を貫徹し、会社の社会的責任建設を強化し、下記の規定を増加させる。会社は、経営活動に従事し、法律・法規に規定された義務を遵守した上で、会社の従業員、消費者などの利害関係者の利益及び生態環境保護などの社会的公共利益を十分に考慮し、社会的責任を負わなければならず、国は、会社が社会公益活動に参加し、社会責任報告書の公表を奨励すると提案した。[20]

⑷党の二十大精神を貫徹し、立法目的の中で「中国の特色ある現代企業制度を完備し、企業家精神を発揚する」の内容を増加するということが提案された。憲法と法律委員会は、研究を経て、この提案意見を受け入れた。[21]

[注]
1）　趙旭東主編・劉斌副主編『2023新公司法条文解釈』法律出版社、2024年、2-3頁。
2）　李建偉主編『公司法評釈』法律出版社、2024年、4頁。
3）　劉俊海著『新公司法的制度創新』中国法制出版社、2024年、12頁。
4）　李建偉主編『公司法評釈』法律出版社、2024年、6頁。
5）　趙旭東前掲注1）、46-47頁。
6）　劉俊海前掲注3）、8-9頁。
7）　王天雁「公司社会責任原則的解釈及法律適用」『湖北函授大学学報』2012年2月第25巻第2期、65頁。
8）　李静「企業社会責任是承諾性法律責任—『公司法』第五条解読」『天津商業大学学報』2014年3月第34巻第2期、68頁。
9）　範進学「論道徳法律化与法律道徳化」『法学評論』1998年第2期、34頁。
10）　沈貴明「我国公司社会責任的立法規範問題」『法学』2009年第11期、99-110頁、史際春「論公司 社会責任：法律義務、道徳責任及其他」『法学研究』2008年第2期、47-48頁。陳暁星「企業社会責任 法律規制的理性思考—兼評中国『公司法』第5条之規定」『中国商法年刊』2009年、51頁。
11）　呉飛飛「公司自治与公司社会責任的公司法困境」『北京理工大学学報』2013年第4期、135-136頁。
12）　王天玉「宣言、原則抑或規範」『社会科学研究』2012年第1期、91-95頁。
13）　王天雁「公司社会責任原則的解釈及法律適用」『湖北函授大学学報』2012年2月第25巻第2期、65頁。
14）　趙旭東『公司法学』高等教育出版社、2006年、49-50頁。
15）　劉俊海「関于公司社会責任的若干問題」『理論前沿』2007年第22期、21頁。
16）　趙万一「中国公司法的正義性品格及其法律制度実現」『民商法学』2023年第12期、99頁。

第 1 章　総　則

17)　朱慈蘊「公司的社会責任：遊走于法律責任与道徳准則之間」『中外法学』Vol. 20, No. 1 (2008) 33-35頁。樊涛「公司社会責任的法律思考」『法政探索』2012年第 6 期、83頁。

18)　王瑞賀「関于『中華人民共和国公司法（修訂草案）』的説明」中華人民共和国全人代常務委員会公報2024年第 1 号、33頁。江必新「関于『中華人民共和国公司法（修訂草案）』修改情况的彙報」中華人民共和国全人代常務委員会公報2024年第 1 号、37頁。

19)　袁曙宏「関于『中華人民共和国公司法（修訂草案）』修改情況的説明」中華人民共和国全人代常務委員会公報2024年第 1 号、40頁。

20)　袁曙宏「関于『中華人民共和国公司法（修訂草案）』審議結果的報告」中華人民共和国全人代常務委員会公報2024年第 1 号、43頁。

21)　袁曙宏前掲注20)、42-43頁。

第2章　会社設立登記・脱退制度の完備

第1節　2023年会社法の改正条文（新規条文を含む）の解釈

2023年会社法では1993年会社法が制定・施行してからの会社登記に関連する民法典・市場主体登記管理条例・市場主体登記管理条例実施細則における関連規定を整理統合した上で初めて会社登記という専門の章（第2章）を設けた。

1　設立登記の申請（第29条）

2023年会社法第29条は、改正条文で会社登記関連する規定である。表2-1左欄の通りに2018年会社法第6条第1項では会社設立について定めていた。これに対して2023年会社法は、2018年会社法第6条第1項・第2項の内容を整合して第29条とした上2018年会社法第6条第1項「本法に規定された設立条件に

表2-1

2018年会社法`	2023年会社法
第6条 　会社を設立するには、法に基づいて会社登記機関に設立登記を申請しなければならない。本法に規定された設立条件に準拠する場合、会社登記機関はそれぞれに有限責任会社または株式会社として登記する：本法に規定された設立条件に準拠しない場合、有限責任会社または株式会社として登記してはいけない。 　法律、行政規範により、会社設立の承認のため、提出する必要があると規定されている場合、会社が登記する前に、法律に従って承認手続きを完了する必要がある。 　公衆は会社登記機関に会社登記事項の照会を申請することができ、会社登記機関は照会サービスを提供しなければならない。	第29条 　会社を設立するには、法に基づいて会社登記機関に設立登記を申請しなければならない。 　法律、行政規範により、会社設立の承認のため、提出する必要があると規定されている場合、会社が登記する前に、法律に従って承認手続きを完了する必要がある。 第31条 　会社を設立するには、本法に規定された設立条件に準拠する場合、会社登記機関はそれぞれに有限責任会社または株式会社として登記する：本法に規定された設立条件に準拠しない場合、有限責任会社または株式会社として登記してはいけない。

第Ⅰ部　改正　中国会社法

準拠する場合、会社登記機関はそれぞれに有限責任会社または株式会社として登記する：本法に規定された設立条件に準拠しない場合、有限責任会社または株式会社として登記してはいけない」という内容を削除して第31条では「会社を設立するには、本法に規定された設立条件に準拠する場合、会社登記機関はそれぞれに有限責任会社または株式会社として登記する：本法に規定された設立条件に準拠しない場合、有限責任会社または株式会社として登記してはいけない」と規定している。

2　会社設立用の申請資料の規範性（第30条）

　2023年会社法第30条は、改正条文で会社登記用の申請資料の規範性に関連する規定である。2018年会社法では株主が会社定款の規定により出資を全額引き受けた後、全株主が指定する代表者又は共同委託の代理人が会社登記機関に会社登記申請書、会社定款等の書類を送付し、設立登記を申請すると定めていた（第29条）。これに対して2023年会社法第30条は会社の設立を申請するには、設立登記申請書、会社定款などの書類を提出しなければならず、提出された関連資料は真実、合法、有効でなければならない（第1項）と規定し、また、申請書類が不備または法定形式に準拠しない場合、会社登記機関は補正が必要な書類を一括して通知しなければならないと定めている（第2項）。本条の改正のポイントは下記の2つである。[1]

（1）会社登記の申請主義

　本条の規定により、当事者が会社を設立するには、法により会社登記機関に

表2-2

2018年会社法	2023年会社法
第29条 　株主が会社定款の規定により出資を全額引き受けた後、全株主が指定する代表者又は共同委託の代理人が会社登記機関に会社登記申請書、会社定款等の書類を送付し、設立登記を申請する。	第30条 　会社の設立を申請するには、設立登記申請書、会社定款などの書類を提出しなければならず、提出された関連資料は真実、合法、有効でなければならない。 　申請書類が不備または法定形式に準拠しない場合、会社登記機関は補正が必要な書類を一括して通知しなければならない。

設立登記を申請しなければならない。これは登記の申請主義と呼ばれ、会社を設立するかどうかは当事者が自発的に申請する。

(2)会社登記の実名主義

会社登記は会社の重要情報の対外公開であり、それはまず実名登記を要求し、会社設立者、株主、法定代表者、取締役、監査役などはすべて実名でなければならない。実名登記は会社登記の基本原則である。

3　会社登記事項・公示（第32条）

2023年会社法第32条は、改正条文で会社登記事項・公示に関連する規定である。6種類の会社登記事項について2023年会社法第32条第1項は下記の通りに規定している。つまり、会社登記事項には以下の事項が含まれる：

(一)　氏名；

(二)　住所；

(三)　登録資本金；

(四)　経営範囲；

(五)　法定代理者の氏名；

(六)　有限責任会社の株主および株式会社の発起人の氏名。

また、会社登記事項の公示について2023年会社法では、会社登記機関は前項に規定する会社登記事項を国家企業信用情報開示システムを通じて社会に開示しなければならないと定めている（第32条第1項）。

4　会社の営業許可証（第33条）

2023年会社法第33条は、改正条文で会社の営業許可に関連する規定である。2018年会社法では第7条第1項では法に基づいて設立された会社は、会社の登記機関から会社の営業許可証を交付する。会社の営業許可証の発行日は会社の設立日となると規定し、第7条第1項では会社の営業許可証には、会社の名称、住所、登録資本金、経営範囲、法定代表者の氏名などの事項を明記しなければならないと定めていた。これに対して2023年会社法第32条は、2018年会社法第7条第1項・第2項の内容をそのままに継承し、第3項では会社の登記機関は規定に従って電子営業許可証を発行することができるし、電子営業許可証は紙の営業許可証と同等の法的効力を有すると規定している。

電子営業許可証とは、市場監督管理部門が国家の関連法律法規、統一基準規

第Ⅰ部　改正 中国会社法

表 2 - 3

2018年会社法	2023年会社法
第7条 　法に基づいて設立された会社は、会社の登記機関から会社の営業許可証を交付する。会社の営業許可証の発行日は会社の設立日となる。	第33条 　法に基づいて設立された会社は、会社の登記機関から会社の営業許可証を交付する。会社の営業許可証の発行日は会社の設立日となる。
会社の営業許可証には、会社の名称、住所、登録資本金、経営範囲、法定代表者の氏名などの事項を明記しなければならない。	会社の営業許可証には、会社の名称、住所、登録資本金、経営範囲、法定代表者の氏名などの事項を明記しなければならない。
会社の営業許可証に記録された事項に変更があった場合、会社は法律に従って変更登記を行い、会社の登記機関から営業許可証を取り替える。	会社の登記機関は規定に従って電子営業許可証を発行することができる。電子営業許可証は紙の営業許可証と同等の法的効力を有する。

範に基づいて発行した市場主体登録情報を載せた法律電子証明書を指す。電子営業許可証は紙の営業許可証と同等の法的効力を持ち、会社が主体資格を取得する合法的な証明書であり、会社は電子営業許可証に基づいて経営活動を展開することができ、電子営業許可証の基準は国務院市場監督管理部門が統一的に制定する。[2]

5　会社登記事項の変更手続（第35条）

　2023年会社法第35条は、新規条文で会社登記事項の変更手続に関連する規定である。2023年会社法第35条第1項・第2項は、会社が変更登記を申請するには会社の法定代表者が署名した変更登記申請書、法に基づいて変更決議または決定などの書類を会社登録機関に提出しなければならないと規定し、会社の変更登記事項が会社定款の変更に係る場合は、改正後の会社定款を提出しなければならないと定めている。そして法定代表者変更登記の特殊規定について会社が法定代表者を変更した場合、変更登記申請書は変更後の法定代表者が署名しなければならないと規定している（第3項）。

6　会社抹消の登記・公示（第37条）

　2023年会社法第37条は、新規条文で会社抹消の登記・公示に関連する規定である。2018年会社法では会社抹消の登記・公示について会社の清算が終わった

36

後、清算組は清算報告書を作成し、株主会、株主総会に報告しまたは人民法院を確認しなければならず、かつ会社の登記機関に報告し、会社の登記消却を申請し、会社の終了を公告しなければならないと定めていた（第188条）。これに対して2023年会社法第37条は、会社が解散、破産宣告又はその他の法定事由により終了する必要がある場合、法に基づいて会社登記機関に登記消却を申請しなければならず、会社登記機関が会社終了公告を行なわなければならないと規定している。また、市場主体の抹消登記は法により承認を必要する場合、承認された後に登記機関に抹消登記を申請しなければならない（市場主体登記管理条例第32条2項）。

7　詐欺的会社登記の取消（第39条）

2023年会社法第39条は、改正条文で詐欺的会社登記の取消に関連する規定である。2023年会社法第39条は、2018年会社法第198条の一部内容に基づいて改正が行われたもので詐欺的会社登記の取消について登録資本金を水増しし、虚偽の資料を提出し、またはその他の詐欺手段を用いて重要な事実を隠して会社の設立登記を取得した場合、会社登記機関は法律、行政規範の規定に基づいて取り消さなければならないと定めている。本条改正の理由は、下記の通りである。

詐欺的手段で違法的に会社登記をした場合、(1)公平競争の市場経済秩序の破壊、(2)会社登記機関の行政管理秩序の撹乱、(3)会社の株主・投資家の合法的利益の損害、(4)第三者の合法的利益および社会大衆の利益の損害という4つの損害をおよぼす恐れがあるために会社登記機関は、法律、行政規範の規定に基づ

表2-4

2018年会社法	2023年会社法
第188条 　会社の清算が終わった後、清算組は清算報告書を作成し、株主会、株主総会に報告しまたは人民法院を確認しなければならず、かつ会社の登記機関に報告し、会社の登記消却を申請し、会社の終了を公告しなければならない。	第37条 　会社が解散、破産宣告又はその他の法定事由により終了する必要がある場合、法に基づいて会社登記機関に登記消却を申請しなければならず、会社登記機関が会社終了公告を行なわなければならない。

第Ⅰ部　改正 中国会社法

表2‐5

2018年会社法	2023年会社法
第198条 　本法の規定に違反して、登録資本金を水増しし、虚偽の資料を提出し、又はその他の詐欺手段を用いて重要な事実を隠して会社の登記を取得した場合、会社の登記機関は改正を命じ、登録資本金を水増しした会社に対して、登録資本金金額の5％以上15％以下の過料を科す。虚偽の資料を提出し、又はその他の詐欺手段を用いて重要な事実を隠した会社に対しては、5万元以上50万元以下の過料を科す。情状が深刻な場合は、会社の登記を取り消し、又は営業許可証を取り消す。	第39条 　登録資本金を水増しし、虚偽の資料を提出し、またはその他の詐欺手段を用いて重要な事実を隠して会社の設立登記を取得した場合、会社登記機関は法律、行政規範の規定に基づいて取り消しなければならない。

いてその不法登記を取り消さなければならない。[3]

8　国家企業信用情報開示システムによる情報開示（第40条）

　2023年会社法第40条は、新規条文で国家企業信用情報開示システムによる情報開示に関連する規定である。2023年会社法第40条第1項では会社は規定に従って国家企業信用情報開示システムを通じて以下の事項を公示しなければならないと規定している：

　　（一）有限責任会社の株主の払込引受金と拠出金、出資方式と出資期日、株式会社の発起人が買取した株式数；

　　（二）有限責任会社の株主、株式会社発起人の株式、株式変更情報；

　　（三）行政許可の取得、変更、抹消等の情報；

　　（四）法律、行政規範に規定されるその他の情報。

　また、2023年会社法第40条第2項では会社は前項の開示情報の真実、正確、完全性を確保しなければならないと定めている。

9　会社の登記機関（第41条）

　2023年会社法第41条は、新規条文で会社の登記機関に関連する規定である。2023年会社法第41条の内容は、市場主体登記管理条例第40条第2項を参考に制定されたものである。つまり、「会社の登記機関は会社の登記処理過程を最適化し、会社の登記効率を高め、情報化建設を強化し、オンライン処理などの便

利な方法を推進し、会社の登記の便利化レベルを向上しなければならない。国務院市場監督管理部門は本法と関連法律、行政規範の規定に基づいて、会社登記の具体的な方法を制定する」と定めている。

第2節　2023年会社法第29条、31条の立法過程における学説論争

会社登記の法的性質をめぐる学説論争

　会社登記の法的性質については中国の実定法には明確な規定がなく、学界でも諸説あり、司法実務の中でも認識が異なっている。学界では会社登記の法的性質について主に次の3つの観点が存在する。

1　公法的性質説

　公法的性質説では会社登記は公法行為であり、国が公権力を利用して商事活動に介入する行為であり、会社の登記法律関係は登記申請者と登記主管機関との関係であると考えている。この学説を主張する学者はこの関係が行政法律関係だと考えている。また、この関係は商事組織法によって調整され、商事組織法は強制的な規範を主とし公法の範疇に属するという見方もある。この観点の内部では、会社登記は行政法律関係として行政許可に属するか行政確認に属するかに食い違いがあるが、多数説は次第に後者に向かっている[4]。

2　私法的性質説

　会社登記は私法行為であり、その理由は会社法が私法に属するため、会社登記は私法行為であると考えている。私的従商の権利は天賦の行商権に由来するため法律は登記制度を通じて商人のこのような営業の自由を確認しただけである。私法的性質説は、会社登記の私法的性質について以下のようにその主張を展開している[5]。

　(1)法律に特別な規定がない限り、会社登記の本質的な属性は会社の法律関係主体の理性的な意思自治に基づいて、会社の登記情報を公衆に提供する公共情報サービスであると考えている。登記行為は行政許可ではなく、行政確認や行政信用裏書でもない。会社の登記は会社の法律関係主体を尊重し、成全し、保護することを目的とする。会社登記と意思自治は表裏一体であり、両者は形式と内容、手段と目的の間の関係である。

　(2)会社の設立登記について言えば、会社の設立に必要な人（株主と会社機

関）、物（資本）と自治規則（定款）という３つの要件は、設立登記以前から存在している。現代会社の設立制度は、人治に基づく国王（または政府）の特許制から、法治に基づく登録制に進化した。会社の設立登記の本質は、登記機関が事実上存在している適格会社に特定の身分情報を付与し、営業許可証を発行し、適時に公示することである。

(3)『市場主体登記管理条例』第19条では登記機関は、申請書類を形式審査しなければならず、申請書類が完備し、法定形式に合致するものを確認し、その場で登記しなければならない」と定めている。登記機関が登記申請情報を形式審査することは、実質的に行政許可説と行政確認説を鮮明的に否定したことを意味するだろう。

3　二重性質説

この学説では、会社登記が公法と私法の性質を兼ね備えており、その内容は主に上記の２つの観点の折衷であると考えている。会社の登記は登記申請者の自由意志の表れである一方、行政機関が公共管理機能を履行していることを体現し、私法と公法の二重の性質を持っていると考えている。私法的性質説は、以下のようにその主張を展開している[6]。

(1)まず、公法的性質説では会社登記制度が民間商業ギルドに由来する歴史的な根源を無視し、会社登記が最初は自発的な民間商業秩序であったことを無視し、第二次世界大戦後になって、貿易規制主義の影響の上で、国家権力が徐々に浸透してきた。次に、このような観点は、会社が登記した私法の属性を無視している。法律主体が登記に参加するかどうか、なぜ登記するかは、その意思自治にかかっており、国は登記申請に強制する権利がない。そのため、会社登記には顕著な私法的属性がある[7]。

(2)私法的性質説は、会社の登記に国家規制の機能があることを無視している。申請者は登記機関に登記を申請しなければならず、国家規制は論理的に必然的な結果である。次に、登記の内容から見ると、最低限の経営条件に関する事項のいくつかは必須登記事項であり、登記されていない場合、国はその商事主体資格を認めない。最後に、会社の登記はやはり登記機関が商事活動に対して事前、事中、事後管理制御と権利定義、税収追徴を実施する制度的なプラットフォームである。そのため、会社登記には顕著な公法属性がある[8]。

第2章　会社設立登記・脱退制度の完備

(3)公法的性質説と私法的性質説のどちらも会社登記のある方面の特徴を不当に拡大し、その別の特質を無視しても、会社登記の客観的性質を全面的に反映することはできない。登記申請者の視点から見ると、会社の登記行為は登記申請者が自主的な意思に基づいて、登記機関に商事主体の登記を申請し、関連資格と情報公示を取得する法律行為である。登記機関の視点から見ると、会社登記は登記機関が法律法規に基づいて与えた公共管理機能であり、登記申請者の申請事項を法に基づいて審査し、許可または認める具体的な行政行為である。そのため、会社の登記は性質上、公法と私法の二重属性を自然に兼ね備えている。不動産登記の誤った損害賠償を例に、民事主体が虚偽登記し、第三者の損失をもたらした場合、司法実践において民事訴訟の管轄に属し、虚偽登記者が民事責任を負う、登記機関が誤って登記して第三者に損失を与えた場合、行政賠償訴訟の範疇に属し、登記機関は国家賠償責任を負う。以上より、会社の登記は公法と私法の性質を兼ね備え、二重の属性を持っている。[9]

第3節　四回の修訂草案審議稿から見た2023年会社法第37条の立法過程

会社抹消の登記・公示について

1　四回の修訂草案審議稿

会社法修訂草案1審稿第30条は、2018年会社法第188条規定の内容を継承し、会社の清算が終わった後、清算委員会は清算報告書を作成し、株主会、株主総会に報告しまたは人民法院を確認しなければならず、かつ会社の登記機関に報告し、会社の登記消却を申請し、会社の終了を公告すると定めていたが、会社法修訂草案2審稿第37条では、会社が解散、破産宣告又はその他の法定事由により終了する必要がある場合、法に基づいて会社登記機関に抹消登記を申請しなければならず、会社登記機関が会社終了公告をすると変更された。会社法修訂草案3審稿・4審稿で2審稿第37条内容のままで2023年会社法第37条規定となりました。また、会社法修訂草案1審稿第34条では「会社登記機関は、会社登記事項、会社定款について国家企業信用情報開示システムを通じて以下の事項を公示しなければならない」と規定していたが会社法修訂草案1審稿から削除された。

第Ⅰ部　改正　中国会社法

表 2 - 6

会社法 修訂草案 1 審稿	会社法 修訂草案 2 審稿	会社法 修訂草案 3 審稿	会社法 修訂草案 4 審稿
第30条 　会社の清算が終わった後、清算組は清算報告書を作成し、株主会、株主会に報告しまたは人民法院を確認しなければならず、かつ会社の登記機関に報告し、会社の抹消登記を申請し、会社の終了を公告する。	第37条 　会社が解散、破産宣告又はその他の法定事由により終了する必要がある場合、法に基づいて会社登記機関に抹消登記を申請しなければならず、会社登記機関が会社の終了を公告する。	第37条 　会社が解散、破産宣告又はその他の法定事由により終了する必要がある場合、法に基づいて会社登記機関に抹消登記を申請しなければならず、会社登記機関が会社の終了を公告する。	第37条 　会社が解散、破産宣告又はその他の法定事由により終了する必要がある場合、法に基づいて会社登記機関に登記消却を申請しなければならず、会社登記機関が会社の終了を公告する。

2　立法機関の見解

中国の立法機関は、会社設立登記について下記の見解を表明した[10]。

第1に、会社設立登記の特別の章を新設し、会社の設立登記、変更登記、抹消登記の事項と手続きを明確にした。同時に、会社の登記機関に登記プロセスを最適化し、登記効率と利便化レベルを高めることを要求した。

第2に、情報化建設の成果を十分に利用し、電子営業許可証、統一される企業情報開示システムを通じた公告、電子通信方式を用いた決議の法的効力を明確にした。

第3に、会社の清算制度を完備し、清算義務者と清算グループの構成員の義務と責任を強化するが、株主全員が債務履行に承諾した後、簡易プログラムで抹消登録をすることができる規定を追加した[11]。

[注]

1 ）　徐强胜『公司法 規則与応用』中国法制出版社、2024年、12頁。趙旭東主編・劉斌副主編『2023新公司法条文解釈』法律出版社、2024年、2-3頁。

2 ）　朱慈蘊主編『新公司法条文精解』中国法制出版社、2024年、4 頁。李建偉主編『公司法評釈』法律出版社、2024年、4 頁。

3 ）　劉俊海著『新公司法的制度創新』中国法制出版社、2024年、12頁。李建偉主編『公司法評釈』法律出版社、2024年、6 頁。

4 ）　趙旭東・鄒学庚「商事登記効力体系的反思與重構」『法学論壇』2021年 7 月第 4 期、

42

15頁。王湘軍「商事登記制度改革背景下我国市場監管根本転型探論」『政法論壇』2017年 3 月、第35巻第 2 期、33頁。徐曉明「市場主体強制註銷制度的内在取向及其法治建構」『行政法学研究』2023年第 4 期、73頁。

5 ）　王妍「我国企業登記形式審査制的社會福利損失」『當代法学』2020年第 1 期、22頁。

6 ）　劉凱湘「我国商事主体登記制度改革的難題與路径─以登記効力的考察為中心」『中国法律評論』2022年第 3 期、75頁。

7 ）　羅培新「優化営商環境視域下我国商事主体登記制度之完善」『華東政法大学学報』2021年第 6 期、63頁。

8 ）　李建偉　羅錦榮「有限公司股権登記的對抗力研究」『法学家』2019年第 4 期、 5 頁。

9 ）　邹海林「公司法修訂的制度創新：回顾与展望」『法律适用』2023年第 8 期、13頁。

10）　王瑞賀「関于『中華人民共和国公司法（修訂草案)』的説明」中華人民共和国全人代常務委員会公報、2024年第 1 号、33頁。

11）　王瑞賀、前掲注10)、33頁。

第3章　会社資本制度の完備と株式譲渡規制の強化

第1節　2023年会社法の改正条文（新規条文を含む）の解釈

一　有限責任会社に関連する規定

1　有限責任会社の株主人数規定（第42条）

　2023年会社法第42条は、改正条文で有限責任会社の株主人数に関する規定である。2018年会社法には有限責任会社の株主人数の下限規定がなかったが、これに対して2023年会社法では有限責任会社の株主人数の下限規定を追加して有限責任会社は、1人以上50人以下の株主の出資によって設立されると定めている（第42条）。

　第42条規定によると、有限責任会社の株主数の下限は1人である。2023年会社法は2018年会社法第2章第3節一人有限責任会社の特別規定を削除したが、依然として一人有限責任会社の合法性を認め、投資家は一人有限責任会社を設立することができると規定している。また2018年会社法では有限責任会社の株主数の上限を50人と規定しており、これは2023年会社法が株式有限責任会社の発起人の人数の上限だけを制限し、具体的な株主数を制限しないこととは大きな違いがある。

　一人有限責任会社の株主については、2018会社法第57条第2項では自然人と法人という2種類の主体を明確に規定していた。それに対して2023年会社法は、一人有限責任会社の設立条件を緩和し、一人有限責任会社の株主の法的性質を制限しないと定めている。これにより、自然人、法人、非法人組織はいずれも一人有限責任会社を設立する権利能力を持っている[1]。

表3-1

2018年会社法	2023年会社法
第24条 　有限責任会社は、50人以下の株主の出資によって設立される。	第42条 　有限責任会社は、1人以上50人以下の株主の出資によって設立される。

第Ⅰ部　改正 中国会社法

2　会社設立時の株主協議（第43条）

　2023年会社法第43条は、新規条文で有限責任会社の会社設立時の株主協議に関する規定である。本条の規定は、初めて会社法の明文規定で会社設立時の株主協議の法的性質・内容を明確した。本条の規定は、下記の通り規定している（第43条）。つまり、有限責任会社設立時の株主は設立協定を締結し、それぞれの会社設立過程における権利と義務を明確にすることができる。

　2023年会社法第43条は新規条文で、有限責任会社設立時の株主が締結した設立協議に関する規定である。有限責任会社設立時の株主は、会社発起人とも呼ばれ、会社設立のために会社定款に署名し、会社に出資を引き受け、会社設立の職責を履行する人を指す。会社設立協議とは、会社の発起人の間で会社設立事項に関する民事法律関係を設立、変更、終了する協議であり、会社設立過程における会社発起人の行為規範である。[2]

3　会社設立時の債務負担（第44条）

　2023年会社法第44条は、新規条文で会社設立時の債務負担に関する規定である。本条規定のポイントは、下記の4つである。

　⑴有限責任会社設立時の株主が会社設立のために従事した民事活動は、その法的結果は会社が負担とする。

　⑵会社が設立されていない場合、その法的結果は会社設立時の株主が負担とする。設立時の株主が二人以上の場合は、連帯債権を有し、連帯債務を負う。

　⑶設立時の株主は、会社を設立するために自分の名義で民事活動に従事したことによる民事責任があった場合、第三者は会社または会社設立時の株主に負担を請求する権利を有する。

　⑷設立時の株主が会社設立職責の履行により他人に損害を与えた場合、会社又は過失のない株主が賠償責任を負った後、過失のある株主に賠償を追求することができる。

4　株主出資の全額納付義務および違約責任（第49条）

　2023年会社法第49条は、改正条文で株主の出資金全額納付義務・出資違約責任に関する規定である。2018年会社法では株主の出資金全額納付義務・出資違約責任について株主が第28条第1項の規定に従って出資を納付しない場合、会社に全額納付しなければならず、期限通りに出資を納付した株主に違約責任を

第3章　会社資本制度の完備と株式譲渡規制の強化

表3‒2

2018年会社法	2023年会社法
第28条 　株主は、会社定款に規定されるそれぞれの払込引き受けた出資額を期限までに全額納付しなければならない。株主が貨幣で出資する場合、貨幣出資全額を有限責任会社が銀行に開設した口座に振り込まなければならない。非貨幣財産で出資する場合は、法に基づいてその財産権の移転手続きを行わなければならない。 　株主が前項の規定に従って出資を納付しない場合、会社に全額納付しなければならず、期限通りに出資を納付した株主に違約責任を負わなければならない。	第49条 　株主は、会社定款に規定されるそれぞれの払込引き受けた出資額を期限までに全額納付しなければならない。株主が貨幣で出資する場合、貨幣出資全額を有限責任会社が銀行に開設した口座に振り込まなければならない。非貨幣財産で出資する場合は、法に基づいてその財産権の移転手続きを行わなければならない。 　株主が期限通りに出資を納付していない場合、会社に全額納付するほか、会社に与えた損失に対して賠償責任を負わなければならない。

負わなければならないと定めていた（第28条第2項）。これに対して2023年会社法では株主の出資金全額納付義務・出資違約責任について株主が期限通りに出資を納付していない場合、会社に全額納付するほか、会社に与えた損失に対して賠償責任を負わなければならないと定めている（第49条第1項）。

5　出資金払込の催促義務（第51条）

　2023年会社法第51条は、新規条文で有限責任会社の出資金払込の催促に関する規定である。本条の規定は、初めて会社法の明文規定で出資金払込の催促規定を導入した。本条規定のポイントは、以下の2つである。

　⑴有限責任会社が設立された後、取締役会が株主の出資状況を審査しなければならず、株主が期限までに定款に定めた全額出資を納付していないことを発見した場合、会社から当該株主に書面による催促状を発行し、出資納付を催促しなければならない（第51条第1項）。

　⑵取締役会が適時に会社法第51条第1項規定の義務を適時に履行せず、会社に損害を与えた場合、責任のある取締役が賠償責任を負担しなければならない（第51条第2項）。

6　株主権利の喪失（第52条）

　2023年会社法第52条は、新規条文で有限責任会社の株主権利の喪失に関する

規定である。本条の規定は、初めて会社法の明文規定で株主権利の喪失制度を導入した。本条規定のポイントは、以下の4つである。

(1)株主が会社定款の規定に従って出資期限までに出資を納付していない場合、会社が第51条第1項の規定に従って納付催促状を発行し、出資納付を催促し、出資を納付する猶予期間を明記することができるが、猶予期間は会社が出資取立書を発行した日から60日を下回ってはならない（第52条第1項）。

(2)猶予期間が満了し、株主が出資義務をまだ履行していない場合、会社は取締役会の決議により当該株主に失権通知を発行することができ、通知は書面形式で発行しなければならず、通知が発行された日から、当該株主は出資を納付していない株式の権利を喪失する（第52条第1項）。

(3)第52条第1項の規定に基づいて喪失した株式は法に基づいて譲渡しなければならず、または登録資本を減少させ、当該株式を消却しなければならず、6ヶ月以内に譲渡または抹消されていない場合は、会社の他の株主がその出資比率に基づいて相応の出資を全額納付する（第52条第2項）。

(4)株主が失権に異議がある場合は、失権通知を受けた日から30日以内に人民法院に訴訟を提起しなければならない（第52条第3項）。

7　株主出資の不正回収の禁止（第53条）

2023年会社法第53条は、改正条文で株主による出資金不正回収の禁止に関する規定である。2018年会社法では株主による出資金不正回収の禁止について会社が設立された後、株主は、出資金の不正回収をしてはならないと定めていた

表3-3

2018年会社法	2023年会社法
第35条 　会社が設立された後、株主は、出資金の不正回収をしてはならない。	第53条 　会社が設立された後、株主は、出資金の不正回収をしてはならない。 　前項の規定に違反した場合、株主は不正回収した出資を返還しなければならない。会社に損失を与えた場合、責任のある取締役、監査役、高級管理者は、当該株主と連帯賠償責任を負わなければならない。

（第35条）。これに対して2023年会社法では株主による出資金不正回収の禁止を規定している他にとともに責任のある取締役らの連帯賠償責任について下記の通りに定めている。

第53条第1項の規定に違反した場合、株主は不正回収した出資を返還しなければならない。会社に損失を与えた場合、責任のある取締役、監査役、高級管理者は、当該株主と連帯賠償責任を負わなければならない（第53条第2項）。

8　株主出資の早期納付（第54条）

2023年会社法第54条は、新規条文で有限責任会社の株主出資の早期納付に関する規定である。本条の規定は、初めて会社法の明文規定で有限責任会社が非破産の場合、適用される株主出資の早期納付制度を導入した。会社法第54条は株主出資の早期納付について下記のように定めている。

つまり、会社が満期債務を返済できない場合、会社又は満期債権の債権者は、出資を引き受けたが出資の納付期限に達していない株主に出資を早期に納付すると要求する権利がある。本条規定のポイントは、以下の2つである。

①本条規定では会社が満期債務を返済できない状況が発生した場合、債権者は株主に出資の早期納付を請求すれば、人民法院からの支持を得られる。

②会社法の規定では株式会社の発起人には出資の払い込み義務があるために出資の早期納付規定が適用しない[3]。

9　株主名簿（第56条）

2023年会社法第56条は、改正条文で株主名簿の記載事項に関する規定である。2018年会社法では株主名簿の記載事項について上記表の通りに定めていた（第32条第1項）。これに対して2023年会社法では株主名簿の記載事項について内容の一部を追加して下記の通りに規定している（第56条第1項）。

有限責任会社は株主名簿を作成し、以下の事項を記載しなければならない：

　⑴株主の氏名または名称及び住所；

　⑵株主が引受額と拠出した出資額、出資方式及び出資期日；

　⑶出資証明書の番号；

　⑷株主資格の取得及び喪失の期日。

第Ⅰ部　改正 中国会社法

表 3 - 4

2018年会社法	2023年会社法
第32条第1款・第2款 　有限責任会社は株主名簿を作成し、以下の事項を記載しなければならない： (1)株主の氏名または名称及び住所； (2)株主の出資額； (3)出資証明書の番号。 　株主名簿に記載された株主は、株主名簿に基づいて株主権利の行使を主張することができる。	第56条 　有限責任会社は株主名簿を作成し、以下の事項を記載しなければならない： (1)株主の氏名または名称及び住所； (2)株主が引受額と拠出した出資、出資方式及び出資期日； (3)出資証明書の番号； (4)株主資格の取得及び喪失の期日。 　株主名簿に記載された株主は、株主名簿に基づいて株主権利の行使を主張することができる。

10　株主の知る権利（第57条）

　2023年会社法第57条は、改正条文で株主の知る権利に関する規定である。2018年会社法では株主の知る権利について上記表左欄の通りに定めていた（第33条）。これに対して2023年会社法では株主の知る権利について重要な改正を行なった。本条改正のポイントは、以下の5つである。

　(1)株主は会社の会計帳簿、会計証憑の査閲を請求することができる（第57条第1項）。

　(2)請求する場合は、会社に書面で提出し、目的を説明しなければならない。会社は合理的な根拠により、株主からの請求に不正な目的があり、会社の合法的な利益を損なう可能性があると判断した場合、株主からの請求を拒否することができる。株主が書面による請求を提出した日から15日以内に株主に書面で返事し、理由を説明しなければならない。請求を拒否された場合、株主は裁判所に訴訟を起こすことができる（第57条第2項）。

　(3)株主が前項に規定する資料を査閲には、会計士事務所、弁護士事務所などの仲介機関に委託することができる（第57条第3項）。

　(4)株主及びその委託する会計事務所、弁護士事務所等の仲介機関は関連資料を査閲、複製には、国家秘密、商業秘密、プライバシー、個人情報等の保護に関する法律、行政規範の規定を遵守しなければならない（第57条第4項）。

　(5)株主が会社の完全子会社に関する資料の査閲、複製を要求する場合、前4

第 3 章　会社資本制度の完備と株式譲渡規制の強化

表 3 - 5

2018年会社法	2023年会社法
第33条 　株主は、会社定款、株主総会の会議記録、取締役会会議の決議、監査役会会議の決議、財務会計の報告を査閲、複製する権利がある。 　株主は会社の会計帳簿の査閲を請求することができる。請求する場合は、会社に書面で提出し、目的を説明しなければならない。会社は合理的な根拠により、株主からの請求に不正な目的があり、会社の合法的な利益を損なう可能性があると判断した場合、株主からの請求を拒否することができる。株主が書面による請求を提出した日から15日以内に株主に書面で返事し、理由を説明しなければならない。請求を拒否された場合、株主は裁判所に閲覧を要求することができる。	第57条 　株主は、会社定款、株主名簿、株主会の会議記録、取締役会会議の決議、監査役会会議の決議、財務会計の報告を査閲、複製する権利がある。 　株主は会社の会計帳簿、会計証憑の査閲を請求することができる。請求する場合は、会社に書面で提出し、目的を説明しなければならない。会社は合理的な根拠により、株主からの請求に不正な目的があり、会社の合法的な利益を損なう可能性があると判断した場合、株主からの請求を拒否することができる。株主が書面による請求を提出した日から15日以内に株主に書面で返事し、理由を説明しなければならない。請求を拒否された場合、株主は裁判所に訴訟を起こすことができる。 　株主が前項に規定する資料を査閲には、会計士事務所、弁護士事務所などの仲介機関に委託することができる。 　株主及びその委託する会計事務所、弁護士事務所等の仲介機関は関連資料を査閲、複製には、国家秘密、商業秘密、プライバシー、個人情報等の保護に関する法律、行政規範の規定を遵守しなければならない。 　株主が会社の完全子会社に関する資料の査閲、複製を要求する場合、前 4 項の規定を適用する。

項の規定を適用する（第57条第 5 項）。

二　株式会社に関連する規定

1　会社の株主人数規定（第92条）

　2023年会社法第92条は、改正条文で会社の株主人数に関する規定である。2018年会社法では会社の株主人数について株式会社を設立するには、 2 人以上

第Ⅰ部　改正 中国会社法

表3-6

2018年会社法	2023年会社法
第78条 　株式会社を設立するには、2人以上200人以下の発起人がいなければならず、そのうち半数以上の発起人が中国国内に住所を持たなければならない。	第92条 　株式会社を設立するには、1人以上200人以下の発起人がいなければならず、そのうち半数以上の発起人が中華人民共和国国内に住所を有しなければならない。

200人以下の発起人がいなければならず、そのうち半数以上の発起人が中国国内に住所を持たなければならないと定めていた（第78条）。これに対して2023年会社法では会社の株主人数規定について株式会社を設立するには、1人以上200人以下の発起人がいなければならず、そのうち半数以上の発起人が中華人民共和国国内に住所を有しなければならないと重要な改正を行なった（第92条）。

　本条の改正により一人株式会社の設立もできるようになった。これは会社法が1人の発起人として株式会社を設立することを認め、有限責任会社と一致し、一人株式会社の法的地位が正式に承認されたことを意味している。これは株式会社設立の条件を緩和し、社会投資家の積極性を十分に引き出すのに役立つ。そのため、一人株式会社の承認は国際商法立法の普遍的な選択であるだけでなく、現在中国の経済発展の現実的な需要でもある。[4]

2　会社定款の記載事項（第95条）

　2023年会社法第95条は、改正条文で会社定款の記載事項に関する規定である。2018年会社法では会社定款の記載事項について上記表の通りに定めていた（第81条）。これに対して2023年会社法で会社定款の記載事項ついて重要な改正を行なった（第92条）。本条改正のポイントは、下記の3つである。

　(1)会社の登録資本金、発行済み株式数及び設立時に発行された株式数、額面株式の1株当たりの金額（第95条第1項4号）。

　(2)種類株式を発行する場合の、各種類株式の株式数及びその権利と義務（第95条第1項5号）。

　(3)会社法定代表者の選任、変更方法（第95条第1項8号）。

第3章　会社資本制度の完備と株式譲渡規制の強化

表3-7

2018年会社法	2023年会社法
第81条　　株式会社の定款は、以下の事項を明記しなければならない： (1)会社の名称と住所； (2)会社の経営範囲； (3)会社の設立方式； (4)会社の株式総数、一株当たりの金額と登録資本金； (5)発起人の氏名または名称、引き受ける株式数、出資の方式と出資時期； (6)取締役会の構成、職権とお議事規則； (7)会社の法定代表者； (8)監査役会の構成、職権と議事規則； (9)会社の利益配当方法； (10)会社の解散事由及び清算方法； (11)当社の通知と公告方法； (12)株主総会会議が定める必要があると認めるその他の事項。	第95条　　株式会社の定款は、以下の事項を明記しなければならない： (1)会社の名称と住所； (2)会社の経営範囲； (3)会社の設立方式； (4)会社の登録資本金、発行済み株式数及び設立時に発行された株式数、額面株式の1株当たりの金額； (5)種類株式を発行する場合の、各種類株式の株式数及びその権利と義務； (6)発起人の氏名または名称、引き受けた株式数、出資の方式； (7)取締役会の構成、職権および議事規則； (8)会社法定代表者の選任、変更方法； (9)監査役会の構成、職権と議事規則； (10)会社の利益配当方法； (11)会社の解散事由及び清算方法； (12)会社の通知と公告方法； (13)株主会会議が定める必要があると認めるその他の事項。

3　登録資本金の全額納付制度（第96条）

　2023年会社法第96条は、改正条文で登録資本金の全額納付制度に関する規定である。2018年会社法では登録資本金の定義について下記の通りに定めていた（第81条）。

　(1)株式会社が発起設立方式で設立する場合、その登録資本金は会社登記機関に登記する発起人全員が引き受けた資本総額とする。

　(2)株式会社が募集設立方式で設立する場合、その登録資本金は、会社登記機関に登記する実際払込済の資本総額とする。これに対して2023年会社法で会社定款の記載事項ついて重要な改正を行なった（第96条）。本条改正のポイントは、下記の3つである。

　①株式会社の登録資本金は、会社登記機関に登記された発行済株式の資本総額とする（第96条第1項）。

第Ⅰ部　改正 中国会社法

表3−8

2018年会社法	2023年会社法
第80条 　株式会社が発起設立方式で設立する場合、その登録資本金は、会社登記機関に登記される発起人全員が引き受けた資本総額とする。発起人が引き受けた株式が全部納付するまで、第三者に対して株式を募集してはならない。 　株式会社が募集設立方式で設立する場合、その登録資本金は、会社登記機関に登記される実際の払込済の資本総額とする。 　法律、行政法規及び国務院が株式会社の登録資本金の拠出、登録資本金の最低限度額に別途規定がある場合、その規定に従う。	第96条 　株式会社の登録資本金は、会社登記機関に登記された発行済株式の資本総額とする。発起人が引き受けた株式が全部納付するまで第三者に対して株式を募集してはならない。 　法律、行政法規及び国務院が株式会社の登録資本金の最低限度額に別途規定がある場合、その規定に従う。

　②発起人が引き受けた株式が全部納付するまで第三者に対して株式を募集してはならない（第96条第1項）。

　③法律、行政法規及び国務院が株式会社の登録資本金の最低限度額に別途規定がある場合、その規定に従う（第96条第2項）。

　今回の会社法改正では、株式会社に授権資本制を導入したため、株式会社の登録資本に対する規定も変更された。授権資本制の下で会社の株式は、会社設立時にすべて発行されるのではなく会社設立後、取締役会はじゅけんされた範囲内で会社の経営ニーズに応じて株式発行を決定することができる。そこで2023年会社法では発行済株式という概念を用いている。

4　発起設立・募集設立の出資方式（第97条）

　2023年会社法第97条は、改正条文で発起設立・募集設立の出資方式に関する規定である。2018年会社法では発起設立・募集設立の出資方式にについては表3−9の通りに定めていた（第83条）。これに対して2023年会社法で会社定款の記載事項ついて重要な改正を行なった（第97条）。本条改正のポイントは、下記の3つである。

　⑴発起設立方式で株式会社を設立する場合、発起人は会社定款に規定された

第3章　会社資本制度の完備と株式譲渡規制の強化

表3‐9

2018年会社法	2023年会社法
第83条　　発起設立方式で株式会社を設立する場合、発起人は書面で会社定款に定めた引受株式を全部引き受けなければならず、会社定款の規定に従って出資を納付しなければならない。非貨幣財産で出資する場合は、法に基づいてその財産権の移転手続きを行わなければならない。　　発起人が前項の規定に従って出資を納付しない場合、発起人協議に従って違約責任を負わなければならない。　　発起人が会社定款に規定される出資を引き受けた後、取締役会と監査役会を選出し、取締役会が会社定款及び法律、行政規範に規定されるその他の書類を会社登記機関に提出し、設立登記を申請しなければならない。第84条　　募集設立方式で株式会社を設立する場合、発起人が引き受ける株式は会社の株式総数の35％を下回ってはならない。ただし、法律、行政規範に別途規定がある場合は、その規定に従う。	第97条　　発起設立方式で株式会社を設立する場合、発起人は会社定款に規定された会社設立時に発行しなければならない株式を全部引き受けなければならない。　　募集設立方式で株式会社を設立する場合、発起人が引き受けた株式は会社定款に規定される会社設立時に発行しなければならない株式総数の35％を下回ってはならない。ただし、法律、行政規範に別途規定がある場合は、その規定に従う。

会社設立時に発行しなければならない株式を全部引き受けなければならない（第97条第1項）。

　(2)募集設立方式で株式会社を設立する場合、発起人が引き受けた株式は会社定款に規定される会社設立時に発行しなければならない株式総数の35％を下回ってはならない（第97条第2項）。

　(3)ただし、法律、行政規範に別途規定がある場合は、その規定に従う（第97条3項）。

5　発起人の連帯責任（第99条）

　2023年会社法第99条は、改正条文で発起人の連帯責任に関する規定である。

第Ⅰ部　改正 中国会社法

表3‐10

2018年会社法	2023年会社法
第93条 　株式会社の成立後、発起人が会社定款の規定通りに、出資金を全額納付しない場合、これを補充納付しなければならず、その他の発起人は連帯責任を負う。 　株式会社の成立後、会社の設立の出資とする非貨幣財産の実際の価額が会社定款に規定する価格より著しく低いことが判明した場合、当該発起人がその差額を補充しなければならず、他の発起人は、連帯責任を負わなければならない。	第99条 　発起人が引き受けた株式に応じて納付しない、または出資とする非貨幣財産の実際の価額が引き受けた株式より著しく低い場合、他の発起人と当該発起人は出資不足の範囲内で連帯責任を負う。

　2018年会社法では発起人の連帯責任について上記表3‐10の通りに定めていた（第93条）。これに対して2023年会社法で会社定款の記載事項ついて重要な改正を行なった（第99条）。本条改正のポイントは、下記の通りである。つまり、発起人が引き受けた株式に応じて納付しない、または出資とする非貨幣財産の実際の価額が引き受けた株式より著しく低い場合、他の発起人と当該発起人は出資不足の範囲内で連帯責任を負う（第99条）。

　今回の会社法改正は株式会社の発起人の責任をさらに強化している。本条は発起人の出資責任の具体的な規定である。具体的には、第1に、株式会社の発起人がその買取りした株式に基づいて株式代金を納付し、出資としての非貨幣財産を交付し、その非貨幣財産価値の公正性を保証する責任がある、第2に、発起人が上記の義務を履行していない場合、他の発起人と当該発起人は出資不足の範囲内で連帯責任を負う。[6]

　6　出資検査（第101条）

　2023年会社法第101条は、出資検査に関する規定である。2018年会社法では出資検査については表3‐11の左欄の通りに定めていた（第89条第1項）。これに対して2023年会社法で出資検査ついて重要な改正を行なった（第101条）。本条規定は、社会に株式を公募する株式代金が全部納付された後、法に基づいて設立された出資検査機関によって出資検査を行い、かつ証明書を発行しなけれ

第3章　会社資本制度の完備と株式譲渡規制の強化

表3-11

2018年会社法	2023年会社法
第89条第1項 　発行株式の払込代金が全部納付された後、法に基づいて設立された出資検査機構によって出資検査を行い、証明書を発行しなければならない。発起人は出資金が全部納付された日から30日以内に会社創立大会を主催しなければならない。創立大会は発起人、株式引受人で構成される。	第101条 　社会に株式を公募する株式代金が全部納付された後、法に基づいて設立された出資検査機関によって出資検査を行い、かつ証明書を発行しなければならない。

ばならないと定めている。

7　会社の株主名簿（第102条）

　2023年会社法第102条は、改正条文で株式会社の株主名簿に関する規定である。2018年会社法では株式会社の株主名簿については表3-12の左欄の通りに定めていた（第130条）。これに対して2023年会社法で株式会社の株主名簿について重要な改正を行なった（第102条）。本条改正のポイントは、下記の通りである（第102条）。

　株式会社は株主名簿を作成し、会社に備えなければならない。株主名簿は、以下の事項を記載しなければならない：

表3-12

2018年会社法	2023年会社法
第130条 　会社が記名株式を発行する場合は、株主名簿を備え、以下の事項を記載しなければならない： (1)株主の氏名または名称及び住所； (2)各株主の保有する株式数； (3)各株主の保有する株式の番号； (4)各株主が株式を取得した期日。 　無記名株式を発行する場合、会社はその株式の数、番号及び発行期日を記載しなければならない。	第102条 　株式会社は株主名簿を作成し、会社に備えなければならない。株主名簿は以下の事項を記載しなければならない： (1)株主の氏名または名称及び住所； (2)各株主が引き受けた株式の種類と数； (3)紙の形式で発行される株式は、その株式番号； (4)各株主が株式を取得した期日。

第Ⅰ部　改正 中国会社法

⑴株主の氏名または名称及び住所；

⑵各株主が引き受けた株式の種類と数；

⑶紙の形式で発行される株式は、その株式番号；

⑷各株主が株式を取得した期日。

8　設立大会の開催（第103条）

2023年会社法第103条は、改正条文で設立大会の開催に関する規定である。2018年会社法では創立大会の開催について下記の通りに定めていた。

⑴発起人は出資金が全部納付された日から30日以内に創立大会を主催しなければならない。創立大会は発起人、株式引受人で構成される（第89条第1項）。

⑵発起人は創立大会の開催15日前に会議の期日を各株式引受人に通知または公告しなければならない。創立大会は株式総数の過半数を代表する発起人、株式引受人が出席すれば、開催できる（第90条第1項）。

これに対して2023年会社法で株式会社の設立大会の開催について重要な改正を行なった。本条改正のポイントは、下記の3つである（第103条）。

⑴募集設立株式会社の発起人は、会社設立時に発行しなければならない株式を全部納付された日から30日以内に会社設立大会を開催しなければならない

表3-13

2018年会社法	2023年会社法
第89条第1項 　株式を発行する株式代金が全部納付された後、法に基づいて設立される資本検査機構によって資本検査を行い、証明書を発行しなければならない。発起人は出資金が全部納付された日から30日以内に会社創立大会を主催しなければならない。創立大会は発起人、株式引受人で構成される。 第90条第1項 　発起人は創立大会の開催15日前に会議の期日を各株式引受人に通知または公告しなければならない。創立大会は株式総数の過半数を代表する発起人、株式引受人が出席すれば、開催できる。	第103条 　募集設立株式会社の発起人は、会社設立時に発行しなければならない株式を全部納付された日から30日以内に会社設立大会を開催しなければならない。発起人は設立大会の開催15日前に会議の期日を各株式引受人に通知または公告しなければならない。設立大会は議決権の過半数を持つ株式引受人が出席すれば、開催できる。 　発起設立方式による株式会社が設立大会の開催及び採決手順は、会社定款又は発起人協議により規定する。

（103条1項）。

（2）発起人は、設立大会の開催15日前に会議の期日を各株式引受人に通知または公告しなければならず、設立大会は議決権の過半数を持つ株式引受人が出席すれば、開催できる（第103条2項）。

（3）発起設立方式による株式会社が設立大会の開催及び採決手続は、会社定款又は発起人協議により規定する（第103条第3項）。

9 発起人の責任（第105条）

2023年会社法第105条は、改正条文で発起人の責任に関する規定である。2018年会社法では発起人の責任については表3-14の通りに定めていた。これに対して2023年会社法は、発起人の責任について2018年会社法第89条2項および第91条の内容を整合し、「創立大会」を「設立大会」に変えた上で重要な改正を行なった。本条改正のポイントは、下記の2つである（第105条）。

（1）会社設立時に発行しなければならない株式が募集完成していない場合、または発行株式の株式代金が全部納付された後、発起人が30日以内に成立大会を

表3-14

2018年会社法	2023年会社法
第89条第2項 　発行株式が募集説明書に規定される期限を超えても募集完成していない場合、または発行株式の株式代金が全部納付された後、発起人が30日以内に創立大会を開催していない場合、株式引受人は、納付された株式代金に銀行の同期預金利息を加算し、発起人に返還を要求することができる。	第105条 　会社設立時に発行しなければならない株式が募集完成していない場合、または発行株式の株式代金が全部納付された後、発起人が30日以内に成立大会を開催していない場合、株式引受人は、納付された株式代金に銀行の同期預金利息を加算し、発起人に返還を要求することができる。
第91条 　発起人、株式引受人が株式代金を納付し、または株式代金に充当する出資を交付した後、発起人が期限までに株式を募集完成しなかった、発起人が期限までに創立大会を開催しない場合、または創立大会の決議によって会社を設立しない場合を除き、その資本を回収してはならない。	発起人、株式引受人が株式代金を納付し、または非貨幣財産交付した後、期限までに株式を募集完成していない、発起人が期限までに設立大会を開催していない、または設立大会の決議によって会社を設立しない場合を除き、その資本を回収してはならない。

開催していない場合、株式引受人は、納付された株式代金に銀行の同期預金利息を加算し、発起人に返還を要求することができる（第105条第１項）。

⑵発起人、株式引受人が株式代金を納付し、または非貨幣財産交付した後、期限までに株式を募集完成していない、発起人が期限までに設立大会を開催していない、または設立大会の決議によって会社を設立しない場合を除き、その資本を回収してはならない（第105条第２項）。

10　設立大会終了後の設立登記（第106条）

2023年会社法第106条は、改正条文で設立大会終了後の設立登記に関する規定である。2018年会社法では創立大会終了後の設立登記について上記表３‐15の左欄の通りに定めていた（第92条）。これに対して2023年会社法で発起人の責任について2018年会社法第89条２項及び第91条の内容を整合し、「創立大会」を「設立大会」に変えた上で重要な改正を行なった。本条改正のポイントは、下記の４つである（第105条）。

⑴「創立大会」を「設立大会」に修正した。

⑵代理人が取締役会による授権で会社登記機関に設立登記を行うことができ

表３‐15

2018年会社法	2023年会社法
第92条 　取締役会は、創立大会終了後30日以内に、会社登記機関に下記の書類を送付し、設立登記を申請しなければならない： ⑴会社登記の申請書； ⑵設立大会の会議記録； ⑶会社定款； ⑷資本検証の証明； ⑸法定代理者、取締役、監査役の勤める書類及びその身分証明書； ⑹発起人の法人資格証明または自然人身分証明； ⑺会社の住所の証明。 　株式を公開発行する場合、また会社登記機関に国務院証券監督管理機構の承認文書を送付しなければならない。	第106条 　取締役会は代理人に授権し、会社設立大会終了後30日以内に会社登記機関に設立登記を申請しなければならない。

ることを明確した。

(3)登記手続きの簡素化で設立登記の際に会社登記機関に提出しなければならない7種類の書類の旧法規定を削除した（第92条第1項）。

(4)株式を公開発行する場合、また会社登記機関に国務院証券監督管理機構の承認文書を送付しなければならないという2018年会社法内容も削除された（第92条第2項）。

11 出資に関連する株主の義務・責任（第107条）

2023年会社法第107条は、新規条文で株式会社の出資に関連する株主の義務・責任に関する規定である。本条規定は、有限責任会社の株主出資に関する義務責任の関連規定が株式会社の株主にも適用する制度を導入した。本条の規定は下記の通り規定している。

2023年会社法第44条、第49条第3項、第51条、第52条、第53条の規定は、株式会社に適用する（第107条）。すなわち、2023年会社法第107条株式会社の株式代金の納付審査、出資の督促、出資の不正回収などの出資責任問題について、準用性、適用性規範の立法技術を採用し、具体的な内容は、第49条第3項、第50条、第57条に関する有限責任会社の関連規定を適用すると定めている。[7]

三 株式会社の株式発行および譲渡

1 株式およびその種類（第142条）

2023年会社法第142条は、改正条文で株式およびその種類に関する規定である。2018年会社法では株式およびその種類については表3-16の通りに定めていた（第125条）。これに対して2023年会社法で株式およびその種類について重要な改正を行なった。本条改正のポイントは、下記の2つである。

(1)会社の資本は、株式に細分される。会社の全株式は、会社定款の規定に基づいて額面株または無額面株を選択して採用する。額面株を採用する場合、1株当たりの額面金額は同じである。

(2)会社は会社定款の規定に基づいて発行された額面株をすべて無額面株に転換し、または無額面株をすべて額面株に転換することができる。無額面株を採用する場合は、発行株式による株式金の2分の1以上を登録資本金に計上しなければならない。

第Ⅰ部　改正 中国会社法

表3-16

2018年会社法	2023年会社法
第125条　株式会社の資本は、株式に細分され、1株当たりの金額は同じである。 　会社の株式は、株券の形式をとる。株券は、株主がその所有する株式を証明するために会社が発行する証明である。	第142条　会社の資本は、株式に細分される。会社の全株式は、会社定款の規定に基づいて額面株または無額面株を選択して採用する。額面株を採用する場合、1株当たりの額面金額は同じである。 　会社は会社定款の規定に基づいて発行された額面株をすべて無額面株に転換し、または無額面株をすべて額面株に転換することができる。無額面株を採用する場合は、発行株式所得株式金の2分の1以上を登録資本金に計上しなければならない。

2　株式発行の原則（第143条）

　2023年会社法第143条は、改正条文で株式発行の原則に関する規定である。2018年会社法では株式発行の原則については表3-17の通りに定めていた（第126条）。これに対して2023年会社法で株式発行の原則ついて改正を行なった。本条改正のポイントは、下記の2つである。

　⑴株式の発行は、公平、公正の原則を実行し、同一種類の株式は同一の権利を有しなければならない。

　⑵同時発行の同種株式は、1株当たりの発行条件と価格は同じと支払わなけ

表3-17

2018年会社法	2023年会社法
第126条　株式の発行は、公平、公正の原則を実行し、同一種類の株式は同一の権利を有しなければならない。 　同時発行の同種株式は、1株当たりの発行条件と価格は同じと支払わなければならない。いかなる単位又は個人が引き受けた株式も1株当たり同じ価額を支払わなければならない。	第143条　株式の発行は、公平、公正の原則を実行し、同一種類の株式は同一の権利を有しなければならない。 　同時発行の同種株式は、1株当たりの発行条件と価格は同じでなければならない。引受人が引き受けた株式は、1株当たり同じ価額を支払わなければならない。

第3章　会社資本制度の完備と株式譲渡規制の強化

ればならず、引受人が引き受けた株式は、1株当たり同じ価額を支払わなければならない。

3　種類株式の発行（第144条）

　2023年会社法第144条は、改正条文で株式発行の原則に関する規定である。2018年会社法では株式発行の原則については表3-18の通りに定めていた（第131条）。これに対して2023年会社法で種類株式の発行について改正を行なった。本条改正のポイントは、下記の3つである（第144条）。

　(1)会社は会社定款の規定に従って以下の普通株の権利と異なる種類株式を発行することができる：

　　①優先又は劣後的に利益または余剰財産を配分する株式；

　　②1株当たりの議決権数が普通株より多い又は少ない株式；

　　③会社の同意などを得なければ譲渡できない制限株式；

　　④国務院が規定するその他の種類株式。

表3-18

2018年会社法	2023年会社法
第131条 　国務院は会社に対して本法の規定以外のその他の種類株式を発行し、別途に規定することができる。	第144条 　会社は会社定款の規定に従って以下の普通株の権利と異なる種類株式を発行することができる： (1)優先又は劣後的に利益または余剰財産を配分する株式； (2)1株当たりの議決権数が普通株より多い又は少ない株式； (3)会社の同意などを得なければ譲渡できない制限株式； (4)国務院が規定するその他の種類株式。 　　株式を公開発行する会社は、前項第2号、第3号に規定する種類株式を発行してはならない。公開発行前に発行済みのものを除く。 　　会社が本条第1項、第2項に規定する類別株式を発行する場合、監査役又は審計委員会構成員の選出及び交替について類別株式は普通株式1株当たりの議決権数と同じとする。

63

第Ⅰ部　改正　中国会社法

⑵株式を公開発行する会社は、前項第2号、第3号に規定する種類株式を発行してはならない。公開発行前に発行済みのものを除く。

⑶会社が本条第1項、第2項に規定する類別株式を発行する場合、監査役又は審計委員会構成員の選出及び交替について類別株式は普通株式1株当たりの議決権数と同じとする。

4　種類株式発行会社の定款記載事項（第145条）

2023年会社法第145条は、新規条文で種類株式発行会社の定款記載事項に関する規定である。本条規定は、初めて会社法の明文規定で種類株式発行会社の定款記載規定を導入した。本条規定は、下記の通りに定めている。

種類株式を発行する会社は、会社定款に以下の事項を明記しなければならない：

⑴種類株式の利益または余剰財産分配の順序；

⑵種類株式の議決権数；

⑶種類株式の譲渡制限；

⑷中小株主の権益を保護するための措置；

⑸株主会が必要あると認めるその他の事項。

5　種類株主会の決議（第146条）

2023年会社法第146条は、新規条文で種類株主会の決議に関する規定である。本条規定は、初めて会社法の明文規定で種類株主会の決議規定を導入した。本条規定のポイントは、下記の2つである。

⑴種類株式を発行する会社は本法第116条第3項に規定する事項等が種類株式の株主権利を損なうおそれがある場合、第116条第3項の規定に従い株主会の決議より採択しなければならないほか、種類株主会に出席する株主が保有する議決権の3分の2以上により採択しなければならない。

⑵会社定款で種類株主会の決議を必要とするその他の事項について規定することができる。

6　株式および株券（第147条）

2023年会社法第147条は、株式および株券に関する規定である。2018年会社法では株式及び株券については表3－19の左欄の通りに定めていた（第125条2

第3章　会社資本制度の完備と株式譲渡規制の強化

表3‐19

2018年会社法	2023年会社法
第125条第2項　会社の株式は株券の形をとる。株券は株主の保有株式を証明するために会社が発行する証憑である。	第147条　会社の株式は株券の形をとる。株券は株主の保有株式を証明するために会社が発行する証憑である。
第129条　会社が発行する株券は、記名株券とすることも、無記名株券とすることもできる。　会社が発起人、法人に発行する株券は、記名株券とし、かつその発起人、法人の名称または氏名を記載しなければならず、他人名義でまたは代表者氏名で記載してはならない。	会社が発行する株券は記名株券としなければならない。

項、第129条）。これに対して2023年会社法で株式および株券について改正を行なった。本条改正のポイントは、下記の2つである（第147条）。

　(1)会社の株式は、株券の形とする。株券は株主の保有株式を証明するために会社が発行する証憑である。

　(2)会社が発行する株券は、記名株券としなければならない。

7　株券の形式および記載事項（第149条）

　2023年会社法第144条は、改正条文で株券の形式および記載事項に関する規定である。2018年会社法では株券の形式および記載事項については表3‐20の左欄の通りに定めていた（第128条）。これに対して2023年会社法で株券の形式及び記載事項について改正を行なった。本条改正のポイントは、下記の3つである（第149条）。

　(1)株券は紙面形式または国務院証券監督管理機構が規定するその他の形式を採用する。

　(2)株券は紙面形式を採用する場合、以下の主要事項を明記しなければならない：

　　①会社名；

　　②会社の設立期日または株式の発行時間；

65

第Ⅰ部　改正 中国会社法

表3-20

2018年会社法	2023年会社法
第128条 　株券は紙面形式または国務院証券監督管理機構が規定するその他の形式を採用する。 　株券は以下の主要事項を明記しなければならない： (1)会社名； (2)会社の設立期日； (3)株式の種類、券面金額及び表彰株式数； (4)株式の番号。 　株式は法定代表者が署名し、会社が捺印する。 　発起人の株式は、発起人の株式という文字を明記しなければならない。	第149条 　株券は紙面形式または国務院証券監督管理機構が規定するその他の形式を採用する。 　株券は紙面形式を採用する場合、以下の主要事項を明記しなければならない： (1)会社名； (2)会社の設立期日または株式の発行時間； (3)株式の種類、券面金額及び表彰株式数、無額面株式を発行する場合、その株式の表彰株式数。 　株券が紙面形式を採用する場合、株券の番号を明記し、法定代表者が署名し、会社が捺印しなければならない。 　発起人の株券は紙面形式を採用する場合、発起人の株券という文字を明記しなければならない。

　③株式の種類、券面金額及び表彰株式数。

　(3)無額面株式を発行する場合、その株式の表彰株式数。

　(4)株券が紙面形式を採用する場合、株券の番号を明記し、法定代表者が署名し、会社が捺印しなければならない。

　(5)発起人の株券は紙面形式を採用する場合、発起人の株券という文字を明記しなければならない。

8　新株発行の株主会（第151条）

　2023年会社法第151条は、改正条文で新株発行の株主会に関する規定である。2018年会社法では新株発行の株主会については表3-21の左欄の通りに定めていた（第138条）。これに対して2023年会社法で新株発行の株主会について2018年会社法第138条、135条の内容を併合した上、改正を行なった。本条改正のポイントは、下記の2つである（第151条）。

　(1)会社が新株を発行する場合、株主会は以下の事項について決議しなければ

第3章　会社資本制度の完備と株式譲渡規制の強化

表3‐21

2018年会社法	2023年会社法
第133条 　会社が新株を発行する場合、株主総会は以下の事項について決議しなければならない： (1)新株の種類と数額； (2)新株発行の価格； (3)新株式の発行の開始日及び終了日； (4)元の株主に割り当てる新株の種類と数額。 第135条 　会社が新株を発行する場合、会社の経営状況と財務状況に基づいて、その価格決定方案を確定することができる。	第151条 　会社が新株を発行する場合、株主会は以下の事項について決議しなければならない： (1)新株の種類と数額； (2)新株発行の価格； (3)新株式の発行の開始日及び終了日； (4)元の株主に割り当てる新株の種類と数額； (5)無額面株式を発行する場合、新株発行により得た株式払込金は登録資本金に計上する金額。 　会社が新株を発行する場合、会社の経営状況と財務状況に基づいて、その価格決定方案を確定することができる。

ならない：

　　①新株の種類と数額；

　　②新株発行の価格；

　　③新株式の発行の開始日及び終了日；

　　④元の株主に割り当てる新株の種類と数額；

　　⑤無額面株式を発行する場合、新株発行により得た株式払込金は登録資本金に計上する金額。

　(2)会社が新株を発行する場合、会社の経営状況と財務状況に基づいて、その価格決定方案を確定することができる。

9　授権資本制度（第152条）

　2023年会社法第152条は、新規条文で授権資本制度に関する規定である。本条規定は、初めて会社法の明文規定で授権資本制度を導入した。本条規定のポイントは、下記の２つである。

　(1)会社定款または株主会は、取締役会に３年以内に発行済み株式の50％を超えない株式の発行を決定する権限を与えることができる。ただし、非貨幣財産の価格で出資する場合は株主会の決議を経なければならない。

　(2)取締役会が前項の規定に従って株式を発行することを決定したことによ

り、会社の登録資本、発行済み株式数が変化した場合、会社定款の当該記載事項の変更には株主会による採決を必要としない。

10 新株発行に関する取締役会の決議規則（第153条）

2023年会社法第153条は、新規条文で新株発行関する取締役会の決議規則に関する規定である。本条規定は下記の通りに定めている。

つまり、会社定款又は株主会の授権により取締役会が新株発行を決定する場合、取締役会の決議は全取締役の３分の２以上で採択しなければならない。

11 株式募集説明書の公告および記載事項（第154条）

2023年会社法第154条は、改正条文で株式募集説明書の公告および記載事項会に関する規定である。2018年会社法では株式募集説明書の公告および記載事項については表３-22の左欄の通りに定めていた（第85条、86条、第134条第１項）。これに対して2023年会社法で株式募集説明書の公告及び記載事項について2018年会社法第85条、86条、第134条第１項の内容を整合した上、重要なこと改正を行なった。本条改正のポイントは、下記の３つである（第154条）。

(1)会社が社会に株式を公募する場合、国務院証券監督管理機構を経て登記し、株式募集説明書を公告しなければならない。

(2)株式募集説明書には会社定款を添付し、以下の事項を明記しなければならない：

　　①発行済み株式総数；

　　②額面株式の券面金額及び発行価額又は無額面株式の発行価額；

　　③募集資金の使途；

　　④株式引受人の権利と義務；

　　⑤株式の種類とその権利と義務；

　　⑥当該株式募集の開始期限及び終了期限、期限内に募集完了しない場合、

　　株式引受人は引き受けた株式の取消ができる説明。

(3)会社設立時に株式を発行する場合は、発起人が引き受けた株式数も明記しなければならない。

第3章　会社資本制度の完備と株式譲渡規制の強化

表3-22

2018年会社法	2023年会社法
第85条 　発起人が株式を社会に公募する場合、株式募集説明書を公告し、株式引受書を作成しなければならない。株式引受書は本法第86条に掲げる事項を明記し、株式引受人が株式引受数、金額、住所を記入し、署名、捺印しなければならない。引受人は引き受けた株数に基づいて株式払込金を納付する。 第134条第1項 　会社が国務院証券監督管理機構の審査承認を得て新株の公開発行する場合、新株募集説明書と財務会計報告書を公告し、株式引受書を作成しなければならない。 　本法第87条、第88条の規定は、会社の新株公開発行に適用する。 第86条 　株式募集説明書には発起人が制定した会社定款を添付し、以下の事項を記載しなければならない： (1)発起人の引受株数； (2)1株当たりの額面金額と発行価格； (3)無記名株式の発行総数； (4)募集資金の使途； (5)株式引受人の権利と義務； (6)当該株式募集の開始期限及び終了期限、期限内に募集完了しない場合、株式引受人は引き受けた株式の取消ができる説明。	第154条 　会社が社会に株式を公募する場合、国務院証券監督管理機構を経て登記し、株式募集説明書を公告しなければならない。 　株式募集説明書には会社定款を添付し、以下の事項を明記しなければならない： (1)発行済み株式総数； (2)額面株式の券面金額及び発行価額又は無額面株式の発行価額； (3)募集資金の使途； (4)株式引受人の権利と義務； (5)株式の種類とその権利と義務。 (6)当該株式募集の開始期限及び終了期限、期限内に募集完了しない場合、株式引受人は引き受けた株式の取消ができる説明。 　会社設立時に株式を発行する場合は、発起人が引き受けた株式数も明記しなければならない。

12　株金払込の取扱銀行（第156条）

　2023年会社法第156条は、改正条文で株金払込の取扱銀行に関する規定である。2018年会社法では株金払込の取扱銀行については表3-23の左欄の通りに定めていた（第88条、第136条）。これに対して2023年会社法で株金払込の取扱銀行について2018年会社法第88条、第136条の内容を整合した上、改正を行なった。本条改正のポイントは、下記の3つである（第156条）。

69

第Ⅰ部　改正 中国会社法

表 3 - 23

2018年会社法	2023年会社法
第88条 　発起人が株式を社会に公募するには、銀行と株金払込取扱契約を締結しなければならない。 　株金払込取扱銀行は、契約に従って株式代金を代理受領、保存し、株式代金を納付する引受人に株金払込証明書を発行し、関係部門に株金払込証明書を発行する義務を負わなければならない。 第136条 　会社が新株を発行して株式金が全額納付された後、会社の登記機関に変更登記を行い、公告しなければならない。	第156条 　会社が株式を社会に公募するには、銀行と株金払込取扱契約を締結しなければならない。 　株金払込取扱銀行は、契約に従って株式代金を代理受領、保存し、株式代金を納付する引受人に株金払込証明書を発行し、関係部門に株金払込証明書を発行する義務を負わなければならない。 　会社が新株を発行して株式金が全額納付された後、公告しなければならない。

　⑴会社が株式を社会に公募するには、銀行と株金払込取扱契約を締結しなければならない。

　⑵株金払込取扱銀行は、契約に従って株式代金を代理受領、保存し、株式代金を納付する引受人に株金払込証明書を発行し、関係部門に株金払込証明書を発行する義務を負わなければならない。

　⑶会社が新株を発行して株式金が全額納付された後、公告しなければならない。

13　株式譲渡の自由とその制限（第157条）

　2023年会社法第157条は、改正条文で株式譲渡の自由とその制限に関する規

表 3 - 24

2018年会社法	2023年会社法
第137条 　株主が保有する株式は、法に基づいて譲渡することができる。	第157条 　株式会社の株主が保有する株式は、他の株主に譲渡することができ、株主以外の人にも譲渡することもできる。会社定款で株式譲渡について制限がある場合、その譲渡は、会社定款の規定に従う。

定である。2018年会社法では株式譲渡の自由について株主が保有する株式は、法に基づいて譲渡することができると定めていた（第137条）。これに対して2023年会社法で株式譲渡制限の内容を追加した上、重要な改正を行なった。本条改正のポイントは、下記の2つである（第157条）。

(1)株式会社の株主が保有する株式は、他の株主に譲渡することができ、株主以外の人にも譲渡することもできる。

(2)会社定款で株式譲渡について制限がある場合、その譲渡は、会社定款の規定に従う。

14　株式譲渡の方式（第159条）

2023年会社法第159条は、改正条文で株式譲渡の方式に関する規定である。2018年会社法では株式譲渡の方式については表3-25左欄の通りに定めていた（第139条）。これに対して2023年会社法で株式譲渡の方式について改正を行なった。本条改正のポイントは、下記の3つである（第154条）。

(1)株式の譲渡は、株主が裏書き方式または法律、行政規範に規定されるその他の方式で行う。譲渡後、会社が譲受人の氏名または名称及び住所を株主名簿に記載する。

(2)株主会会議の開催前20日以内または会社が配当金の分配を決定する基準日の前5日以内に、前項に規定する株主名簿の変更登記を行ってはならない。

表3-25

2018年会社法	2023年会社法
第139条 　記名株券は、株主が裏書き方式または法律、行政規範に規定されるその他の方式で譲渡する。譲渡後、会社が譲受人の氏名または名称及び住所を株主名簿に記載する。 　株主総会の開催前20日以内または会社が配当金の分配を決定する基準日の前5日以内に、前項に規定する株主名簿の変更登記を行ってはならない。ただし、法律により上場会社の株主名簿の変更登記に別途規定がある場合は、その規定に従う。	第159条 　株式の譲渡は、株主が裏書き方式または法律、行政規範に規定されるその他の方式で行う。譲渡後、会社が譲受人の氏名または名称及び住所を株主名簿に記載する。 　株主会会議の開催前20日以内または会社が配当金の分配を決定する基準日の前5日以内に、前項に規定する株主名簿の変更登記を行ってはならない。法律、行政規範または国務院証券監督管理機構により上場会社の株主名簿の変更登記に別途規定がある場合は、その規定に従う。

第Ⅰ部　改正 中国会社法

⑶法律、行政規範または国務院証券監督管理機構により上場会社の株主名簿の変更登記に別途規定がある場合は、その規定に従う。

15　特定株主の株式譲渡制限（第160条）

　2023年会社法第160条は、改正条文で特定株主の株式譲渡制限に関する規定である。2018年会社法では特定株主の株式譲渡制限については表3‐26の左欄の通りに定めていた（第141条）。これに対して2023年会社法で特定株主の株式譲渡制限について改正を行なった。本条改正のポイントは、下記の4つである（第160条）。

表3‐26

2018年会社法	2023年会社法
第141条 　発起人が保有する自社株式は、会社設立日から1年間以内に譲渡してはならない。会社が株式を公開発行する前に発行した株式は、証券取引所に上場した日から1年間以内に譲渡してはならない。 　会社の取締役、監査役、高級管理者は、その保有する自社株式及びその変動状況を申告し、在任期間中に毎年譲渡する株式は、その自社株式総数の25％を超えてはならない。保有する自社株式は、会社株式の上場取引の日から1年間以内に譲渡してはならない。上記人員が退職してから半年以内に、保有する自社株式を譲渡してはならない。会社定款は、会社の取締役、監査役、高級管理者が保有する自社株式を譲渡することに対してその他の制限的な規定を定めることができる。	第160条 　会社が株式を公開発行する前に発行された株式は、証券取引所に上場した日から1年間以内に譲渡してはならない。法律、行政規範又は国務院証券監督管理機構は、上場会社の株主、実際的支配者が保有する自社株式を譲渡することに対して別途規定がある場合、その規定に従う。 　会社の取締役、監査役、高級管理者は、会社に保有する当社の株式及びその変動状況を申告し、就任時に確定した在任期間に毎年譲渡する株式は、自社株式総数の25％を超えてはならない。その保有する自社株式は、会社株式の上場取引日から1年間以内に譲渡してはならない。上記人員が退職してから半年以内に、保有する自社株式を譲渡してはならない。会社定款は、会社の取締役、監査役、高級管理者が保有する自社株式を譲渡することに対してその他の制限的な規定を定めることができる。 　株式が法律、行政規範に規定された譲渡制限期間内に質権を行使された場合、質権者は譲渡制限期間内に質権を行使してはならない。

(1)会社が株式を公開発行する前に発行された株式は、証券取引所に上場した日から1年間以内に譲渡してはならず、法律、行政規範又は国務院証券監督管理機構は、上場会社の株主、実際的支配者が保有する自社株式を譲渡することに対して別途規定がある場合、その規定に従う。

(2)会社の取締役、監査役、高級管理者は、会社に保有する当社の株式及びその変動状況を申告し、就任時に確定した在任期間に毎年譲渡する株式は、自社株式総数の25%を超えてはならず、その保有する自社株式は、会社株式の上場取引日から1年間以内に譲渡してはならない。

(3)上記人員が退職してから半年以内に、保有する自社株式を譲渡してはならず、会社定款で会社の取締役、監査役、高級管理者が保有する自社株式を譲渡することに対してその他の制限的な規定を定めることができる。

(4)株式が法律、行政規範に規定された譲渡制限期間内に質権を行使された場合、質権者は譲渡制限期間内に質権を行使してはならない。

16 株主の株式買取請求権（第161条）

2023年会社法第161条は、改正条文で異議株主の株式買取請求権に関する規定である。2018年会社法では異議株主の株式買取請求権については表3-27の左欄の通りに定めていた（第141条）。これに対して2023年会社法で異議株主の株式買取請求権について改正を行なった。本条改正のポイントは、下記の3つである（第161条）。

(1)以下のいずれかの場合、株主会の決議に反対票を投じた株主は、会社に合理的な価格で株式を買い取るように請求することができ、株式を公開発行する会社を除く：

　①会社が5年連続で株主に利益を配当せず、その5年連続で利益を得ているが、本法に規定する利益配当の条件に適合する場合；

　②会社が合併、分割、主な財産を譲渡する場合；

(2)会社定款に規定される営業期間が満了し、又は定款に規定されるその他の解散事由が発生したが、株主会会議の決議により定款変更がされて会社を存続させる場合。株主会会議決議が採択された日から60日以内に、株主と会社が株式買収合意に達しない場合、株主は株主会会議決議が採択された日から90日以内に人民法院に訴訟を提起することができる。

第Ⅰ部　改正 中国会社法

表 3 – 27

2018年会社法	2023年会社法
第74条 　以下のいずれかの場合、株主会の決議に反対票を投じた株主は、会社に合理的な価格で株式を買い取るように請求することができる： ⑴会社が5年連続で株主に利益を配当せず、その5年連続で利益を得ているが、本法に規定する利益配当の条件に適合する場合； ⑵会社が合併、分割、主な財産を譲渡する場合； ⑶会社定款に規定される営業期間が満了し、又は定款に規定されるその他の解散事由が発生したが、株主会会議の決議により定款変更がされて会社を存続させる場合。 　株主会会議の決議が採択された日から60日以内に株主と会社が株式買取合意に達しない場合、株主は株主会会議の決議が採択された日から90日以内に人民法院に訴訟を提起することができる。	第161条 　以下のいずれかの場合、株主会の決議に反対票を投じた株主は、会社に合理的な価格で株式を買い取るように請求することができ、<u>株式を公開発行する会社を除く</u>： ⑴会社が5年連続で株主に利益を配当せず、その5年連続で利益を得ているが、本法に規定する利益配当の条件に適合する場合； ⑵会社が合併、分割、主な財産を譲渡する場合； ⑶会社定款に規定される営業期間が満了し、又は定款に規定されるその他の解散事由が発生したが、株主会会議の決議により定款変更がされて会社を存続させる場合。 　株主会会議決議が採択された日から60日以内に、株主と会社が株式買収合意に達しない場合、株主は株主会会議決議が採択された日から90日以内に人民法院に訴訟を提起することができる。 　<u>会社が本条第1項の規定に従って買取した自社株式は、6ヶ月以内に法に基づいて譲渡または消却しなければならない。</u>

　⑶会社が本条1項の規定に従って買取した自社株式は、6ヶ月以内に法に基づいて譲渡または消却しなければならない。

17　自社株式の取得制限（第162条）

　2023年会社法第162条は、改正条文で自社株式の取得制限に関する規定である。本条改正のポイントは、下記の5つである（第162条）。

　⑴会社は自社の株式を取得してはならない。ただし、以下のいずれかの場合を除く：

　　①会社の登録資本を減らす場合；

　　②自社株式を保有する他社と合併する場合；

　　③株式を従業員持株計画または株式インセンティブに使用する場合；

④株主が株主会による会社合併・分割の決議に異議があるため、会社に株式買取を請求する場合；

⑤株式を上場会社が発行する株式転換社債に使用する場合；

⑥上場会社は企業価値と株主権益を維持するために必要である場合。

⑵会社が前項第１項、第２項の規定により当社の株式を買取する場合、株主会で採決しなければならない。会社は前項第３項、第５項、第６項の規定により当社の株式を買収する場合、会社定款の規定又は株主会の授権に基づき、３分の２以上の取締役が出席する取締役会会議で採決することができる。

⑶会社は本条第１項の規定に従って当社の株式を買取した後、第１号の状況に属する場合、買取日から10日以内に消却しなければならない。第２号、第４号の状況に属する場合は、６ヶ月以内に譲渡または消却しなければならない。第３号、第５号、第６号の状況に属する場合、会社が合計して保有する自社株式数は当社の発行済み株式総額の10％を超えてはならず、かつ３年以内に譲渡または消却しなければならない。

⑷上場会社が自社株式を買取する場合は、『中華人民共和国証券法』の規定に基づいて情報開示義務を履行しなければならない。上場会社が本条第１項第３号、第５号、第６号に規定する状況により当社株式を買取する場合は、公開的な集中取引方式により行わなければならない。

⑸会社は自社株式を質権の標的として受け入れてはならない。

18 財務援助の禁止およびその例外（第163条）

2023年会社法第163条は、新規条文で財務援助の禁止およびその例外に関する規定である。本条規定のポイントは下記の３つである。

⑴会社は他人が当社またはその親会社の株式を取得するのに贈与、借入保証およびその他の財務援助を提供してはならず、会社が従業員持株計画を実施する場合を除く。

⑵会社利益のために、株主会の決議を経て、あるいは取締役会が会社定款または株主会の授権により決議をして、会社は他人が当社またはその親会社の株式を取得するのに財務援助を提供することができるが、財務援助の累計総額は発行済み株式の総額の10％を超えてはならない。取締役会が決議する場合、取締役全体の３分の２以上で採択しなければならない。

第Ⅰ部　改正 中国会社法

(3)前２項の規定に違反し、会社に損失を与えた場合、責任のある取締役、監査役、高級管理者は賠償責任を負わなければならない。

第２節　2023年会社法第47条の立法過程における学説論争

一　2023年会社法第47条（株主出資の納付期限）の解釈

2023年会社法第47条は、改正条文で登録資本金の実際払込期限に関する規定である。2018年会社法では登録資本金の引き受け制度について下記の通りに定めていた。

(1)有限責任会社の登録資本金は会社登記機関に登記された株主全員が引き受けた出資額とする（第26条第１項）。

(2)法律、行政規範及び国務院の決定に有限責任会社の登録資本金の実際払込期限、登録資本金の最低限度額に別途規定がある場合は、その規定に従う（第26条第２項）と規定していた。

これに対して2023年会社法では登録資本金の実際払込期限について下記の通りに定めている（第47条）。改正のポイントは、以下の２つである。

(1)登録資本金の払込期限

全株主が引き受けた出資額は、株主が会社定款の規定に従って会社が設立された日から５年以内に完納する（第47条第１項）。

(2)株主出資期間規定の例外

法律、行政規範及び国務院が有限責任会社の登録資本金の拠出、登録資本金

表３‐28

2018年会社法	2023年会社法
第26条 　有限責任会社の登録資本金は、会社登記機関に登記された株主全員が引き受けた出資額とする。 　法律、行政規範及び国務院の決定に有限責任会社の登録資本金の実際払込期限、登録資本金の最低限度額に別途規定がある場合は、その規定に従う。	第47条 　有限責任会社の登録資本金は、会社登記機関に登記された株主全員が引き受けた出資額とする。全株主が引き受けた出資額は、株主が会社定款の規定に従って会社が設立された日から５年以内に完納する。 　法律、行政規範及び国務院が有限責任会社の登録資本金の拠出、登録資本金の最低限度額、株主出資期間に別途規定がある場合、その規定に従う。

の最低限度額、株主出資期間に別途規定がある場合、その規定に従う（第47条第2項）。

二　2023年会社法第47条（株主出資の納付期限）をめぐる学説論争

1　資本規制緩和説

　資本規制緩和説は、会社の資本規制を緩和すべきであると主張して以下のようにその理論が展開されている[8]。

　まず、資本規制緩和説は、会社法が採用した会社資本制度の限界についてそれは、株主、会社債権者および社会全体には必要以上の巨大コストと重い負担をもたらし、経済の発展を阻害し、企業間の競争を制限したと指摘した上で高すぎる最低資本金規定は、発展途上国として国民平均の所得水準が比較的に低いという中国の現状に適合せず、最低資本金規制の緩和という国際的な会社法改革の流れにも逆行していると批判した上で会社資本制度の具体的な欠陥について以下の3つのことが挙げられると強調している[9]。1つは、後進的地域の経済発展を妨げること。つまり、中国では経済発展のバランスが取れていないため、高すぎる最低資本金規定は、後進的地域における会社新設を直接に阻害するおそれがある。もう1つは、資金の浪費である。会社設立の初期段階において、会社自身にとって大量資金の必要性が必ずしも高くないし、資金に対する需要も常に変化している。そのため、資金利用の効率性という視点から見ると、高すぎる最低資本金規定は、経済的合理性に欠けている。

　最後に、合理的な投資理念の形成には不利である。資本流通速度の増加に伴い、登録資本による債権者への財産担保機能は、かなり弱体化しており、会社の資産信用は、資本信用より重要になっている。つまり、企業設立時の最低資本金規制だけでは、この規定による債権者保護の機能は、非常に限定的ものと言わざるをえないとされる。企業設立後、登録資本の額に相当する財産を維持する義務規定もなく、出資金の仮装払込に対する罰則規定も存在しないという現行会社法の規定から見れば、企業の債権者の保護にとって最低資本金制度に頼るというよりむしろその企業財産の真実状況を慎重に把握したほうがより重要であるということである[10]。債権者の保護は、登録資本規制に頼るというよりむしろ株主個人財産の担保、法人格の否定や取締役の第三者に対する責任規定などを整備したほうがより効果的であろう。

第Ⅰ部　改正 中国会社法

　資本規制緩和説は、以上の理由から考えれば、立法論として会社の資本制度について以下のように改正を行うべきだと主張していた。[11]

　⑴登録資本の最低限度額を引き下げる。

　⑵会社設立際の登録資本の全額払込みという厳格な規制を廃止し、外商投資企業法の関連規定に倣い、会社設立に際して登録資本の分割払込み規定を定めるべきである。

2　資本規制強化説

　資本納付制度は誠実文化に適応する資本制度であり、中国には相応の文化的基礎が欠けている。中国の文化には大きな傾向があり、この傾向は商業不信を助長する。そのため、会社の資本制度を厳しく規制することで、「大文化を求める」というマイナスの影響を削減することができる。このような「大を求める」という文化的論理も、意思の自由に基づいて完全に確立された資本納付制度は、中国では文化的基礎が欠けていることを予告している。[12]

　また、信用の良い社会では、ルールを守ることに慣れており、事前規制が多すぎると規制が過剰になり、コストが高くなる。逆に信用のない社会では、事後規制だけでは規制不足やコスト高にもつながる。一部の国が非理性的な会社設立を厳格な事後規制で解決できるのは、良好な社会信用基盤と関係がある。会社に対して事後規制に偏った国を設立することは、その社会的信用基盤は通常良好であり、背信行為に対して厳格な罰則メカニズムがあり、このような社会だけが、会社設立の事前規制を減らすことができる。中国では現在、社会的信用状況が悪く、不良信用行為の法的コストはほぼゼロで、生活の中には暖房費やガス料金の滞納、クレジットカードの返済延期など信用を問わない現象が大量に存在しているが、これらの信用喪失記録は法的権利に影響を与えていない。これにより、社会的模範を失った行為に対して、事後規制策だけを採用すると、コストが高くなる。また、法執行の効率が不足しているため、中国には事前と事後規制の「二重失効」現象が存在し、会社設立の失範行為に対して引き続き「二重規制」戦略（事前も事後規制も重視）を採用し、比較的厳格な法定資本制（実納制）を維持することは、より良い選択かもしれない。[13]

3　折衷説

　折衷説は、無制限の登録資本引受制の弊害や問題点を指摘するものの、無制

78

限の登録資本引受制が会社法改革の良い成果の部分も肯定すべきであり、重要なのは、登録資本引受制の全面廃止の議論ではなくてその制度をいかに改善すべきかを検討し、登録資本引受制存続を引き続き認めるべきであると主張する。[14]

　その上で折衷説は、期限付きの登録資本引受制の導入を下記の3つの理由で提案している。[15]

　⑴期限付きの登録資本引受制は、株主出資の理性回帰へ導くことができる。すなわち、期限付きの登録資本引受制は、株主が出資義務逃れの可能性を大幅に減らすだけではなくこれまでに各利害関係者が株主の出資義務に対する理解の相違を修正することも期待でき、株主出資義務の法規制に対する協調でもある。

　⑵期限付きの登録資本引受制は、人民法院が当面、直面している紛争処理の巨大な圧力を緩和することができる。期限付きの登録資本引受制は、司法訴訟のコストを節約することができ、非必要な紛争を避けることができる。

　⑶期限付きの登録資本引受制は、会社が資本機能を効果的に発揮し、会社の取引コストと融資コストを提言することもできる。

第3節　四回の修訂草案審議稿から見た2023年会社法第47条の立法過程

株主出資の納付期限（第47条）について

1　四回の修訂草案審議稿

　修訂草案1審稿第42条では「有限責任会社の登録資本金は、会社の登記機関に登記された株主全員が引き受けた出資額。法律、行政規範及び国務院が有限責任会社の登録資本金の拠出、登録資本金の最低限度額に別途規定がある場合、その規定に従う」と規定していた。修訂草案2審稿では修訂草案1審稿の条文番号を第47条に変更したのみで条文の内容をそのまま維持した。会社法修訂草案3審稿・4審稿第47条では下記の通り定めていた。

　⑴有限責任会社の登録資本金は、会社の登記機関に登記された株主全員が引き受けた出資額とする。全株主が引き受けた出資額は、株主が会社定款の規定に従って会社が設立された日から5年以内に納付する（第1項）。

第Ⅰ部　改正 中国会社法

表3-29

会社法 修訂草案1審稿	会社法 修訂草案2審稿	会社法 修訂草案3審稿	会社法 修訂草案4審稿
第42条　有限責任会社の登録資本金は、会社の登記機関に登記された株主全員が引き受けた出資額。 法律、行政規範及び国務院が有限責任会社の登録資本金の拠出、登録資本金の最低限度額に別途規定がある場合、その規定に従う。	第47条　有限責任会社の登録資本金は、会社の登記機関に登記された株主全員が引き受けた出資額。 法律、行政規範及び国務院が有限責任会社の登録資本金の拠出、登録資本金の最低限度額に別途規定がある場合、その規定に従う。	第47条　有限責任会社の登録資本金は、会社の登記機関に登記された株主全員が引き受けた出資額。全株主が引き受けた出資額は、株主が会社定款の規定に従って会社が設立された日から5年以内に納付する。 法律、行政規範及び国務院が有限責任会社の登録資本金の拠出、登録資本金の最低限度額に別途規定がある場合、その規定に従う。	第47条　有限責任会社の登録資本金は、会社の登記機関に登記された株主全員が引き受けた出資額。全株主が引き受けた出資額は、株主が会社定款の規定に従って会社が設立された日から5年以内に納付する。 法律、行政規範及び国務院が有限責任会社の登録資本金の拠出、登録資本金の最低限度額に別途規定がある場合、その規定に従う。

　(2)法律、行政規範及び国務院が有限責任会社の登録資本金の拠出、登録資本金の最低限度額、株主出資期間に別途規定がある場合、その規定に従う（第2項）。

　2023年会社法第47条は登録資本の引受制を伝承した上で、5年間の出資納付期限制度を増設し、法律、法規と国務院が特殊な業界で5年未満の出資期間を別途定めることを認めた。

2　立法機関の見解

　中国の立法機関は、会社法第47条について下記の見解を示した。

　(1)2013年会社法では登録資本金引受制を実施し、出資期間、最低登録資本金と初回出資比率の関連規定を廃止してから創業活力が促進され、会社設立数も急速に増加した。しかし、実際には株主出資の納付期限が長すぎて、取引の安全に影響し、債権者の利益を損なう場合もあった。有限責任会社の株主出資の

納付期限の規定を追加することを提案し、株主全員が引き受けた出資額は、会社定款の規定に従って会社が設立された日から5年以内に納付しなければならないことを明確にした。[16]

　(2)会社法修訂草案3審稿の審議過程において一部の常務委員と部門、専門家学者は会社の出資制度をさらに改善し、株主の出資責任を強化することを提案した。憲法と法律委員会は研究を経て、有限責任会社の株主出資納付期限が5年を超えてはならないことを規定した上で、法律、行政法規及び国務院の決定が有限責任会社の株主出資期限について特別な規定を行うことができることを明確にし、重点業界分野のために5年より短い納付期限を設定するために制度空間を残すことを提案した。[17]また、投資・融資の効率を高め、取引安全を維持するために会社登録資本制度改革の成果を深く総括し、外国の会社法律制度の経験を吸収・参考にし、会社資本制度を豊かに完備することも提案した。[18]

[注]
1）　趙旭東主編・劉斌副主編『2023新公司法条文解釈』法律出版社、2024年、102頁。
2）　趙旭東主編・劉斌副主編、前掲注1）、104頁。
3）　徐強胜『公司法　規則与応用』中国法制出版社、2024年、12頁。
4）　朱慈蘊主編『新公司法条文精解』中国法制出版社、2024年、4頁。李建偉主編『公司法評釈』法律出版社、2024年、4頁。
5）　劉俊海著『新公司法的制度創新』中国法制出版社、2024年、12頁。李建偉主編『公司法評釈』法律出版社、2024年、6頁。
6）　趙旭東「資本制度變革下的資本法律責任─公司法修改的理性解読」『法学研究』、2014年第5期65、施天濤「公司資本制度改革：解読與辨析」『清華法学』Vol. 8 No. 5、2014年、108頁。
7）　徐強勝「我国公司人格的基本制度再造─以公司資本制度與董事會地位為核心」『環球法律評論』、2020年第3期55頁。黄輝「公司資本制度改革的正当性：基於債権人保護功能的法経済学分析」『中国法学』2015年第6期、35頁。
8）　赵旭東「有限責任公司法的改造与重朔」政法论坛、2003年第3期、25頁。
9）　赵旭東「从资本信用到资产信用」法学研究2003年第5期、114-118頁。前掲注8）、25頁。
10）　赵旭東　前掲注9）、25-26頁。
11）　赵旭東「公司法修訂的基本目标与价值取向」法学论坛、2004年第6期、72頁。
12）　蒋大兴「质疑法定资本制之改革」『中国法学』2015年第2期、154-155页。汪青松「優化営商環境目标下的註冊資本認繳登記制再造」『湖北社會科学』2022年第1期。
13）　蒋大兴前掲注12）、157頁、劉迎霜「資本認繳制：股東出資自由與公司資本自治」『政治與法律』2023年第8期、67頁。
14）　朱慈蘊「有限責任公司全面認繳制該何去何従？─兼評『公司法（修訂草案三審稿）』」

第Ⅰ部　改正 中国会社法

第47条」『現代法学』2023年11月、第45巻第6期、140頁。朱慈蘊「股東出資義務的性質與公司資本制度完善」『清華法学』Vol. 16 No. 2、2022年、65頁。

15)　朱慈蘊 前掲注12)、142頁、石少俠 盧政宜「認繳制下公司資本制度的補救與完善」『国家検察官学院学報』2019年第5期、23頁。張其鑑「股東出資義務約定性及其限制的命題確立與運用—基於債法與公司法二元系統的分析」『華東政法大学学報』、2023年第3期、17頁。

16)　袁曙宏「関于『中華人民共和国公司法（修訂草案)』修改情況的説明」中華人民共和国全人代常務委員会公報、2024年第1号、40頁。

17)　袁曙宏前掲注16)、42頁。

18)　袁曙宏前掲注16)、42頁。

第4章　会社機関設置の改善・上場会社の企業統治の強化

第1節　2023年会社法の改正条文（新規条文を含む）の解釈

一　有限責任会社の機関設置・権限配分

1　株主会の職権（第59条）

2023年会社法第59条は、改正条文で株主会の職権に関する規定である。2018年会社法では有限責任会社の株主会の職権については表4-1の左欄の通りに

表4-1

2018年会社法	2023年会社法
第37条 　株主会は、以下の職権を行使する： (1)会社の経営方針と投資計画を定める； (2)非従業員代表が担当する取締役・監査役を選出、交代し、取締役・監査役に関する報酬事項を決定する； (3)取締役会の報告を審議、批准する； (4)監査役会又は監査役の報告を審議、批准する； (5)会社の年度財務予算方案、決算方案を審議、批准する； (6)会社の利益配当方案と欠損塡補方案を審議、批准する； (7)会社の登録資本金の増加または減少について決議する； (8)社債の発行について決議する； (9)会社の合併、分割、解散、清算または会社の形式変更について決議する； (10)定款を修正する； (11)会社定款に規定されたその他の職権。 　前項に掲げる事項について全株主が書面により一致で合意した場合、株主会会議を開催せずに直接的に決めることができ、かつ株主全員が決定書類に署名し、捺印する。	第59条 　株主会は、以下の職権を行使する： (1)取締役・監査役の選出、交代し、取締役・監査役に関する報酬事項を決定する； (2)取締役会の報告を審議、批准する； (3)監査役会の報告を審議、批准する； (4)会社の利益配当方案と欠損塡補方案を審議、批准する； (5)会社の登録資本金の増加または減少について決議する； (6)社債の発行について決議する； (7)会社の合併、分割、解散、清算または会社の形式変更について決議する； (8)定款を修正する； (9)会社定款に規定されたその他の職権。 　株主会は、社債の発行に関する決議を取締役会に授権することができる。 　本条第1項に掲げる事項について全株主が書面により一致で合意した場合、株主会会議を開催せずに直接的に決めることができ、かつ株主全員が決定書類に署名しまたは捺印する。

第Ⅰ部　改正 中国会社法

列挙の方式で11項の職権を定めていた（第37条）。これに対して2023年会社法では有限責任会社の株主会の職権等について下記の通りに定めている（第59条）。今回改正のポイントは、以下の３つである。

(1)2023年会社法は、2018年会社法第37条第１項１号「会社の経営方針と投資計画を定める；５号会社の年度財務予算方案、決算方案を審議、批准する」という２つの職権を削除した（第59条）上で以下の通りに規定している。株主会は、以下の職権を行使する（第59条第１項）。

　①取締役・監査役の選出、交代し、取締役・監査役に関する報酬事項を決定する；

　②取締役会の報告を審議、批准する；

　③監査役会の報告を審議、批准する；

　④会社の利益配当方案と欠損填補方案を審議、批准する；

　⑤会社の登録資本金の増加または減少について決議する；

　⑥社債の発行について決議する；

　⑦会社の合併、分割、解散、清算または会社の形式変更について決議する；

　⑧定款を修正する；

　⑨会社定款に規定されたその他の職権。

(2)また、本条第２項として株主会は、社債の発行に関する決議を取締役会に授権することができると追加した。

(3)本条第１項に掲げる事項について全株主が書面により一致で合意した場合、株主会会議を開催せずに直接的に決めることができ、かつ株主全員が決定書類に署名しまたは捺印する（本条第３項）。

2　一人株主の書面決定要求（第60条）

2023年会社法第60条は、改正条文で一人株主の書面決定要求に関する規定である。2018年会社法では一人株主の書面決定要求について一人有限責任会社は、株主会を設置せず、株主が本法第37条第１項に掲げる決定をした場合、書面形式を採用し、株主が署名した後、会社に備えなければならないと定めていた（第61条）。これに対して2023年会社法では一人株主の書面決定要求について株主が署名以外に捺印も選択することができると下記の通りに規定している。

　つまり、一人有限責任会社は株主会を設置せず、株主が第59条第１項に掲げ

第4章　会社機関設置の改善・上場会社の企業統治の強化

表4-2

第61条	第60条
一人有限責任会社は、株主会を設置しない。株主が本法第37条第1項に掲げる決定をした場合、書面形式を採用し、株主が署名した後、会社に備えなければならない。	一人有限責任会社は株主会を設置せず、株主が第59条第1項に掲げる事項の決定をした場合、書面形式を採用し、株主が署名または捺印して会社に備えなければならない。

る事項の決定をした場合、書面形式を採用し、株主が署名または捺印して会社に備えなければならないという（第60条）。

3　株主会の議事方式および決議手続（第66条）

　2023年会社法第66条は、改正条文で株主会の議事方式および決議手続に関する規定である。2018年会社法では表4-3の左欄の通りに定めていた（第43条）。これに対して2023年会社法では株主会の議事方式および決議手続にについて2項の内容を追加して下記の通りに規定している。

　⑴株主会の議事方式及び決議手続は、本法に規定がある場合を除き、会社定款により定める。

　⑵株主会の決議は、過半数の議決権を代表する株主によって採択されなければならない。

　⑶株主会の決議は、会社定款の変更、登録資本の増加または減少および会社の合併、分割、解散または会社の形態変更の決議を行う場合、3分の2以上の議決権を代表する株主によって採択されなければならない。

表4-3

第43条	第66条
株主会の議事方式及び決議手続は、本法に規定がある場合を除き、会社定款により定める。	株主会の議事方式及び決議手続は、本法に規定がある場合を除き、会社定款により定める。
株主会は、会社定款の変更、登録資本の増加または減少、および会社の合併、分割、解散または会社の形態変更の決議を行う場合、3分の2以上の議決権を代表する株主によって採択しなければならない。	株主会の決議は、過半数の議決権を代表する株主によって採択されなければならない。　株主会の決議は、会社定款の変更、登録資本の増加または減少および会社の合併、分割、解散または会社の形態変更の決議を行う場合、3分の2以上の議決権を代表する株主によって採択されなければならない。

第Ⅰ部　改正 中国会社法

4　取締役会の職権（第67条）

　2023年会社法第67条は、改正条文で取締役会の職権（第67条）に関する規定である。2018年会社法では有限責任会社の取締役会の職権については表4-4の左欄の通りに列挙の方式で11項の職権を定めていた（第46条）。これに対して2023年会社法では有限責任会社の取締役会の職権等について重要な改正を行なった。今回改正のポイントは、以下の4つである。

　(1)有限責任会社が取締役会を設置し、本法第75条に別途規定がある場合を除く。すなわち、規模が小さい、または株主数が少ない有限責任会社は、取締役会を設置せず、1名の取締役を設置でき、本法の規定により取締役会の職権を行使する。

表4-4

2018年会社法	2023年会社法
第46条 　取締役会は株主会に対して責任を負い、以下の職権を行使する： (1)株主会会議を招集し、株主に仕事を報告する； (2)株主会の決議を執行する； (3)会社の経営計画と投資方案を決定する； (4)会社の年度財務予算方案、決算方案を制定する； (5)会社の利益配当方案と欠損塡補方案を制定する； (6)会社が登録資本金を増加または減少及び会社の社債を発行する方案を制定する； (7)会社の合併、分割、解散または会社の形式を変更する方案を制定する； (8)社内管理機関の設置を決定する； (9)会社経理の選任または解任とその報酬を決定し、経理の指名に基づいて会社の副経理を選任または解任し、及びその報酬を決定する； (10)会社の基本管理制度を制定する； (11)会社定款に規定されるその他の職権。	第67条 　有限責任会社が取締役会を設置し、本法第75条に別途規定がある場合を除く。 　取締役会は以下の職権を行使する： (1)株主会会議を招集し、株主に仕事を報告する； (2)株主会の決議を執行する； (3)会社の経営計画と投資方案を決定する； (4)会社の利益配当方案と欠損塡補方案を制定する； (5)会社が登録資本金を増加または減少及び会社の社債を発行する方案を制定する； (6)会社の合併、分割、解散または会社の形式を変更する方案を制定する； (7)社内管理機関の設置を決定する； (8)会社経理の選任または解任とその報酬を決定し、経理の指名に基づいて会社副経理を選任または解任し、及びその報酬を決定する； (9)会社の基本管理制度を制定する； (10)会社定款の規定又は株主会により付与されるその他の職権。 　会社定款による取締役会権限の制限は、善意の第三者に対抗することができない。

第4章　会社機関設置の改善・上場会社の企業統治の強化

(2)2018年会社法第46条第1項4号会社の年度財務予算方案、決算方案を制定するという内容が削除された。

(3)会社定款の規定又は株主会により付与されるその他の職権という内容が追加された。

(4)第3項として会社定款による取締役会権限の制限は、善意の第三者に対抗することができないという内容が追加された。

5　取締役会の構成（第68条）

2023年会社法第68条は、改正条文で取締役会の構成に関する規定である。2018年会社法では有限責任会社の取締役会の構成については表4‐5の左欄の通りに定めていた（第46条）。これに対して2023年会社法では有限責任会社の取締役会の職権等について重要な改正を行なった。今回改正のポイントは、以下の3つである。

(1)取締役会構成員の上限規定の削除

13人の取締役会構成員の上限規定を削除して有限責任会社の取締役会の構成員は、3人以上とすること。

(2)従業員出身の取締役

表4‐5

2018年会社法	2023年会社法
第44条　有限責任会社は、取締役会を設置する。その構成員は3人から13人とする。ただし、本法第50条に別途規定がある場合を除く。 　2つ以上の国有企業または2つ以上のその他の国有投資主体が投資して設立された有限責任会社は、その取締役会の構成員の中に会社の従業員代表がいなければならない。ほかの有限責任会社の取締役会の構成員の中に、従業員代表がいることができる。取締役会における従業員代表は、従業員が従業員代表大会、従業員大会またはその他の形式で民主的な選挙を通じて選出される。	第68条　有限責任会社の取締役会の構成員は、3人以上とし、その構成員の中に従業員代表入れることができる。従業員数300人以上の有限責任会社は、法に基づいて監査役会を設置し、会社の従業員代表がいる場合を除き、その取締役会の構成員の中に会社の従業員代表がいなければならない。取締役会の従業員代表は、従業員が従業員代表大会、従業員大会またはその他の形式で民主的な選挙を通じて選出される。 　取締役会が取締役会長1人を設置するには、副取締役会長を設置することができる。取締役会長、副取締役会長の選任方法は会社定款により規定される。

第Ⅰ部　改正 中国会社法

　取締役会の構成員の中に従業員代表を入れることができる。また、従業員数300人以上の有限責任会社は、法に基づいて監査役会を設置し、会社の従業員代表がいる場合を除き、その取締役会の構成員の中に会社の従業員代表がいなければならない。取締役会の従業員代表は、従業員が従業員代表大会、従業員大会またはその他の形式で民主的な選挙を通じて選出される。

⑶取締役会長の設置

　取締役会が取締役会長１人を設置するには、副取締役会長を設置することができる。取締役会長、副取締役会長の選任方法は会社定款により規定される。

6　取締役の任期および辞任（第70条）

　2023年会社法第70条は、改正条文で取締役の任期よび辞任に関する規定である。2018年会社法では有限責任会社の取締役の任期よび辞任については表４－６左欄の通りに定めていた（第45条）。これに対して2023年会社法では有限責任会社の取締役の任期よび辞任について重要な改正を行なった。今回改正のポイントは、以下の３つである。

表４－６

2018年会社法	2023年会社法
第45条 　取締役の任期は会社定款によって規定されるが、任期は１期３年を超えてはならない。取締役の任期が満了し、再選により再任することができる。 　取締役の任期満了により適時に改選されない場合、または取締役が在任期間中の辞任により取締役会の構成員が法定人数を下回った場合、改選により選任された取締役が就任するまでに元取締役は、法律、行政規範及び会社定款の規定に従い、取締役の職務を履行しなければならない。	第70条 　取締役の任期は会社定款によって規定されるが、任期は３年を超えてはならない。取締役の任期が満了し、再選により再任することができる。 　取締役の任期満了により適時に改選されない場合、または取締役が在任期間中の辞任により取締役会の構成員が法定人数を下回った場合、改選により選任された取締役が就任するまでに元取締役は、法律、行政規範及び会社定款の規定に従い、取締役の職務を履行しなければならない。 　取締役が辞任する場合、書面形式で会社に通知しなければならず、会社が通知を受けた日に辞任が発効するが、前項の規定状況がある場合、取締役は職務をまだ履行しなければならない。

⑴取締役の任期は会社定款によって規定されるが、任期は３年を超えてはならない。取締役の任期が満了し、再選により再任することができる。

⑵取締役の任期満了により適時に改選されない場合、または取締役が在任期間中の辞任により取締役会の構成員が法定人数を下回った場合、改選により選任された取締役が就任するまでに元取締役は、法律、行政規範及び会社定款の規定に従い、取締役の職務を履行しなければならない。

⑶取締役が辞任する場合、書面形式で会社に通知しなければならず、会社が通知を受けた日に辞任が発効するが、前項の規定状況がある場合、取締役は職務をまだ履行しなければならない。

7　取締役の事前解任および賠償請求権（第71条）

2023年会社法第71条は、新規条文で取締役の事前解任および賠償請求権に関する規定である。本条の規定は、初めて取締役の事前解任および賠償請求権制度を導入した。本条規定のポイントは、下記の２つである（第71条）。

⑴株主会が取締役の解任を決議することができ、決議が行われた日にその解任が発効する。

⑵正当な理由なく、任期満了前に取締役を解任する場合、当該取締役は会社に損害賠償を請求することができる。

8　取締役会の召集権者（第72条）

2023年会社法第72条は、改正条文で取締役会の召集権者および司会者に関する規定である。2018年会社法では有限責任会社の取締役会の召集権者および司会者については表４−７の左欄の通りに定めていた（第47条）。これに対して2023年会社法では取締役会の召集権者および司会者について「半数以上の取締役」を「過半数の取締役」に修正して以下の通りに定めている（第72条）。

つまり、取締役会は、取締役会長が招集と司会する。取締役副会長が職務を履行できない又は職務を履行しない場合、取締役副会長が招集と司会する。取締役副会長が職務を履行できない、または職務を履行しない場合、過半数の取締役が共同で１名の取締役を推薦して、招集と司会する。

9　取締役会の議事方式および決議手続（第73条）

2023年会社法第73条は、改正条文で取締役会の召集権者および司会者に関す

第Ⅰ部　改正 中国会社法

表 4 - 7

2018年会社法	2023年会社法
第47条 　取締役会は、取締役会長が招集と司会する。取締役会長が職務を履行できない又は職務を履行しない場合、取締役副会長が招集と司会する。取締役副会長が職務を履行できない場合、または職務を履行しない場合、半数以上の取締役が共同で1名の取締役を推薦して、招集と司会する。	第72条 　取締役会は、取締役会長が招集と司会する。取締役副会長が職務を履行できない又は職務を履行しない場合、取締役副会長が招集と司会する。取締役副会長が職務を履行できない、または職務を履行しない場合、過半数の取締役が共同で1名の取締役を推薦して、招集と司会する。

る規定である。2018年会社法では有限責任会社の取締役会の議事方式および決議手続については表 4 - 8 の左欄の通りに定めていた（第48条）。これに対して2023年会社法では有限責任会社の取締役会の議事方式および決議手続について第 2 項の内容を追加した上、以下の通りに定めている（第73条）。

　(1)取締役会の議事方式及び採決手順は、本法に規定がある場合を除き、会社定款により規定する。

　(2)取締役会会議の開催には、過半数の取締役が出席しなければならない。取締役会が決議する場合、全取締役の過半数が採択しなければならない。

表 4 - 8

2018年会社法	2023年会社法
第48条 　取締役会の議事方式及び採決手順は、本法に規定がある場合を除き、会社定款により規定する。 　取締役会は、議論事項の決定に対して会議記録を作成し、会議に出席した取締役は会議記録に署名しなければならない。 　取締役会決議の採決は、1人に1票としなければならない。	第73条 　取締役会の議事方式及び採決手順は、本法に規定がある場合を除き、会社定款により規定する。 　取締役会会議の開催には、過半数の取締役が出席しなければならない。取締役会が決議する場合、全取締役の過半数が採択しなければならない。 　取締役会決議の採決は、1人に1票としなければならない。 　取締役会は、議論事項の決定に対して会議記録を作成し、会議に出席した取締役は会議記録に署名しなければならない。

第4章　会社機関設置の改善・上場会社の企業統治の強化

(3)取締役会決議の採決は、1人に1票としなければならない。

(4)取締役会は、議論事項の決定に対して会議記録を作成し、会議に出席した取締役は会議記録に署名しなければならない。

10　経理の任意設置および職権（第74条）

2023年会社法第74条は、改正条文で経理の任意設置および職権に関する規定である。2018年会社法では有限責任会社の経理の設置および職権については表4-9の左欄の通りに定めていた（第49条）。2018年会社法第49条規定の特徴は、以下の2点であった。

(1)経理は、有限責任会社の任意機関である。

(2)有限責任会社の経理の法定職権として列挙方式で8項目の権限について上記表左欄の通りに定めていた（第49条第1項）。

これに対して2023年会社法では有限責任会社経理の任意設置および職権につ

表4-9

2018年会社法	2023年会社法
第49条 　有限責任会社は経理を設置できるし、取締役会がその選任または解任を決定する。経理は取締役会に対して責任を負い、以下の職権を行使する： (1)会社の生産経営管理業務を司会し、取締役会決議を組織して実施する； (2)会社の年間経営計画と投資方案を組織して実施する； (3)社内管理機構の設置方案を作成する； (4)会社の基本管理制度を策定する； (5)具体的な会社規則を策定する； (6)会社の副経理、財務責任者の招聘または解任を提起する； (7)取締役会による任命または解任以外の責任管理者の任命または解任を決定する； (8)取締役会が付与するその他の職権。 　会社定款が経理の職権に対して別途規定がある場合、その規定に従う。 　経理は取締役会会議に出席する。	第74条 　有限責任会社は経理を設置できるし、取締役会がその選任または解任を決定する。 　経理は取締役会に対して責任を負い、会社定款の規定または取締役会の授権に基づいて職権を行使する。経理は取締役会会議に出席する。

第Ⅰ部　改正 中国会社法

いて第49条1項の8項目の法定職権を削除した上、以下の通りに定めている（第74条）。

　(1)有限責任会社は経理を設置できるし、取締役会がその選任または解任を決定する。

　(2)経理は取締役会に対して責任を負い、会社定款の規定または取締役会の授権に基づいて職権を行使する。経理は取締役会会議に列席する。

11　1名の取締役の選任（第75条）

表4 - 10

2018年会社法	2023年会社法
第50条 　株主数が少ない、または規模が小さい有限責任会社は、取締役会を設置せずに1名の執行取締役を設置できる。執行役員取締役は経理を兼務することができる。 　執行取締役の職権は会社定款により定める。	第75条 　規模が小さい、または株主数が少ない有限責任会社は、取締役会を設置せず、1名の取締役を設置でき、本法の規定により取締役会の職権を行使する。当該取締役は会社の経理を兼務することができる。

　2023年会社法第75条は、改正条文で一名の取締役の選任に関する規定である。2018年会社法では中小有限責任会社の取締役選任について上記表4 - 10の左欄の通りに定めていた（第50条）。これに対して2023年会社法では中小有限責任会社の取締役選任について以下の通りに定めている（第75条）。

　(1)規模が小さい、または株主数が少ない有限責任会社は、取締役会を設置せず、1名の取締役を設置でき、本法の規定により取締役会の職権を行使する。

　(2)当該取締役は会社の経理を兼務することができる。

12　監査役会の設置および構成（第76条）

　2023年会社法第76条は、改正条文で監査役会の設置および構成に関する規定である。2018年会社法では有限責任会社の監査役会の設置および構成については表4 - 11の左欄の通りに定めていた（第51条）。これに対して2023年会社法では有限責任会社監査役会の設置及び構成について重要な改正を行なった。本条規定のポイントは、以下の四つである。（第75条）。

　(1)有限責任会社は監事会を設置し、本法第69条、第83条に別途規定がある場

Horitsubunka-sha Books Catalogue 2025

法律文化社 出版案内 2025年版

講座 情報法の未来をひらく：AI時代の新論点 [全7巻]

山本龍彦 監修

ポストAI時代における法学のパラダイムシフトを牽引する──

第7巻 **安全保障**

石井由梨佳 編　4290円

情報法における安全保障上の脅威への対応はどうなされるべきか。法的基盤となる価値、原理の実態と、実態とのギャップを克服するためには何が必要とされるのかを問う。

▶2025年度内刊行予定

第1巻 **ガバナンス**
稲谷龍彦 編

第2巻 **法**
松尾 陽 編

第3巻 **プライバシー**
音無知展・山本龍彦 編

第4巻 **プラットフォーム**
成原 慧 編

第5巻 **表現の自由**
水谷瑛嗣郎 編

第6巻 **経済・金融**
藤谷武史 編

法律文化社　〒603-8053 京都市北区上賀茂岩ヶ垣内町71　TEL075(791)7131　FAX075(721)8400
URL:https://www.hou-bun.com/　◎価格税込

法 律

もっと問いかける法哲学 2750円
瀧川裕英 編

史料からみる西洋法史 [HBB⁺] 3080円
宮坂 渉・松本和洋・出雲 孝・鈴木康文 著

大学の自治の法理 8250円
齊藤芳浩 著

二一世紀の平和憲法 7920円
○改憲論批判と平和・人権保障の展望
憲法研究会・上田勝美 編

アメリカ合衆国憲法体制と連邦制 12100円
○形成と展開　　　　　　　澤登文治 著

こうして勝ち抜いてきた税務争訟の闘い方
○調査立会・不服申立て・訴訟
山本洋一郎 著／三木義一 聞き手　4400円

民法総則ベーシックス 1430円
○CASE＆Qから学ぶ
石上敬子・大川謙蔵・宍戸育世・下村信江・長谷川義仁・福田健太郎・松入和彦 著

ヨーロッパ契約法 [第2版] 14300円
ハイン・ケッツ 著／潮見佳男・中田邦博・松岡久和・長野史寛 監訳

考える保険法 3190円
○制度趣旨から見直す重要論点
吉澤卓哉・原 弘明・山下徹哉・野口夕子 著

刑事政策を学ぶ 2640円
松原英世・平山真理・森久智江・前田忠弘 著

『監獄の誕生』と刑罰学の言説 7040円
赤池一将 著

EU基本権の体系 4290円
中西優美子 著

政 治

ジェンダー・クオータがもたらす新しい政治 4620円
○効果の検証　　　　　　　三浦まり 編

政治思想史 3190円
○西洋と日本の両面から学ぶ
長谷川一年・竹島博之・萩原 稔・望月詩史・村田 陽 著

冷戦史 [Houbun World History 1] 3850円
○超大国米ソの出現からソ連崩壊まで
益田 実・齋藤嘉臣 編著

はじめて向きあう韓国 2310円
浅羽祐樹 編

縮減社会の管轄と制御 5940円
○空間制度における日本の課題と諸外国の動向・手法
内海麻利 編著

公務員による汚職・不祥事 4950円
○処遇の変化が不正行為に及ぼす影響　米岡秀眞 著

公務員の人事制度改革と人材育成 5390円
○日・英・米・独・中の動向を踏まえて 坂本 勝 著

入門SDGs 3300円
○持続可能な開発の到達点と2030年への課題
高柳彰夫・須藤智徳・小坂真理 編著

平和学・平和研究

高校地歴・公民科 国際平和を探究するカリキュラ
○国連を教材に
野島大輔 著　　　　　　　　　　　　　2200円

経済・経営・産業

中国機械産業の技術発展戦略
○工作機械・建設機械分野を中心に
韓 金江 著　　　　　　　　　　　　4950円

現代アメリカ医療政策の展開 6160円
○ポストコロナへの軌跡とバイデン政権 高山一夫 著

生産マネジメント論 3080円
具 承桓 編

日米グローバル経営史 2970円
○企業経営と国際関係のダイナミズム 西村成弘 著

社会学・社会問題

「音」と「声」の社会史 3080円
○見えない音と社会のつながりを観る 坂田謙司 著
[書評掲載『朝日新聞』2024年5月18日号]

新自由主義時代のオーストラリア多文化社会と市民
○差異を超えた新たなつながりに向けて
栗田梨津子 著　　　　　　　　　　　5500円

家族と病い [〈家族〉のかたちを考える③]
比較家族史学会 監修／田間泰子・土屋 敦 編 5940円

ツーリズム・リサーチメソッド入門 319
○「観光」を考えるための道案内 遠藤英樹編

自動運転事故の責任は誰にあるのか 374
○新技術をめぐる過失割合の検証　岡本満喜子

神と妖怪の防災学 319
○「みえないリスク」へのそなえ　　高田知紀

日本の内航海運と事故防止 649
○事業者の安全への取り組みと国の制度 竹本七海

社会福祉研究叢書

会の変化を捉え進展する社会福祉学の最先端
研究成果を紹介。

認知症のある人への経済支援
○介護支援専門員への期待
竹本与志人 著　　　　　　　　　　4950円

障害者ジェンダー統計の可能性
○実態の可視化と課題の実証的解明をめざして
吉田仁美 著　　　　　　　　　　　5940円

ソーシャルアクション・モデルの形成過程
○精神保健福祉士の実践を可視化する
小沼聖治 著　　　　　　　　　　　4400円

歴史

代日本官僚制と文部省
非主要官庁」の人事と専門性　松谷昇蔵 著　6270円

見」された朝鮮通信使
日朝鮮人歴史家・辛基秀の歴史実践と戦後日本
口祐香 著　　　　　　　　　　　6380円

句・故事成語ではじめる中国史
代から現代まで　　　　　山崎覚士 著　3300円

文・講演「大アジア主義」資料集Ⅱ
924年11月　日本と中国の岐路
折翼・西村成雄 編　　　　　　　　6380円

教育

リーダーシップ評価スケール PAS 2200円
りよい園運営のために
N. タラン，ジル M. ベラ，ポーラ・ジョルデ・ブルーム 著／
子監訳／鈴木健史・岩[]善美・亀山秀郎・阿部祐輝・高梨朱美訳

における能動的シティズンシップ教育の導入
会／政治参加へのセルフ・エフィカシー
佑弥 著　　　　　　　　　　　　4950円

改訂版

ゼロからはじめる法学入門〔第3版〕
木俣由美 著　　　　　　　　　　　2640円

法思想史を読み解く〔第2版〕　3190円
○古典／現代лの接近
戒能通弘・神原和宏・鈴木康文 著

大学生のための憲法〔第2版〕　2750円
君塚正臣・大江一平・松井直之 編

憲法のちから〔第2版〕　　　　2640円
○身近な問題から憲法の役割を考える　中富公一 編著

新ハイブリッド民法5 家族法〔第2版〕 3740円
青竹美佳・渡邉泰彦・鹿野菜穂子・西希代子・冷水登紀代・宮本誠子 著

民法入門ノート〔第2版〕　　　3520円
渡邊力 著

消費者法これだけは〔新版〕[HBB⁺]
山口志保 編　　　　　　　　　　　2860円

テキストブック　法と国際社会〔第3版〕
德川信治・西村智朗 編著　　　　　2530円

フロンティア労働法〔第3版〕　3190円
神尾真知子・増田幸弘・内藤忍・根岸忠・松井丈晴 著

18歳から考えるワークルール〔第3版〕[〈18歳から〉シリーズ]
道幸哲也・加藤智章・國武英生 編　2640円

18歳からはじめる環境法〔第3版〕[〈18歳から〉シリーズ]
大塚直 編　　　　　　　　　　　　2530円

日本政治ガイドブック〔全訂第3版〕　2640円
○教養の政治学　　　　　　　　村上弘 著

日本外交の論点〔新版〕　　　　2640円
佐藤史郎・川名晋史・上野友也・齊藤孝祐・山口航 編

生活リスクマネジメントのデザイン〔第3版〕
○リスクコントロールと保険の基本
亀井克之 著　　　　　　　　　　　2640円

シリーズ　Basic Study Books [BSB]

マの基礎理論や現在の状況（構造，制度など）について，最初の段階でつまずくことなく理解できる
にわかりやすく解説。丁寧な側注解説とクロスリファレンスによって全体を把握しながら学ぶ。

月企業論　　　　　　　　　　2970円
間信夫・井上善博・矢口義教 編著

月人的資源管理論　　　　　　3190円
飛鳥・浅野和也・橋場俊展 編著

政策入門　　　　　　　　　　2860円
れからの生活・労働・福祉
まこと・所道彦・垣田裕介 編著

〈既刊〉

入門 国際法　　　　　　　　　2750円
大森正仁 編著

地方自治入門　　　　　　　　2750円
馬場健・南島和久 編著

自治体政策学　　　　　　　　3520円
武藤博己 監修／南島和久・堀内匠 編著

歴塾ビブリオ

「歴塾ビブリオ」は、小社の日本史編集部門「歴塾舎(れきこんしゃ)」が刊行するレーベルです。

✦ シリーズ〈戦国時代の地域史〉

1 摂津・河内・和泉の戦国史　　天野忠幸 編著
- 管領家の分裂と天下人の誕生　　3080円

畠山義就から三好長慶、そして関白秀吉へ——
大阪平野に展開した活気あふれる戦国社会を描く。

2 播磨・但馬・丹波・摂津・淡路の戦国史　　渡邊大門 著
- 畿内と中国の狭間で続いた争乱　　2970円

守護や国衆たちの群雄割拠から統一へ——
兵庫県域の戦国・織豊時代はいかなるものだったかを描く。

3 安芸・備後の戦国史　　光成準治 著
- 境目地域の争乱と毛利氏の台頭　　3520円

山名、大内、細川、尼子、毛利……。
応仁・文明の乱から関ヶ原合戦に至る約130年間の政治史を
中心に、広島県域の重層的な戦国史を描く。

▶刊行予定

近江の戦国史●天下を支える政治・経済基盤　新谷和之 著

駿河・遠江・伊豆の戦国史●今川氏の盛衰、そして徳川氏の基盤へ　小和田哲男 著

備前・備中・美作の戦国史●謀略と下剋上の中から台頭した宇喜多氏　渡邊大門 著

✦ シリーズ〈日本史のライバルたち〉

1 原敬と大隈重信　　伊藤之雄 著
- 早稲田の「巨人」を超える 一八八一〜一九二二年　3300円

大隈重信と原敬は、英国風政党政治や協調外交という理想、薩長への対抗心など共通点が多いものの、対立していたのはなぜか。ふたりの不幸な「出会い」から始まり、18歳年長の大隈を反面教師として原が自己革新し成長していく過程を辿る。

▶刊行予定

三好長慶と足利義輝●「室町殿」から「天下人」へ　天野忠幸 著

清少納言と紫式部●記録する「女」　神田龍身 著

徳川秀忠と伊達政宗●天下人の資格と能力　野村 玄 著

第4章　会社機関設置の改善・上場会社の企業統治の強化

表4-11

2018年会社法	2023年会社法
第51条　有限責任会社は監査役会を設置し、その構成員は3人を下回ってはならない。株主の人数が少なく、または規模が小さい有限責任会社は、監査役会を設置せず、1-2名の監査役を設置できる。 　監査役会は、株主代表と適切な割合の従業員代表を含み、その中の従業員代表の割合は3分の1を下回ってはならず、具体的な割合は会社定款によって規定する。監査役会における従業員代表は、従業員が従業員代表大会、従業員大会またはその他の形式で民主的な選挙を通じて選出される。 　監査役会は、議長1人を設置し、監査役全体の過半数により選出される。監査役会議長は、監査役会会議を招集し、司会する。監査役会議長が職務を履行できない場合、または職務を履行しない場合、半数以上の監査役が共同で推薦する1名の監査役が監査役会会議を招集と司会する。 　取締役と高級管理者は監査役を兼務してはならない。	第76条　有限責任会社は監事会を設置し、本法第69条、第83条に別途規定がある場合を除く。 　監査役会の構成員は3人以上とする。監査役会の構成員は株主代表と適切な割合の従業員代表を含まなければならず、その中の従業員代表の割合は3分の1を下回ってはならず、具体的な割合は会社定款により規定する。監査役会における従業員代表は、従業員が従業員代表大会、従業員大会またはその他の形式で民主的な選挙を通じて選出される。 　監査役会は議長1人を設置し、監査役全体の過半数により選出される。監査役会議長は監査役会会議を招集し、司会する。監査役会議長が職務を履行できない場合、または職務を履行しない場合、過半数以上の監査役が共同で推薦する1名の監査役が監査役会会議を招集と司会する。 　取締役と高級管理者は監査役を兼務してはならない。

合を除く。

　(2)監査役会の構成員は3人以上とする。監査役会の構成員は株主代表と適切な割合の従業員代表を含まなければならず、その中の従業員代表の割合は3分の1を下回ってはならず、具体的な割合は会社定款により規定する。監査役会における従業員代表は、従業員が従業員代表大会、従業員大会またはその他の形式で民主的な選挙を通じて選出される。

　(3)監査役会は議長1人を設置し、監査役全体の過半数により選出される。監査役会議長は監査役会会議を招集し、司会する。監査役会議長が職務を履行できない場合、または職務を履行しない場合、過半数以上の監査役が共同で推薦する1名の監査役が監査役会会議を招集と司会する。

　(4)取締役と高級管理者は監査役を兼務してはならない。

第Ⅰ部　改正 中国会社法

13　監査役会の報告請求権等（第80条）

表4－12

2018年会社法	2023年会社法
第150条第2項 　取締役、高級管理者は、監査役会または監査役会を設置しない有限責任会社の監査役に如実に関連状況と資料を提供し、監査役会または監査役の職権行使を妨げてはならない。	第80条 　<u>監査役会は、取締役、高級管理者に職務執行の報告書の提出を要求することができる。</u> 　取締役、高級管理者は、監査役会に関連状況と資料を如実に提供し、監査役会又は監査役の職権の行使を妨げてはならない。

　2023年会社法第80条は、改正条文で監査役会の報告請求権等に関する規定である。2018年会社法では有限責任会社の監査役会の報告請求権等について取締役、高級管理者は、監査役会または監査役会を設置しない有限責任会社の監査役に如実に関連状況と資料を提供し、監査役会または監査役の職権行使を妨げてはならないと定めていた（第150条第2項）。これに対して2023年会社法では有限責任会社の監査役会の報告請求権等について改正を行なった。本条規定のポイントは、以下の2つである。（第80条）。

　(1)監査役会は、取締役、高級管理者に職務執行報告書の提出を要求することができる。

　(2)取締役、高級管理者は、監査役会に関連状況と資料を如実に提供し、監査役会又は監査役の職権行使を妨げてはならない。

14　監査役会の議事方式および決議手続（第81条）

　2023年会社法第81条は、改正条文で監査役会の議事方式および決議手続に関する規定である。2018年会社法では監査役会の議事方式および決議手続については表4－13の左欄の通りに定めていた（第55条）。これに対して2023年会社法では有限責任会社の監査役会の議事方式及び決議手続について改正を行なった。本条規定のポイントは、以下の4つである。（第81条）。

　(1)監査役会は毎年少なくとも1回会議を開催し、監査役は臨時監査役会会議の開催を提案することができ、監査役会の議事方式及び採決手順は、本法に規定がある場合を除き、会社定款により規定する。

　(2)監査役会決議は、監査役全体の過半数で採択しなければならない。

第4章　会社機関設置の改善・上場会社の企業統治の強化

表4‐13

2018年会社法	2023年会社法
第55条 　監査役会は毎年少なくとも1回会議を開催し、監査役は臨時監査役会会議の開催を提案することができる。 　監査役会の議事方式及び採決手順は、本法に規定がある場合を除き、会社定款により規定する。 　監査役会決議は半数以上の監査役によって採択しなければならない。 　監査役会は、議論する事項の決定に対して会議記録を作成し、会議に出席した監査役は会議記録に署名しなければならない。	第81条 　監査役会は毎年少なくとも1回会議を開催し、監査役は臨時監査役会会議の開催を提案することができる。 　監査役会の議事方式及び採決手順は、本法に規定がある場合を除き、会社定款により規定する。 　監査役会決議は、監査役全体の<u>過半数</u>で採択しなければならない。 　<u>監査役会決議の採決は、1人に1票でなければならない。</u> 　監査役会は、議論する事項の決定に対して会議記録を作成し、会議に出席した監査役は会議記録に署名しなければならない。

　(3)監査役会決議の採決は、1人に1票でなければならない。

　(4)監査役会は、議論する事項の決定に対して会議記録を作成し、会議に出席した監査役は会議記録に署名しなければならない。

15　監査役会設置の例外規定（第83条）

　2023年会社法第83条は、改正条文で有限責任会社の監査役会設置の例外に関する規定である。2018年会社法では有限責任会社の監査役会設置の例外規定については表4‐14の左欄の通りに定めていた（第51条第1項）。これに対して2023年会社法では中小有限責任会社の監査役会設置の例外規定について改正を

表4‐14

2018年会社法	2023年会社法
第51条第1項 　有限責任会社は監査役会を設置し、その構成員は3人より少なくてはならない。株主人数が少ない、または規模が小さい有限責任会社は、監査役会を設置せず、1-2名の監査役を設置できる。	第83条 　規模が小さい、または株主数が少ない有限責任会社は、監査役会を設置せず、1名の監査役を設置し、本法に規定される監査役会の職権を行使する。株主全員の合意により、監査役を設置しないことができる。

第Ⅰ部　改正 中国会社法

行なった。本条規定のポイントは、以下の２つである（第83条）。

(1)規模が小さい、または株主数が少ない有限責任会社は、監査役会を設置せず、１名の監査役を設置し、本法に規定される監査役会の職権を行使する。

(2)株主全員の合意により、監査役を設置しないことができる。

この改正条文は意義が大きく実際に有限責任会社の自己監督価値を認めた。つまり、株主全員が監査役を設置しないことを合意した場合、それには２つの状況がある：１つ目は、株主全員が取締役会の構成員または経理であり、株主全員が共同管理の中で相互に監督する。２つ目は、管理に関与していない株主がいれば、これらの株主は監査役のような監督権を行使することができる[1]。

16　株式譲渡（第84条）

表4-15

2018年会社法	2023年会社法
第71条　有限責任会社の株主の間に相互的に持分株式の全部または一部を譲渡することができる。	第84条　有限責任会社の株主の間に相互的に持分株式の全部または一部を譲渡することができる。
株主が株主以外の人に株式を譲渡する場合は、他の株主の過半数の同意を得なければならない。株主はその株式譲渡事項について書面で他の株主に通知して同意を得なければならず、他の株主は書面通知を受けた日から30日以内に回答していない場合、譲渡を同意するとみなす。他の株主の半数以上が譲渡を同意しない場合、同意しない株主は当該譲渡する株式を購入しなければならない。購入しない場合、譲渡を同意するとみなす。	株主が株主以外の人に株式を譲渡する場合は、株式譲渡の数、価格、支払い方法、期限などの事項を書面で他の株主に通知しなければならず、他の株主は同等の条件の上で優先購入権がある。株主が書面による通知を受けた日から30日以内に回答していない場合は、優先購入権の放棄とみなす。２人以上の株主が優先購入権の行使を主張する場合、協議によりそれぞれの購入比率を確定する。協議が成立しない場合、譲渡時のそれぞれの出資比率に基づいて優先購入権を行使する。
株主の同意を得て譲渡する株式は、同等の条件の上で、他の株主に優先購入権がある。２人以上の株主が優先購入権の行使を主張する場合、協議によりそれぞれの購入比率を確定する。協議が成立しない場合、譲渡時のそれぞれの出資比率に基づいて優先購入権を行使する。	会社定款は株式譲渡に対して別途規定がある場合、その規定に従う。
会社定款は株式譲渡に対して別途規定がある場合、その規定に従う。	

第4章　会社機関設置の改善・上場会社の企業統治の強化

　2023年会社法第84条は、改正条文で有限責任会社の株式譲渡に関する規定である。2018年会社法では有限責任会社の株式譲渡については表4‐15の左欄の通りに定めていた（第71条）。これに対して2023年会社法では有限責任会社の株式譲渡について改正を行なった。本条規定のポイントは、以下の3つである（第83条）。

　⑴株主が株主以外の人に株式を譲渡する場合は、株式譲渡の数、価格、支払い方法、期限などの事項を書面で他の株主に通知しなければならず、他の株主は同等の条件の上で優先購入権がある。

　⑵株主が書面による通知を受けた日から30日以内に回答していない場合は、優先購入権の放棄とみなす。

　⑶2人以上の株主が優先購入権の行使を主張する場合、協議によりそれぞれの購入比率を確定するが、協議が成立しない場合、譲渡時のそれぞれの出資比率に基づいて優先購入権を行使する。

17　株主名簿の変更（第86条）

　2023年会社法第86条は、新規条文で株主名簿の変更に関する規定である。本条の規定は、初めて株主名簿の変更制度を導入した。本条規定のポイントは、下記の3つである（第71条）。

　⑴株主がその株式を譲渡する場合は、書面で会社に通知し、株主名簿の変更

表4‐16

2018年会社法	2023年会社法
規定なし	第86条 　株主がその株式を譲渡する場合は、書面で会社に通知し、株主名簿の変更を要求し、変更登記を行う必要がある場合は、会社に会社登記機関への変更登記を要求しなければならない。会社が拒否、または合理的な期限内に回答しない場合、譲渡人、譲受人は法に基づいて人民法院に訴訟を提起することができる。 　株式譲渡の場合、譲受人は株主名簿に記載した時から会社に株主権利の行使を主張することができる。

第Ⅰ部　改正 中国会社法

を要求し、変更登記を行う必要がある場合は、会社に会社登記機関への変更登
記を要求しなければならないが、会社が拒否、または合理的な期限内に回答し
ない場合、譲渡人、譲受人は法に基づいて人民法院に訴訟を提起することがで
きる。

　⑵株式譲渡の場合、譲受人は株主名簿に記載した時から会社に株主権利の行
使を主張することができるが、株主会が取締役の解任を決議することができ、
決議が行われた日にその解任が発効する。

　⑶正当な理由なく、任期満了前に取締役を解任する場合、当該取締役は会社
に損害賠償を請求することができる。

18　株主の出資義務（第88条）

　2023年会社法第88条は、新規条文で株主の出資義務に関する規定である。本
条の規定は、初めて株主の出資義務制度を導入した。本条規定のポイントは、
下記の２つである（第71条）。

　⑴株主が納付期限を未満する引き受けた株式を譲渡する場合、譲受人がその
出資を納付する義務を負う。譲受人が期限までに出資を納付していない場合、
譲渡人は譲受人が期限までに納付していない出資に対して補充責任を負う。

表 4 - 17

2018年会社法	2023年会社法
規定なし	第88条 　株主が引き受けたが、納付期限を未満する株式を譲渡する場合、譲受人がその出資を納付する義務を負う。譲受人が期限までに出資を納付していない場合、譲渡人は譲受人が期限までに納付していない出資に対して補充責任を負う。 　会社定款に規定される出資期日に基づいて出資を納付していない、または出資とする非貨幣財産の実際の価額が引き受けた出資額により著しく下回っている株主が株式を譲渡した場合、譲渡人と譲受人は出資不足の範囲内で連帯責任を負う。譲受人が知らず、かつ上記の状況が存在することを知るべきでない場合は、譲渡人が責任を負う。

98

第4章　会社機関設置の改善・上場会社の企業統治の強化

⑵会社定款に規定される出資期日に基づいて出資を納付していない、または出資とする非貨幣財産の実際の価額が引き受けた出資額により著しく下回っている株主が株式を譲渡した場合、譲渡人と譲受人は出資不足の範囲内で連帯責任を負う。譲受人が知らず、かつ上記の状況が存在することを知るべきでない場合は、譲渡人が責任を負う。

19　株主の株式買取請求権（第89条）

2023年会社法第89条は、改正条文で株主の株式買取請求権に関する規定であ

表4-18

2018年会社法	2023年会社法
第74条 　以下のいずれかの場合、株主会の決議に反対票を投じた株主は、会社に合理的な価格で株式を買収するように要求することができる： ⑴会社は5年連続で株主に利益を配当せず、会社は当該5年連続で利益を得て、そして本法に規定さる利益配当条件に準拠する場合： ⑵会社が合併、分割、主な財産を譲渡する場合： ⑶会社定款に規定される営業期間が満了した、又は定款に規定されるその他の解散事由が発生した場合、株主会会議は決議により定款を改正して会社を存続させる場合。 　株主会会議決議が採択された日から60日以内に、株主と会社が株式買収合意に達しない場合、株主は株主会会議決議が採択された日から90日以内に人民法院に訴訟を提起することができる。	第89条 　以下のいずれかの場合、株主会の決議に反対票を投じた株主は、会社に合理的な価格で株式を買収するように要求することができる： ⑴会社は5年連続で株主に利益を配当せず、会社は当該5年連続で利益を得て、そして本法に規定さる利益配当条件に準拠する場合： ⑵会社が合併、分割、主な財産を譲渡する場合： ⑶会社定款に規定される営業期間が満了した、又は定款に規定されるその他の解散事由が発生した場合、株主会会議は決議により定款を改正して会社を存続させる場合。 　株主会会議決議が採択された日から60日以内に、株主と会社が株式買収合意に達しない場合、株主は株主会会議決議が採択された日から90日以内に人民法院に訴訟を提起することができる。 　会社の支配株主が株主の権利を濫用し、会社又は他の株主の利益を著しく損なう場合、他の株主は会社に合理的な価格でその株式の買収を要求する権利がある。 　会社が本条第一項、第三項に規定する状況により買取した当社の株式は、6ヶ月以内に法に基づいて譲渡または消却しなければならない。

第Ⅰ部　改正 中国会社法

る。2018年会社法で株主の株式買取請求権については表4‐18の左欄の通りに定めていた（第74条）。これに対して2023年会社法では株主の株式買取請求権について重要な改正を行なった。本条規定のポイントは、以下の２つである（第110条）。

⑴会社の支配株主が株主の権利を濫用し、会社又は他の株主の利益を著しく損なう場合、他の株主は会社に合理的な価格でその株式の買取を要求する権利がある。

⑵会社が本条第一項、第三項に規定する状況により買取した当社の株式は、６ヶ月以内に法に基づいて譲渡または消却しなければならない。

20　株主の知る権利（第110条）

2023年会社法第110条は、改正条文で株主の知る権利に関する規定である。2018年会社法では株主の知る権利については表4‐19の左欄の通りに定めてい

表4‐19

2018年会社法	2023年会社法
第97条 　株主は、会社定款、株主名簿、社債控え、株主総会会議記録、取締役会会議決議、監査役会会議決議、財務会計報告書を査閲し、会社の経営に対して提案または質問する権利がある。	第110条 　株主は、会社定款、株主名簿、株主総会会議記録、取締役会会議決議、監査役会会議決議、財務会計報告書を査閲、複製し、会社の経営に対して提案または質問する権利がある。 　180日以上連続で会社の株式の３％以上を単独または合計して保有する株主が会社の会計帳簿、会計証憑の査閲を要求した場合、本法第57条第２項、第３項、第４項の規定を適用する。会社定款が持株比率に対して低い規定がある場合、その規定に従う。 　株主が会社の完全子会社に関する資料の査閲、複製を要求する場合、前２項の規定を適用する。 　上場企業の株主が関連資料を査閲、複製する場合、『中華人民共和国証券法』などの法律、行政規範の規定を遵守しなければならない。

た（第97条）。これに対して2023年会社法では株主の知る権利について重要な改正を行なった。本条規定のポイントは、以下の３つである（第110条）。

(1)180日以上連続で会社の株式の３％以上を単独または合計して保有する株主が会社の会計帳簿、会計証憑の査閲を要求した場合、本法第57条第２項、第３項、第４項の規定を適用する。会社定款が持株比率に対して低い規定がある場合、その規定に従う。

(2)株主が会社の完全子会社に関する資料の査閲、複製を要求する場合、前２項の規定を適用する。

(3)上場会社の株主が関連資料を査閲、複製する場合、『中華人民共和国証券法』などの法律、行政規範の規定を遵守しなければならない。

二　株式会社の機関設置・権限配分

1　株主会（第111条）

表4‐20

2018年会社法	2023年会社法
第98条 　株式会社の株主総会は全株主で構成される。株主総会は会社の権力機関であり、本法により職権を行使する。	第111条 　株式会社の株主会は全株主で構成される。株主会は会社の権力機関であり、本法により職権を行使する。

2023年会社法第111条は、改正条文で株式会社の株主会設置に関する規定である。2018年会社法では株式会社の株主総会の設置について株式会社の株主総会は全株主で構成され、会社の権力機関であり、本法により職権を行使すると定めていた（第98条）。これに対して2023年会社法では「株主総会」を「株主会」に変更した上株式会社の株主会は全株主で構成され、株主会は会社の権力機関であり、本法により職権を行使すると規定している（第111条）。

2　株主会の職権（第112条）

2023年会社法第112条は、改正条文で株式会社の株主会職権に関する規定である。2018年会社法では株主会の職権について本法第37条１項有限責任会社株主会の職権に関する規定は、株式会社の株主総会に適用すると定めていた（第99条）。これに対して2023年会社法では株式会社の株主会職権にについて２項

第Ⅰ部　改正 中国会社法

表4 - 21

2018年会社法	2023年会社法
第99条 　本法第37条第1項有限責任会社株主会の職権に関する規定は、株式会社の株主総会に適用する。	第112条 　本法第59条第1項、第2項有限責任会社株主会の職権に関する規定は、株式会社の株主会に適用する。 　一人有限責任会社は株主会を設置せず、株主が第59条第1項に掲げる事項の決定をした場合、書面形式を採用し、株主が署名または捺印して会社に備えなければならない。

を追加した上、改正を行なった。本条規定のポイントは、以下の2つである（第112条）。

⑴本法第59条第1項、第2項有限責任会社株主会の職権に関する規定は、株式会社の株主会に適用する。

⑵一人有限責任会社は株主会を設置せず、株主が第59条第1項に掲げる事項の決定をした場合、書面形式を採用し、株主が署名または捺印して会社に備えなければならない。

3　株主会の招集権者（第114条）

　2023年会社法第114条は、改正条文で株式会社株主会の招集権者に関する規定である。2018年会社法では株主総会の招集権者については表4 - 22の左欄の通りに定めていた（第101条）。これに対して2023年会社法では株主会の招集権者について改正を行なった。本条規定のポイントは、以下の3つである（第114条）。

⑴株主会会議は、取締役会が招集し、取締役会長が司会する。取締役会長が職務を履行できない又は職務を履行しない場合、副取締役会長が司会する。副取締役会長が職務を履行できない又は職務を履行しない場合、過半数の取締役が共同で推薦する1名の取締役が司会する。

⑵取締役会が株主会会議を招集する職責を履行できない、または履行しない場合、監査役会は適時に招集し、司会しなければならない。監査役会が招集、司会しない場合、90日以上連続で単独または合計して会社の株式の10％以上を保有する株主は、自ら招集、司会することができる。

第4章　会社機関設置の改善・上場会社の企業統治の強化

表4-22

2018年会社法	2023年会社法
第101条　株主総会会議は、取締役会が招集し、取締役会長が司会する。取締役会長が職務を履行できない又は職務を履行しない場合、副取締役会長が司会する。副取締役会長が職務を履行できない又は職務を履行しない場合、半数以上の取締役が共同で推薦する1名の取締役が司会する。 　取締役会が株主総会会議を招集する職責を履行できない、または履行しない場合、監査役会は適時に招集し、司会しなければならない。監査役会が招集、司会しない場合、90日以上連続で単独または合計して会社の株式の10％以上を保有する株主は、自ら招集、司会することができる。	第114条　株主会会議は、取締役会が招集し、取締役会長が司会する。取締役会長が職務を履行できない又は職務を履行しない場合、副取締役会長が司会する。副取締役会長が職務を履行できない又は職務を履行しない場合、過半数の取締役が共同で推薦する1名の取締役が司会する。 　取締役会が株主会会議を招集する職責を履行できない、または履行しない場合、監査役会は適時に招集し、司会しなければならない。監査役会が招集、司会しない場合、90日以上連続で単独または合計して会社の株式の10％以上を保有する株主は、自ら招集、司会することができる。 　単独または合計して会社の株式の10％以上を保有する株主が臨時株主会会議の開催を要請する場合、取締役会、監査役会は、要請を受けた日から10日以内に臨時株主会会議を開催するかどうかを決定し、書面で株主に回答しなければならない。

　(3)単独または合計して会社の株式の10％以上を保有する株主が臨時株主会会議の開催を要請する場合、取締役会、監査役会は、要請を受けた日から10日以内に臨時株主会会議を開催するかどうかを決定し、書面で株主に回答しなければならない。

4　株主会の議事方式および決議手続（第115条）

　2023年会社法第114条は、改正条文で株主会の議事方式および決議手続に関する規定である。2018年会社法では株主総会の議事方式および決議手続については表4-24の左欄の通りに定めていた（第102条）。これに対して2023年会社法では株主会の議事方式および決議手続について重要な改正を行なった。本条規定のポイントは、以下の3つである（第115条）。

　(1)株主会会議を開催するには、会議の開催時間、場所、審議事項を会議の開

第Ⅰ部　改正 中国会社法

表 4 - 24

2018年会社法	2023年会社法
第102条 　株主総会会議を開催するには、会議の開催時間、場所、審議事項を会議の開催20日前に各株主に通知しなければならない。臨時株主総会は会議の開催15日前に各株主に通知しなければならない。無記名株式を発行する場合は、会議開催30日前に会議開催の時間、場所、審議事項を公告しなければならない。 　単独または合計して会社の株式の３％以上を保有する株主は、株主総会の開催10日前に臨時提案を提出することができ、書面で取締役会に提出する。取締役会は、提案を受け取ってから２日以内に他の株主に通知し、その臨時提案を株主総会に提出して審議しなければならない。臨時提案の内容は株主総会の職権範囲に属し、かつ明確的な議題と具体的な決議事項を有する。 　株主総会は、前２項の通知における明記されていない事項に対して決議をしてはならない。 　無記名株式保有者が株主総会会議に出席する場合は、会議の開催５日前から株主総会の閉会までに株式を会社に保存しなければならない。	第115条 　株主会会議を開催するには、会議の開催時間、場所、審議事項を会議の開催20日前に各株主に通知しなければならない。臨時株主会会議は会議の開催15日前に各株主に通知しなければならない。 　単独または合計して会社の株式の<u>１％以上</u>を保有する株主は、株主総会の開催10日前に臨時提案を提出することができ、書面で取締役会に提出する。<u>臨時提案は明確的な議題と具体的な決議事項を有しなければならない。</u>取締役会は、提案を受け取ってから２日以内に他の株主に通知し、その臨時提案を株主総会に提出して審議しなければならない。<u>ただし、臨時提案が法律、行政規範または会社定款の規定に違反し、または株主会の職権範囲に属しない場合を除く。会社は臨時提案を提出した株主の持ち株比率を高めてはならない。株式を公開発行する会社は、公告方式で前２項の規定の通知を作成しなければならない。</u> 　株主会は通知に明記されていない事項に対して決議をしてはならない。

催20日前に各株主に通知しなければならない。臨時株主会会議は会議の開催15日前に各株主に通知しなければならない。

　(2)単独または合計して会社の株式の１％以上を保有する株主は、株主会の開催10日前に臨時提案を提出することができ、書面で取締役会に提出する。臨時提案は明確的な議題と具体的な決議事項を有しなければならない。取締役会は、提案を受け取ってから２日以内に他の株主に通知し、その臨時提案を株主総会に提出して審議しなければならない。ただし、臨時提案が法律、行政規範または会社定款の規定に違反し、または株主会の職権範囲に属しない場合を除く。会社は臨時提案を提出した株主の持ち株比率を高めてはならない。株式を

公開発行する会社は、公告方式で前2項の規定の通知を作成しなければならない。

⑶株主会は通知に明記されていない事項に対して決議をしてはならない。

5 株主の議決権（第116条）

表4-25

2018年会社法	2023年会社法
第103条 　株主は株主総会に出席するとき、保有する一株に一議決権がある。ただし、会社が保有する自社株式には議決権はない。 　株主総会で決議するには、会議に出席する株主が持つ議決権の過半数により採択しなければならない。ただし、株主総会が会社定款の変更、登録資本金の増加または減少、及び会社の合併、分割、解散または会社組織形式の変更の決議を行う場合、会議に出席した株主が持つ議決権の3分の2以上により採択しなければならない。	第116条 　株主は株主会に出席するとき、保有する一株に一議決権があり、種類株の株主は除く。会社が保有する自社株式には議決権はない。 　株主会で決議するには、会議に出席する株主が持つ議決権の過半数により採択しなければならない。 　株主会が会社定款の変更、登録資本金の増加または減少、及び会社の合併、分割、解散または会社組織形式の変更の決議を行う場合、会議に出席した株主が持つ議決権の3分の2以上により採択しなければならない。

　2023年会社法第116条は、改正条文で株主の議決権に関する規定である。2018年会社法では株主の議決権については表4-25の左欄の通りに定めていた（第103条）。これに対して2023年会社法では株主の議決権について改正を行なった。本条規定のポイントは、以下の3つである（第116条）。

⑴株主は株主会に出席するとき、保有する一株に一議決権があり、種類株の株主は除く。会社が保有する自社株式には議決権はない。

⑵株主会で決議するには、会議に出席する株主が持つ議決権の過半数により採択しなければならない。

⑶株主会が会社定款の変更、登録資本金の増加または減少、および会社の合併、分割、解散または会社組織形式の変更の決議を行う場合、会議に出席した株主が持つ議決権の3分の2以上により採択しなければならない。

第Ⅰ部　改正　中国会社法

6　議決権の代理行使（第118条）

表4‑26

2018年会社法	2023年会社法
第106条 　株主は、代理人に株主総会会議への出席を依頼することができ、代理人は、会社に株主の委任状を提出し、授権範囲内で議決権を行使しなければならない。	第118条 　株主は代理人に株主会会議への出席を依頼する場合、代理人の代理する事項、権限と期限を明確しなければならない。代理人は、会社に株主の委任状を提出し、授権範囲内で議決権を行使しなければならない。

　2023年会社法第118条は、改正条文で株主議決権の代理行使に関する規定である。2018年会社法では株主議決権の代理行使について株主は、代理人に株主会会議への出席を依頼することができ、代理人は、会社に株主の委任状を提出し、授権範囲内で議決権を行使しなければならないと定めていた（第106条）。これに対して2023年会社法では株主の議決権について改正を行なった。本条規定のポイントは、以下の２つである（第118条）。

　(1)株主は代理人に株主会会議への出席を依頼する場合、代理人の代理する事項、権限と期限を明確しなければならない。

　(2)代理人は、会社に株主の委任状を提出し、授権範囲内で議決権を行使しなければならない。

7　取締役会の構成・職権（第120条）

　2023年会社法第120条は、改正条文で取締役会の構成・職権に関する規定である。2018年会社法では取締役会の構成・職権については表4‑27の左欄の通りに定めていた（第108条）。これに対して2023年会社法では権取締役会の構成・職権について改正を行なった。本条規定のポイントは、以下の３つである（第116条）。

　(1)株式会社は、取締役会を設置する。

　(2)本法第128条に別途規定がある場合を除く。つまり、規模が小さい又は株主数が少ない株式会社は、取締役会を設置せず、取締役１人を設置し、本法に規定される取締役会の職権を行使することができる。

　(3)本法第67条、第68条第１項、第70条、第71条の有限責任会社の関連規定は、株式会社に適用する。

第4章　会社機関設置の改善・上場会社の企業統治の強化

表 4 - 27

2018年会社法	2023年会社法
第108条 　株式会社は、取締役会を設置し、その構成員は 5 人から19人である。 　取締役会の構成員は従業員代表がいてもよい。取締役会における従業員代表は、従業員代表大会、従業員大会またはその他の形式で民主的な選挙を通じて選出される。 　本法第45条有限責任会社の取締役の任期に関する規定は、株式会社の取締役に適用する。 　本法第46条有限責任会社の取締役の職権に関する規定は、株式会社の取締役に適用する。	第120条 　株式会社は、取締役会を設置し、本法第128条に別途規定がある場合を除く。 　本法第67条、第68条第 1 項、第70条、第71条の規定は、株式会社に適用する。

8　取締役会への出席義務（第125条）

表 4 - 28

2018年会社法	2023年会社法
第112条 　取締役会会議は、取締役本人が出席しなければならない。取締役は事情があって出席できない場合、書面で他の取締役に代理出席を依頼することができ、委任状に授権範囲を記載しなければならない。 　取締役会は、議事事項の決定について会議記録を作成し、会議に出席した取締役は会議記録に署名しなければならない。 　取締役は、取締役会の決議に責任を負わなければならない。取締役会の決議が法律、行政規範または会社定款、株主総会決議に違反し、会社に重大な損失を与えた場合、決議に参加した取締役は会社に賠償責任を負う。ただし、採決時に異議を表明し会議記録に記載したことが証明された場合、当該取締役は、責任を免除することができる。	第125条 　取締役会会議は、取締役本人が出席しなければならない。取締役は事情があって出席できない場合、書面で他の取締役に代理出席を依頼することができ、委託書に授権範囲を記載しなければならない。 　取締役は取締役会の決議に責任を負わなければならない。取締役会の決議が法律、行政規範または会社定款、株主会決議に違反し、会社に重大な損失を与えた場合、決議に参加した取締役は会社に賠償責任を負う。採決時に異議を表明し会議記録に記載したことが証明された場合、当該取締役は責任を免除することができる。

第Ⅰ部　改正 中国会社法

　2023年会社法第125条は、改正条文で取締役の取締役会への出席義務に関する規定である。2018年会社法では取締役の取締役会への出席義務については表4−28の左欄の通りに定めていた（第112条）。これに対して2023年会社法では取締役の取締役会への出席義務について改正を行なった。本条規定のポイントは、以下の３つである（第125条）。

　⑴取締役会会議は、取締役本人が出席しなければならない。

　⑵取締役は事情があって出席できない場合、書面で他の取締役に代理出席を依頼することができ、委託書に授権範囲を記載しなければならない。

　⑶取締役は取締役会の決議に責任を負わなければならない。取締役会の決議が法律、行政規範または会社定款、株主会決議に違反し、会社に重大な損失を与えた場合、決議に参加した取締役は会社に賠償責任を負う。採決時に異議を表明し会議記録に記載したことが証明された場合、当該取締役は責任を免除することができる。

9　経理の設置および職権（第126条）

　2023年会社法第126条は、改正条文で経理の設置及び職権に関する規定である。2018年会社法では経理の設置および職権については表4−29の左欄の通りに定めていた（第113条）。これに対して2023年会社法では経理の設置及び職権について改正を行なった。本条規定のポイントは、以下の三つである（第126条）。

　⑴株式会社は、経理を設置し、取締役会がその選任または解任を決定する。

　⑵経理は、取締役会に責任を負い、会社定款の規定または取締役会の授権によりその職権を行使する。

　⑶経理が取締役会会議に列席する。

表4−29

2018年会社法	2023年会社法
第113条 　株式会社は、経理を設置し、取締役会が選任または解任を決定する。 　本法第49条有限責任会社の経理職権に関する規定は、株式会社に適用する。	第126条 　株式会社は、経理を設置し、取締役会が選任または解任を決定する。 　経理は、取締役会に責任を負い、会社定款の規定または取締役会の授権によりその職権を行使する。経理が取締役会会議に列席する。

第4章　会社機関設置の改善・上場会社の企業統治の強化

10　取締役会設置の例外規定（第128条）

2023年会社法第128条は、新規条文で中小株式会社の取締役会設置の例外規定に関する規定である。本条の規定は、初めて中小株式会社の取締役会設置の例外規定を導入した。本条規定のポイントは、下記の2つである（第128条）。

⑴規模が小さい又は株主数が少ない株式会社は、取締役会を設置せず、取締役1人を設置し、本法に規定される取締役会の職権を行使することができる。

⑵当該取締役は、経理を兼任することができる。

規模が小さいか株主数が少ない株式会社は、株主が企業統治への参加度が高く、会社の組織機構が簡略化され、会社の組織機構運営コストを下げ、会社運営効率を高め、取締役会または監査役会を設置しないことができる。株式会社は取締役会を設置せず、1人の取締役を設置し、取締役会の職権を行使することもできる。この取締役は経理を兼任することができる。[2]

11　監査役会の設置・構成（第130条）

2023年会社法第130条は、改正条文で監査役会の設置・構成に関する規定である。2018年会社法では監査役会の設置・構成については4-30の左欄の通りに定めていた（第117条）。これに対して2023年会社法で監査役会の設置・構成について改正を行なった。本条規定のポイントは、以下の5つである（第130条）。

⑴株式会社は、監査役会を設置し、本法第121条第1項、第133条に別途規定がある場合を除く。

⑵監査役会の構成員は3人以上で監査役会の構成員は株主代表と適当な割合の従業員代表を含み、その中の従業員代表の割合は3分の1を下回ってはならず、具体的な割合は会社定款により規定される。監査役会の従業員代表は、従業員代表大会、従業員大会またはその他の形式で民主的な選挙により選出される。

⑶監査役会は、議長1名義を設置し、副議長を設置することができる。監査役会議長と副議長は、監査役全員の過半数により選出される。監査役会議長は監査役会会議を招集と司会する。

⑷監査役会議長が職務を履行できない場合、または職務を履行しない場合、監査役会副議長が監査役会会議を招集と司会する：監査役会副議長が職務を履

109

第Ⅰ部　改正 中国会社法

表4‐30

2018年会社法	2023年会社法
第117条 　株式会社は監査役会を設置し、その構成員は３人を下回ってはならない。 　監査役会は株主代表と適切な割合の従業員代表を含み、その中の従業員代表の割合は３分の１を下回ってはならず、具体的な割合は会社定款によって規定される。監査役会における従業員代表は、従業員代表大会、従業員大会またはその他の形式で民主的な選挙を通じて選出される。 　監査役会は議長を１人設置し、副議長を設置することができる。監査役会議長と副議長は、監査役全員の過半数で選出される。監査役会議長は監査役会会議を招集と司会する。監査役会議長が職務を履行できない、または職務を履行しない場合、監査役会副議長が監査役会会議を招集と司会する；監査役会副議長が職務を履行できない、または職務を履行しない場合、半数以上の監査役が共同で１名の監査役を推薦して監査役会議を招集と司会する。 　取締役、高級管理者は監査役を兼任してはならない。 　本法第52条有限責任会社の監査役の任期に関する規定は、株式会社の監査役に適用する。	第130条 　株式会社は監査役会を設置し、本法第121条第１項、第133条に別途規定がある場合を除く。 　監査役会の構成員は３人以上で監査役会の構成員は株主代表と適切な割合の従業員代表を含み、その中の従業員代表の割合は３分の１を下回ってはならず、具体的な割合は会社定款によって規定される。監査役会における従業員代表は、従業員代表大会、従業員大会またはその他の形式で民主的な選挙を通じて選出される。 　監査役会は議長を１人設置し、副議長を設置することができる。監査役会議長と副議長は、監査役全員の過半数で選出される。監査役会議長は監査役会会議を招集と司会する。監査役会議長が職務を履行できない、または職務を履行しない場合、監査役会副議長が監査役会会議を招集と司会する；監査役会副議長が職務を履行できない、または職務を履行しない場合、過半数の監査役が共同で１名の監査役を推薦して監査役会議を招集と司会する。 　取締役、高級管理者は監査役を兼任してはならない。 　本法第77条有限責任会社の監査役の任期に関する規定は、株式会社の監査役に適用する。

行できない場合、または職務を履行しない場合、過半数の監査役が共同で推薦する１名の監査役が監査役会議を招集と司会する。

　⑸取締役、高級管理者は監査役を兼任してはならず本法第77条有限責任会社の監査役の任期に関する規定は、株式会社の監査役に適用する。

12 監査役会の職権（第131条）

表 4 - 31

2018年会社法	2023年会社法
第118条 　本法第53条、第54条有限責任会社監査役会の職権に関する規定は、株式会社監査役会に適用する。 　監査役会の職権行使に必要な費用は、会社が負担する。	第131条 　本法第78条から第80条まで有限責任会社監査役会の職権に関する規定は、株式会社の監査役会に適用する。 　監査役会の職権行使に必要な費用は、会社が負担する。

13 監査役会の議事方式および決議手続（第132条）

表 4 - 32

2018年会社法	2023年会社法
第119条 　監査役会は、少なくとも6か月に1回会議を開催する。監査役は、臨時監査役会会議の開催を提案することができる。 　監査役会の議事方式及び採決手順は、本法に規定がある場合を除き、会社定款により規定する。 　監査役会決議は、半数以上の監査役によって採択しなければならない。 　監査役会は、審議事項の決定に関する会議記録を作成し、会議に出席した監査役は会議記録に署名しなければならない。	第132条 　監査役会は、少なくとも6か月に1回会議を開催する。監査役は臨時監査役会会議の開催を提案することができる。 　監査役会の議事方式及び採決手順は、本法に規定がある場合を除き、会社定款により規定する。 　監査役会決議は、過半数の監査役によって採択しなければならない。監査役会決議の採決は、1人に1票としなければならない。 　監査役会は、審議事項の決定に関する会議記録を作成し、会議に出席した監査役は会議記録に署名しなければならない。

　2023年会社法第132条は、改正条文で監査役会の議事方式および決議手続に関する規定である。2018年会社法では監査役会の議事方式および決議手続については表4-32の左欄の通りに定めていた（第119条）。これに対して2023年会社法で監査役会の議事方式および決議手続について改正を行なった。本条規定のポイントは、以下の3つである（第132条）。

　(1)監査役会は、少なくとも6か月に1回会議を開催する。監査役は臨時、監

第Ⅰ部　改正 中国会社法

査役会会議の開催を提案することができる。監査役会の議事方式及び採決手順
は、本法に規定がある場合を除き、会社定款により規定する。

⑵監査役会決議は、過半数の監査役によって採択しなければならない。監査
役会決議の採決は、1人に1票としなければならない。

⑶監査役会は、審議事項の決定に関する会議記録を作成し、会議に出席した
監査役は会議記録に署名しなければならない。

14　監査役会設置の例外規定（第133条）

2023年会社法第133条は、新規条文で中小株式会社の監査役会設置の例外に
関する規定である。本条の規定は、初めて中小株式会社の監査役会設置の例外
規定を導入した。本条規定は、下記の通りである（第133条）。つまり規模が小
さい又は株主人数が少ない株式会社は、監査役会を設置せず、監査役1名を設
置し、本法に規定される監査役会の職権を行使することができる。

三　上場会社の特別規定

1　株主会の特別決議事項（第135条）

表 4 - 33

2018年会社法	2023年会社法
第121条 　上場会社が1年以内に重大な資産の購入、売却または担保金額が会社の資産総額の30％を超えた場合は、株主総会により決議しなければならず、会議に出席した議決権の3分の2以上を保有する株主より採択しなければならない。	第135条 　上場会社が1年以内に重大な資産の購入、売却または他人に担保を提供する金額が会社の資産総額の30％を超えた場合は、株主総会により決議しなければならず、会議に出席した議決権の3分の2以上を保有する株主より採択しなければならない。

2023年会社法第135条は、改正条文で上場会社の株主会の特別決議事項に関
する規定である。2018年会社法では上場会社の株主会の特別決議事項について
上場会社が1年以内に重大な資産の購入、売却または担保金額が会社の資産総
額の30％を超えた場合は、株主総会により決議しなければならず、会議に出席
した議決権の3分の2以上を保有する株主より採択しなければならないと定め
ていた（第121条）。これに対して2023年会社法では上場会社が1年以内に重大
な資産の購入、売却または他人に担保を提供する金額が会社の資産総額の30％

を超えた場合は、株主総会により決議しなければならず、会議に出席した議決権の3分の2以上を保有する株主により採択しなければならないと規定している（第135条）。

2 独立取締役および定款自治（第136条）

表4-34

2018年会社法	2023年会社法
第122条 　上場会社は独立取締役を設置し、具体的な方法は国務院が規定する。	第136条 　上場会社は、独立取締役を設置し、具体的な方法は、国務院証券監督管理機構が規定する。 　上場会社の会社定款は、本法第95条に規定される事項を明記するほか、法律、行政規範の規定に基づいて取締役会専門委員会の構成、職権と議事規則及び取締役、監査役と高級管理者の報酬と考査仕組みなどの項目を明示しなければならない。

　2023年会社法第136条は、改正条文で独立取締役および定款自治に関する規定である。2018年会社法ではについて上場会社は、独立取締役を設置し、具体的な方法は国務院が規定すると定めていた（第122条）。これに対して2023年会社法で独立取締役および定款自治について改正を行なった。本条規定のポイントは、以下の2つである（第136条）。

　(1)上場会社は、独立取締役を設置し、具体的な方法は、国務院証券監督管理機構が規定する。

　(2)上場会社の会社定款は、本法第95条に規定される事項を明記するほか、法律、行政規範の規定に基づいて取締役会専門委員会の構成、職権と議事規則及び取締役、監査役と高級管理者の報酬と考査仕組みなどの項目を明示しなければならない。

3 審計委員会の事前審議事項（第137条）

　2023年会社法137条は、新規条文で取締役会における審計委員会に関する規定である。本条規定のポイントは、下記の四つである（第137条）。

　上場会社が取締役会の審計委員会を設置する場合、取締役会は、以下の事項

第Ⅰ部　改正 中国会社法

に関連する決議を行う前に審計委員会の全構成員の過半数により採択しなければならない：

(1)会社の監査業務を請け負う会計士事務所の招聘、解任；

(2)財務責任者の招聘、解任；

(3)財務会計報告の開示；

(4)国務院証券監督管理機構が規定するその他の事項。

4　利害関係のある取締役の避止義務（第139条）

表4‐35

2018年会社法	2023年会社法
第124条 　上場会社の取締役が取締役会会議の決議事項に関連する企業と関連関係がある場合は、その決議について議決権を行使してはならず、他の取締役に代わって議決権を行使してはならない。取締役会会議は過半数の無関連取締役が出席すれば開催でき、取締役会会議での決議は無関連取締役の過半数で採択されなければならない。取締役会に出席した無関連取締役の数が3人未満の場合は、当該事項を上場会社の株主総会に提出し、審議しなければならない。	第139条 　上場会社の取締役が取締役会会議の決議事項に関連する企業または個人と関連関係がある場合、当該取締役は適時に取締役会に書面で報告しなければならない。関連関係のある取締役は、この決議に対して議決権を行使してはならず、他の取締役に代わって議決権を行使してはならない。取締役会会議は過半数の無関連取締役が出席すれば開催でき、取締役会会議での決議は無関連取締役の過半数で採択されなければならない。取締役会に出席した無関連取締役の数が3人未満の場合は、当該事項を上場企業の株主会に提出し、審議しなければならない。

　2023年会社法第139条は、改正条文で関連関係のある取締役の議決権行使避止義務に関する規定である。2018年会社法ではについて関連関係のある取締役の議決権行使避止義務について上記表左欄の通りに定めていた（第124条）。これに対して2023年会社法で取締役の議決権行使避止義務について改正を行なった。本条規定のポイントは、以下の2つである（第139条）。

　(1)上場会社の取締役が取締役会会議の決議事項に関連する企業または個人と関連関係がある場合、当該取締役は適時に取締役会に書面で報告しなければならない。関連関係のある取締役は、この決議に対して議決権を行使してはならず、他の取締役に代わって議決権を行使してはならない。

　(2)取締役会会議は過半数の無関連取締役が出席すれば開催でき、取締役会会

議での決議は無関連取締役の過半数で採択されなければならない。取締役会に
出席した無関連取締役の数が３人未満の場合は、当該事項を上場企業の株主会
に提出し、審議しなければならない。

5　支配株主等の関連情報の開示義務（第140条）

2023年会社法140条は、新規条文で支配株主等の関連情報の開示義務に関す
る規定である。本条規定のポイントは、下記の２つである（第140条）。

(1)上場会社は法に基づいて支配株主、実質的支配者の情報を開示しなければ
ならず、関連情報は真実、確実、完全でなければならない。

(2)法律、行政規範の規定に違反して上場会社の株式を代理保有することを禁
止する。

6　子会社による親上場会社の株式取得の禁止（第141条）

2023年会社法141条は、新規条文で子会社による親上場会社の株式取得の禁
止に関する規定である。本条規定のポイントは、下記の２つである（第141条）。

(1)上場会社の持株子会社は、その上場会社の株式を取得してはならない。

(2)上場会社持株子会社が会社合併、質権行使などの原因で上場会社の株式を
保有している場合、保有株式に対応する議決権を行使してはならず、関連上場
会社の株式を適時に処分しなければならない。

7　上場会社の情報開示（第166条）

表 4 - 36

2018年会社法	2023年会社法
第145条 　上場会社は法律、行政規範の規定に基づいて、その財務状況、経営状況及び重大な訴訟を公開し、会計年度内の半期ごとに一回財務会計報告書を公表しなければならない。	第166条 　上場会社は法律、行政規範の規定に基づいて関連情報を開示しなければならない。

2023年会社法第166条は、改正条文で上場会社の情報開示に関する規定であ
る。2018年会社法では上場会社の情報開示について上場会社は法律、行政規範
の規定に基づいて、その財務状況、経営状況及び重大な訴訟を公開し、会計年
度内の半期ごとに一回財務会計報告書を公表しなければならないと定めていた

第Ⅰ部　改正 中国会社法

（第145条）。これに対して2023年会社法では上場会社の情報開示について上場会社は法律、行政規範の規定に基づいて関連情報を開示しなければならないと規定している（第166条）。

　上場会社の株式は、法に基づいて設立された証券取引所で取引され、多くの投資家に直面している。投資家が投資意思決定を行い、投資家の合法的権益を保護するために、上場会社は会社の関連状況をタイムリーかつ正確に開示しなければならない。[3]

第2節　会社法第59条・67条・74条の立法過程における学説論争

会社機関の設置・権限配分をめぐる学説論争

1　株主会中心主義

株主会中心主義説は、以下のように強調している。

(1)19世紀以降、各国の会社法は株主会を最高の権力機関と規定している。株主は会社の最高利益の享受者であるため、会社権力の支配者であるべきである。大陸法系の国は株主会を最高の権力機関と考えており、取締役会は株主会決議を機械的に実行するだけである。英米仏系諸国も取締役会は会社の代理人にすぎないと考えており、当然株主会の支配を受けなければならない。[4]

(2)我が国の会社法では株主会中心主義の原則を堅持している。会社法では株主会とは会社の権力機関として規定し（第36条）、株主会に取締役会の報告を審議・承認する権限があると定め（第37条）、また、取締役会が株主会に対して責任を負うという明文規定もある（第46条）。もちろん取締役会が会社定款の規定又は株主会が付与されるその他の職権を有する（第46条）が、株主会が取締役会に授権することができない、専属的権限を享有するべきである。これは、会社法が会社制度として会社機関の権限配分を決める基礎である。[5]

2　取締役会中心主義

取締役会中心主義説は、以下のように主張している。

20世紀初頭から世界的に会社法分野では判例と立法に取締役会中心主義のガバナンスモデルが登場した。米国デラウェア州は、1899年に州会社法を改正し、取締役会の会社業務に対する権限配分を確定した。1950年に全米弁護士協会が起草した『米国標準商事会社法』は、定款と株主協議に別途約束があるほ

か、取締役会が「会社のすべての権利」を享受していることをさらに明らかにした。英国の取締役会中心主義の確定は1906年、英国控訴裁判所の「オートフィルタ社案」に始まり、判決では取締役会の独立性、すなわち定款の授権の範囲内で、取締役会は株主会の介入を受けずに独立して業務執行を決定することができることが明らかになった。大陸法では1937年の『ドイツ株式会社法』が取締役会の会社業務を管理する際の主導性と独立性を認め、株主会はもはや会社の運営の中核とみなされなくなった。日本法は株主会中心主義の立法モデルを採用しており、1899年に実施された明治商法では株主会は最高意思決定機関であり、会社のすべての事務を決定することができる万能機関でした。1950年戦後の日本でも「商法典」が改正され、取締役会を中心としたコーポレートガバナンス構造が確立した。そのうち、旧商法第260条は「株式会社の業務執行は原則として取締役会が決定する」と規定し、第230条は「株主総会は本法又は定款に規定する事項に限定する決議をすることができる」と規定していた[6]。

取締役会中心主義は、株主利益の最大化に対する否定と反発を意味するものではない」とし、取締役会が株主利益を代表するならば、取締役会を中心にすることが株主利益の最大化を実現する最適な道と手段になるかもしれない。取締役会中心主義は後発のガバナンスモデルとして多くの面で特有の制度的優位性とより十分な法理的根拠を示している。まず重要なのは、会社の経営効率化と企業管理の専門性の追求における優位性である[7]。

中国のコーポレートガバナンスモデルの選択の方向性と考え方はすでにはっきりしており、株主会中心主義と取締役会中心主義、さらには経理層中心主義または支配株主中心主義の多種のモデルに直面して、会社法改正改革とコーポレートガバナンスモデル最適化の選択の使命と任務は、それに対して「二者択一」または「多者択一」のいずれかを選択し、排他的な選択を行うのではなく、会社が客観的に必要とする適切性または適合性の配置に応えることである。複数のガバナンスモデルを設計し、肯定した上で、ガバナンスモデルの規範を法律の任意性で与え、会社の当事者が自身の需要と異なる状況に基づいて自主的に決定することをみとめるべきである[8]。

第Ⅰ部　改正 中国会社法

3　株主中心主義

　⑴株主中心主義説は、株主会中心主義、取締役会中心主義との論争を超えて、株主中心主義に基づくコーポレートガバナンス制度を全面的に再構築することを主張している。株主中心主義には、株主主権、株主平等、株主民主、株主誠実、弱者への配慮という６つの内容が含まれている。中国民法典と会社法の規定では会社が営利を目的とする営利法人の属性を確認し、株主会の権力機構の地位を維持することは、株主中心主義の全面的な確認を意味する。株主中心主義のガバナンスモデルは中国の国情に立脚し、国際慣例と結びつき、株主主権を尊重し、株主自治を奨励し、株主全体に恩恵を与え、企業家精神を発揚し、会社の持続可能な発展を促進できる最も現実的な会社ガバナンスモデルである。[9]

　⑵株主中心主義と株主会中心主義には一字の差があるが、両者はつながりがあり、違いもある。前者の場合は、基礎と前提であり、後者は核心と鍵である。前者は後者を含み、外延はより広く、内包はより豊富である。株主の固有権、核心的な権利、基本的な自由が株主会というプラットフォームを利用して行使されるとは限らない。多くの株主権利（配当権、知る権利、株主代表訴訟の提起権など）は単独株主権であり、１人の株主が単独で行使することができる。一部の株主の権利（例えば、自ら株主会会議を招集する権利と提案権）は少数株主権であり、持株比率と期限を行使の敷居とするが、株主会決議を必要としない。そのため、株主会中心主義は、小さな概念であり、株主中心主義は大きな概念である。「株主会中心」と「会社権力機構」、「会社の最終支配権」の表現は異なるが、基本的には相互作用に共通する同義語に属する。[10]

第３節　四回の修訂草案審議稿から見た会社法第59条・67条・74条の立法過程

1　株主会の設置とその権限について

株主会の法定職権の縮小

　2023年会社法は、2018年会社法第37条第１項１号「会社の経営方針と投資計画を定める：5号会社の年度財務予算方案、決算方案を審議、批准する」という２つの法定職権を削除した（第59条１項）。また、株主会は、社債の発行に関する決議を取締役会に授権することができると規定している（第59条第２項）。

第4章　会社機関設置の改善・上場会社の企業統治の強化

表4 - 37

会社法 修訂草案1審稿	会社法 修訂草案2審稿	会社法 修訂草案3審稿	会社法 修訂草案4審稿
第54条 　株主会は、以下の職権を行使する： ⑴会社の経営方針と投資計画を定める； ⑵取締役・監査役を選出、交代し、取締役・監査役に関する報酬事項を決定する； ⑶取締役会の報告を審議、批准する； ⑷監査役会報告を審議、批准する； ⑸会社の年度財務予算方案、決算方案を審議、批准する； ⑹会社の利益配当方案と欠損填補方案を審議、批准する； ⑺会社の登録資本金の増加または減少について決議する； ⑻社債の発行について決議する； ⑼会社の合併、分割、解散、清算または会社の形式変更について決議する； ⑽定款を修正する； ⑾会社定款に規定されたその他の職権。 　前項に掲げる事項について全株主が書面により一致で合意した場合、株主会会議を開催せずに直接的に決めることがで	第59条 　株主会は、以下の職権を行使する： ⑴取締役・監査役の選出、交代し、取締役・監査役に関する報酬事項を決定する； ⑵取締役会の報告を審議、批准する； ⑶監査役会の報告を審議、批准する； ⑷会社の利益配当方案と欠損填補方案を審議、批准する； ⑸会社の登録資本金の増加または減少について決議する； ⑹社債の発行について決議する； ⑺会社の合併、分割、解散、清算または会社の形式変更について決議する； ⑻定款を修正する； ⑼会社定款に規定されたその他の職権。 　株主会は、社債の発行に関する決議を取締役会に授権することができる。 　本条第1項に掲げる事項について全株主が書面により一致で合意した場合、株主会会議を開催せずに直接的に決めるこ	第59条 　株主会は、以下の職権を行使する： ⑴取締役・監査役の選出、交代し、取締役・監査役に関する報酬事項を決定する； ⑵取締役会の報告を審議、批准する； ⑶監査役会の報告を審議、批准する； ⑷会社の利益配当方案と欠損填補方案を審議、批准する； ⑸会社の登録資本金の増加または減少について決議する； ⑹社債の発行について決議する； ⑺会社の合併、分割、解散、清算または会社の形式変更について決議する； ⑻定款を修正する； ⑼会社定款に規定されたその他の職権。 　株主会は、社債の発行に関する決議を取締役会に授権することができる。 　本条第1項に掲げる事項について全株主が書面により一致で合意した場合、株主会会議を開催せずに直接的に決めるこ	第59条 　株主会は、以下の職権を行使する： ⑴取締役・監査役の選出、交代し、取締役・監査役に関する報酬事項を決定する； ⑵取締役会の報告を審議、批准する； ⑶監査役会の報告を審議、批准する； ⑷会社の利益配当方案と欠損填補方案を審議、批准する； ⑸会社の登録資本金の増加または減少について決議する； ⑹社債の発行について決議する； ⑺会社の合併、分割、解散、清算または会社の形式変更について決議する； ⑻定款を修正する； ⑼会社定款に規定されたその他の職権。 　株主会は、社債の発行に関する決議を取締役会に授権することができる。 　本条第1項に掲げる事項について全株主が書面により一致で合意した場合、株主会会議を開催せずに直接的に決めるこ

第Ⅰ部　改正　中国会社法

き、かつ株主全員が決定書類に署名しまたは捺印する。	とができ、かつ株主全員が決定書類に署名しまたは捺印する。	とができ、かつ株主全員が決定書類に署名しまたは捺印する。	とができ、かつ株主全員が決定書類に署名しまたは捺印する。

株主会の法定職権が縮小された（第59条1項）[11]。

2　取締役会の設置とその権限について

表4‑38

会社法 修訂草案1審稿	会社法 修訂草案2審稿	会社法 修訂草案3審稿	会社法 修訂草案4審稿
第62条 　有限責任会社は取締役会を設置する。取締役会は会社の執行機関であり、本法と会社定款の規定を行使することは株主会の職権以外の権利職に属する。 　会社定款における取締役会権力の制限に対して、善意の第三者に対抗してはならない。	第67条 　有限責任会社が取締役会を設置するには、本法第75条に別途規定がある場合を除く。 取締役会は以下の職権を行使する： (1)株主会会議を招集し、株主会に仕事を報告する； (2)株主会の決議を執行する； (3)会社の利益配当方案と欠損塡補方案を制定する； (4)会社が登録資本金を増加または減少し及び会社の社債を発行する方案を制定する； (5)会社の合併、分割、解散または会社の形式を変更する方案を制定する； (6)社内管理機関の設置を決定する；	第67条 　有限責任会社が取締役会を設置するには、本法第75条に別途規定がある場合を除く。 取締役会は以下の職権を行使する： (1)株主会会議を招集し、株主会に仕事を報告する； (2)株主会の決議を執行する； (3)会社の利益配当方案と欠損塡補方案を制定する； (4)会社が登録資本金を増加または減少し及び会社の社債を発行する方案を制定する； (5)会社の合併、分割、解散または会社の形式を変更する方案を制定する； (6)社内管理機関の設置を決定する；	第67条 　有限責任会社が取締役会を設置するには、本法第75条に別途規定がある場合を除く。 　取締役会は以下の職権を行使する： (1)株主会会議を招集し、株主会に仕事を報告する； (2)株主会の決議を執行する； (3)会社の経営計画と投資方案を決定する； (4)会社の利益配当方案と欠損塡補方案を制定する； (5)会社が登録資本金を増加または減少し及び会社の社債を発行する方案を制定する； (6)会社の合併、分割、解散または会社の形式を変更する方案を制定する；

(7)会社の経理の選任または解任とその報酬を決定し、経理の指名に基づいて会社の副経理を選任または解任し、及びその報酬を決定する； (8)会社の基本管理制度を制定する； (9)会社定款の規定又は株主会が付与されるその他の職権。 　会社定款における取締役会権力の制限に対して、善意の第三者に対抗してはならない。	(7)会社の経理の選任または解任とその報酬を決定し、経理の指名に基づいて会社の副経理を選任または解任し、及びその報酬を決定する； (8)会社の基本管理制度を制定する； (9)会社定款の規定又は株主会が付与されるその他の職権。 　会社定款における取締役会権力の制限に対して、善意の第三者に対抗してはならない。	(7)社内管理機関の設置を決定する； (8)会社の経理の選任または解任とその報酬を決定し、経理の指名に基づいて会社の副経理を選任または解任し、及びその報酬を決定する； (9)会社の基本管理制度を制定する； (10)会社定款の規定又は株主会が付与されるその他の職権。 　会社定款における取締役会権力の制限に対して、善意の第三者に対抗してはならない。

取締役会の法定職権の拡大

　2023年会社法では有限責任会社の取締役会の職権等について重要な改正を行なった。今回改正のポイントは、以下の３つである。

　(1)有限責任会社が取締役会を設置し、本法第75条に別途規定がある場合を除く。すなわち、規模が小さい、または株主数が少ない有限責任会社は、取締役会を設置せず、１名の取締役を設置でき、本法の規定により取締役会の職権を行使する。

　(2)2018年会社法第46条第１項４号会社の年度財務予算方案、決算方案を制定するという内容が削除された[12]。

　(3)会社定款の規定又は株主会により付与されるその他の職権という内容が追加された（第67条第２項10号）。

第Ⅰ部　改正 中国会社法

3　経理の設置とその権限について

表 4 - 39

会社法 修訂草案 1 審稿	会社法 修訂草案 2 審稿	会社法 修訂草案 3 審稿	会社法 修訂草案 4 審稿
第69条 　有限責任会社は経理を設置し、取締役会が任命または解任を決定することができる。 　経理は取締役会に対して責任を負い、会社定款の規定または取締役会の授権に基づいて職権を行使する。経理は取締役会会議に出席する。	第74条 　有限責任会社は経理を設置し、取締役会が任命または解任を決定することができる。 　経理は取締役会に対して責任を負い、会社定款の規定または取締役会の授権に基づいて職権を行使する。経理は取締役会会議に出席する。	第74条 　有限責任会社は経理を設置し、取締役会が任命または解任を決定することができる。 　経理は取締役会に対して責任を負い、会社定款の規定または取締役会の授権に基づいて職権を行使する。経理は取締役会会議に出席する。	第74条 　有限責任会社は経理を設置し、取締役会が任命または解任を決定することができる。 　経理は取締役会に対して責任を負い、会社定款の規定または取締役会の授権に基づいて職権を行使する。経理は取締役会会議に出席する。

経理の法定職権の削除

2023年会社法では有限責任会社経理の任意設置および職権について第49条1項の8項目の法定職権を削除した上、以下の通りに定めている（第74条）。

(1)有限責任会社は経理を設置できるし、取締役会がその選任または解任を決定する。

(2)経理は取締役会に対して責任を負い、会社定款の規定または取締役会の授権に基づいて職権を行使する。経理は取締役会会議に列席する[13]。

4　立法機関の見解

中国の立法機関は、会社の組織機関の設置および権限配分について下記の見解を示した。

(1)中国の特色ある現代企業制度の完備に関する党中央の要求を貫徹、実行し、中国の会社制度革新の実践経験を深く総括し、会社組織機構の設置の面で会社により大きな私的自主権を与える。第1に、取締役会のコーポレートガバナンスにおける地位を強化し、民法典の関連規定に基づいて取締役会が会社の業務執行機関であることを明確にする。第2に、国有独資会社、国有資本投資

第 4 章　会社機関設置の改善・上場会社の企業統治の強化

運営会社の取締役会建設実践に基づき、中国企業の海外進出及び外商投資企業が中国への投資に便宜を提供し、会社が単層制の機関設計（取締役会のみを設置し、監査役会を設置しないこと）を選択することができると認める。会社が取締役会のみを設置することを選択した場合、取締役会に取締役からなる審計委員会を設置して監督を担当しなければならないが、このうち、株式会社の場合は、審計委員会の構成員の過半数は、非執行役員でなければならない。第3に、会社の組織機関の設置をさらに簡略化し、規模の小さい会社の場合は、取締役会を設置しないこともできるし、株式会社には1〜2人の取締役を設置し、有限責任会社には1人の取締役または経理を設置し、規模の小さい会社では、監査役会を設置せず1〜2人の監査役を設置する[14]。

　(2)第1に、国務院証券監督管理機構に上場会社の独立取締役に関する具体的な管理方法を規定する権限を与えた。第2に、上場会社審計委員会の職権に関する規定を増加した。第3に、上場会社が法に基づいて株主、実質的支配者の情報を開示しなければならないし、関連情報は真実、正確、完全でなければならず、法律、行政法規の規定に違反して上場会社の株式を代理保有することを禁止すると明記した。第4に、上場会社の持株子会社が当該上場会社の株式を取得してはならず、持株子会社が会社の合併、質権行使などの原因で上場会社の株式を保有している場合、保有株式に対応する議決権を得られず、関連上場会社の株式を適時に処分しなければならないことを明確にした[15]。

[注]

1）　徐強胜『公司法 規則与応用』中国法制出版社、2024年、232頁。趙旭東主編・劉斌副主編『2023新公司法条文解釈』法律出版社、2024年、2-3頁。

2）　朱慈蘊主編『新公司法条文精解』中国法制出版社、2024年、211頁。李建偉主編『公司法評釈』法律出版社、2024年、4頁。

3）　徐強胜前掲注1）382頁。

4）　曹興権・黄超穎「股東会授権董事会的底線：権利配置基礎結構維持原則」『財経法学』2017年第3期、82頁。銭玉林「経理地位的法律邏輯分析」『法学』2010年第8期、58頁。

5）　銭玉林前掲注4）、58頁。

6）　趙旭東「股東会中心抑或董事会中心主義？」『民商法学』2021年10月、66-67頁。趙旭東「再思公司経理的法律定位與制度設計」『法律科学』2021年第3期、50-52頁。劉斌「董事会権力的失焦與矯正」『法律科学』2023年第1期、66頁。

7）　趙旭東前掲注6）、72-74頁。

8）　趙旭東前掲注6）、76-77頁。

第Ⅰ部　改正 中国会社法

9）　劉俊海著『新公司法的制度創新』中国法制出版社、2024年、12頁。

10）　劉俊海前掲注９）、76-77頁。

11）　李建偉「公司決議無効的類型化研究」『法学雑誌』2022年第４期。梁上上「公司権力的帰属」『政法論壇』2021年９月第39卷第５期、45頁。

12）　葉林「股東会決議無効的公司法解釈」『法学研究』Vol. 42 No. 3、2020年、78頁。

13）　許可「股東会與董事会分権制度研究」『中国法学』2017年第２期、22頁。

14）　王瑞賀「関于『中華人民共和国公司法（修訂草案)』的説明」中華人民共和国全人代常務委員会公報2024年第１号、36頁。

15）　江必新「関于『中華人民共和国公司法（修正草案)』修改情況汇报」中華人民共和国全人代常務委員会公報2024年第１号、38頁。

第5章　取締役・監査役・高級管理者の責任強化

第1節　2023年会社法の改正条文（新規条文を含む）の解釈

1　取締役・監査役・高級管理者の欠格要件（第178条）

表5-1

2018年会社法	2023年会社法
第146条 　以下のいずれかの状況がある場合、会社の取締役、監査役、高級管理者を務めてはならない： ⑴民事行為能力がない、または民事行為能力が制限される： ⑵汚職、賄賂、財産の横領、財産の流用、または社会主義市場経済秩序の破壊のため、刑罰を課され、執行期限が5年未満、あるいは犯罪のため政治的権利を奪われ、執行期限が5年未満の場合； ⑶破産清算を担当する会社、企業の取締役又は工場長、経理が、当該会社は企業の破産に対して個人的責任を負う場合は、当該会社、企業の破産清算が終了した日から3年を経過していない場合； ⑷違法に営業許可証を取り消され、閉鎖を命じられた会社、企業の法定代表者を務め、個人の責任を負う場合、当該会社、企業が営業許可証を取り消された日から3年を経過していない場合； ⑸個人の負担額が大きい債務の満期未返済する場合。 　会社が前項の規定に違反して取締役、監査役を選挙、委任し、又は高級管理者を招聘した場合、当該選挙、委任又は招聘は無効である。 　取締役、監査役、高級管理者が在任中に本条第1項に掲げる状況が生じた場合、会社は	第178条 　以下のいずれかの状況がある場合、会社の取締役、監査役、高級管理者を務めてはならない： ⑴民事行為能力がない、または民事行為能力が制限される場合； ⑵汚職、賄賂、財産の横領、財産の流用、または社会主義市場経済秩序の破壊のため、刑罰を課され、執行期限が5年未満、あるいは犯罪のため政治的権利を奪われ、執行期限が5年未満、実刑猶予を宣告された場合、実刑猶予の試練が満了した日から2年未満の場合； ⑶破産清算を担当する会社、企業の取締役又は工場長、経理が、当該会社は企業の破産に対して個人的責任を負う場合は、当該会社、企業の破産清算が終了した日から3年を経過していない場合； ⑷違法により営業許可証を取り消され、閉鎖を命じられた会社、企業の法定代表者を務め、かつ個人の責任を負う場合、当該会社、企業が営業許可証を取り消され、閉鎖を命じられた日から3年を経過していない場合； ⑸個人が負担額の大きい債務の満期により返済されていないため、人民法院は信用喪失被執行人として指定された場合。 　前項の規定に違反して取締役、監査役を選挙、委任し、又は高級管理者を招聘した場合、当該選挙、委任又は招聘は無効である。

その職務を解除しなければならない。	取締役、監査役、高級管理者が在任中に本条第１項に掲げる状況が生じた場合、会社はその職務を解除しなければならない。

2023年会社法第178条は、改正条文で取締役・監査役・高級管理者の選任資格に関する規定である。本条改正のポイントは下記の２つである。

⑴財産的犯罪行為を表す範囲を「実刑猶予を宣告された場合、実刑猶予の試練が満了した日から２年未満」まで拡大した。

⑵個人が負担額の大きい債務の満期により返済されていないため、人民法院は信用喪失被執行人として指定された場合。

2　取締役・監査役・高級管理者の忠実・勤勉義務（第180条）

表５－２

2018年会社法	2023年会社法
第147条第１項 取締役・監査役・高級管理職の忠実・勤勉義務について取締役、監査役、高級管理者は法律、行政規範と会社定款を遵守し、会社に対して忠実義務と勤勉義務を負わなければならない。	第179条 取締役、監査役、高級管理者は法律、行政規範と会社定款を遵守しなければならない。 第180条 取締役、監査役、高級管理者は会社に対して忠実義務と勤勉義務を負い、自分の利益と会社の利益の衝突を回避するための措置を講じ、職権を利用して不当な利益をむさぼってはならない。 取締役、監事、高級管理職は会社に勤勉義務を負い、職務を執行することは会社の最大利益のために管理者の通常あり、合理的な注意を尽くさなければならない。 会社の持株株主、実際の支配人が会社の取締役を務めないが実際に会社の事務を実行する場合、前の２つの規定を適用する。

2023年会社法第179・180条は、改正条文で取締役・監査役・高級管理職の忠実・勤勉義務に関する規定である。

2018年会社法では取締役・監査役・高級管理職の忠実・勤勉義務について取締役、監査役、高級管理者は法律、行政規範と会社定款を遵守し、会社に対し

第5章　取締役・監査役・高級管理者の責任強化

て忠実義務と勤勉義務を負わなければならないと定めていた（第147条第1項）。これに対して2023年会社法は、2018年会社法第147条第1項をベースに改正を行い、第179・180条として下記の通りに規定している。

　(1)取締役、監査役、高級管理者は法律、行政規範と会社定款を遵守しなければならない（第179条）。

　(2)取締役、監査役、高級管理者は会社に対して忠実義務と勤勉義務を負い、自分の利益と会社の利益の衝突を回避するための措置を講じ、職権を利用して不当な利益をむさぼってはならない（第180条第1項）。

　(3)取締役、監事、高級管理者は会社に勤勉義務を負い、職務を執行することは会社の最大利益のために管理者の通常あり、合理的な注意を尽くさなければならない（第180条第2項）。

　(4)会社の支配株主、実質的支配人が会社の取締役を務めないが実際に会社の事務を実行する場合、前の2つの規定を適用する（第180条第3項）。

3　取締役・監査役・高級管理者の背任行為（第181条）

　2023年会社法第181条は、改正条文で取締役・監査役・高級管理者の禁止事項に関する規定である。これに対して2023年会社法は、2018年会社法第147条第2項・第148条第2項をベースに禁止事項の対象者範囲を不作為の監査役にも拡大して6種類の禁止事項として下記の通りに規定している（第181条）。

　(1)会社の財産を横領し、会社の資金を流用すること。

　(2)会社資金を個人名義またはその他の個人名義で口座を開設して保存すること。

　(3)職権を利用して賄賂を渡し又はその他の不法収入を受け取ること。

　(4)他人が会社と取引したバックマージンを自分のものにすること。

　(5)会社の秘密を無断で開示すること。

　(6)会社に対する忠実義務に違反するその他の行為。

4　利益相反取引の規程（第182条）

　2023年会社法第182条は、新規条文で取締役・監査役・高級管理者の利益相反取引に関する規定である。2023年会社法は、取締役・監査役・高級管理者の利益相反取引について下記の通りに定めている。

　(1)取締役、監査役、高級管理者は、直接または間接的に当社と契約を締結

第Ⅰ部　改正 中国会社法

表5-3

2018年会社法	2023年会社法
第147条第2項　取締役、監査役、高級管理者は職権を利用して賄賂またはその他の不法収入を受け取ってはならず、会社の財産を横領してはならない。 第148条　董事、高級管理者は、以下の行為をしてはならない： ⑴会社の資金を流用する； ⑵会社資金を個人名義またはその他の個人名義で口座を開設して保存する； ⑶会社定款の規定に違反し、株主会、株主総会または取締役会の同意を得ずに、会社資金を他人に貸し出す又は会社の財産を他人に担保を提供する； ⑷会社定款の規定に違反し、株主会、株主総会の同意を得ずに、当社と契約を締結、または取引を行う； ⑸株主会または株主総会の同意を得ずに、職務を利用して自分または他人のために会社に属するビジネス機会を獲得し、自営または他人のために勤務する会社と同類の業務を経営する； ⑹他人が会社と取引したバックマージンを自分のものにする； ⑺会社の秘密を無断で開示する； ⑻会社に対する忠実義務に違反するその他の行為。 　取締役、高級管理者が前項の規定に違反して得た収入は会社の所有としなければならない。	第181条　董事、監査役、高級管理者は以下の行為をしてはならない： ⑴会社の財産を横領し、会社の資金を流用する； ⑵社資金を個人名義またはその他の個人名義で口座を開設して保存する； ⑶職権を利用して賄賂を渡し又はその他の不法収入を受け取る； ⑷他人が会社と取引したバックマージンを自分のものにする； ⑸会社の秘密を無断で開示する； ⑹会社に対する忠実義務に違反するその他の行為。

し、または取引を行った場合、契約を締結し、または取引を行ったことに関連する事項について取締役会または株主会に報告し、会社定款の規定に従って取締役会または株主会で採決しなければならない（第182条第1項）。

第5章　取締役・監査役・高級管理者の責任強化

（2）取締役、監査役、高級管理者の近親者、取締役、監査役、高級管理者また
はその近親者が直接または間接的に制御する企業、および取締役、監査役、高
級管理者とその他の関連関係がある関連者は、会社と契約を締結し、または取
引を行った場合、前項の規定を適用する（第182条第2項）。

5　会社商業機会の奪取行為の禁止（第183条）

2023年会社法第183条は、新規条文で取締役・監査役・高級管理者による会
社商業機会の奪取行為の禁止に関する規定である。2023年会社法は、会社商業
機会の奪取行為の禁止について下記の通りに定めている。

（1）取締役、監査役、高級管理者は、職務の便宜を利用して自分または他人の
ために会社に属する会社商業機会を獲得してはならない（第183条第1項）

（2）ただし、次のいずれかの場合を除く：

　①取締役会又は株主会に報告し、会社定款の規定に従って取締役会又は株
　主会決議により承認される場合：

　②法律、行政規範又は会社定款の規定により、会社はその商業機会を利用
　することができない場合。

6　競業避止義務（第184条）

2023年会社法第184条は、新規条文で取締役・監査役・高級管理者の競業避
止義務に関する規定である。本条の規定は、取締役・監査役・高級管理者の競
業避止義務について下記の通りに定めている（第184条）。

取締役、監査役、高級管理者は、取締役会または株主会に報告せず、会社定
款の規定により取締役会または株主会の決議で承認されなければ、自己または
他人のために勤務する会社と同類の業務を経営してはならない。

7　関連取締役の表決権行使の回避（第185条）

2023年会社法第185条は、新規条文で取締役・監査役・高級管理者の競業避
止義務に関する規定である。本条の規定は、関連取締役の表決権行使の回避義
務について下記の通りに定めている（第185条）。

取締役会が本法第182条から第184条に規定する事項に対して決議する場合、
関連取締役は採決に参加してはならず、その議決権は議決権総数に計上されな
い。取締役会に出席する無関連取締役の人数が3人未満の場合は、当該事項を

第Ⅰ部　改正 中国会社法

株主会の審議へ提出しなければならない。本条は2023年会社法の新規条文であり、初めて関連取締役の採決回避制度を比較的・全面的に規定し、「会社法」第139条に規定された上場企業の関連取締役の採決回避制度のほか、非上場企業の取締役会が関連取引、会社機会の簒奪、同業競争の採決を行う際に、関連取締役も採決を回避すべきであることを明確にした。関連取締役の採決回避制度は広義の会社議決権例外排除制度の構成部分であり、取締役と取締役会が採決した議案に特別な利害関係があり、会社の利益を損なう可能性がある場合、当該取締役またはその代理人の当該決議に対する議決権は一時的に排除されることを指す。

8　株主二重代表訴訟（第189条）

　2023年会社法第189条は、改正条文で株主二重代表訴訟に関する規定である。第188条では取締役、監査役、高級管理者の職務執行が法律、行政規範又は会社定款の規定に違反し、会社に損失を与えた場合、賠償責任を負わなければならないと規定されているが、いかにその責任を追及すべきかどうかは、複雑な問題である。本条の規定は、2018年会社法第151条株主代表訴訟規定をベースに初めて株主二重代表訴訟規定を設けました。本条は、株主二重代表訴訟について下記の通りに定めている（第189条）。

　⑴取締役、高級管理者が前条に規定される場合、有限責任会社の株主、株式会社が180日以上連続で単独または合計で会社の株式の1％以上を保有している株主は、書面で監査役会に人民法院に訴訟を請求することができる。監査役に前条の規定がある場合、前記株主は書面で取締役会に対して人民法院に訴訟を請求することができる（第189条第1項）。

　⑵監査役会又は取締役会は、前項に規定する株主の書面による請求を受けた後に訴訟の提起することを拒否し、または請求を受けた日から30日以内に訴訟を提起しない、あるいは緊急で、直ちに訴訟を提起しないと会社の利益が補いがたい損害を受けることになる場合、前項に規定する株主は、会社の利益のために自らの名義で人民法院に直接訴訟を提起する権利を有する（第189条第2項）。

　⑶他人が会社の合法的権益を侵害し、会社に損失を与えた場合、本条第1項に規定する株主は前2項の規定に従って人民法院に訴訟を提起することができる（第189条第3項）。

第 5 章　取締役・監査役・高級管理者の責任強化

表 5 - 4

2018年会社法	2023年会社法
第151条 　取締役、高級管理者に本法第149条に規定される状況がある場合、有限責任会社の株主、株式会社が180日以上連続で単独または合計で会社の株式の1％以上を保有している株主は、書面で監査役会または監査役会を設置しない有限責任会社の監査役を請求して人民法院に訴訟を提起することができる。監査役が本法第149条に規定されている場合、前記株主は書面で取締役会を請求することができ、または取締役会を設けない有限責任会社の執行役員が人民法院に訴訟を提起することができる。 　監査役会、監査役会を設置しない有限責任会社の監査役、または取締役会、執行役員が前項に規定する株主の書面による請求を受けた後に訴訟を提起することを拒否し、または請求を受けた日から30日以内に訴訟を提起しない、あるいは緊急で、直ちに訴訟を提起しないと会社の利益が補いがたい損害を受けることになる場合、前項に規定する株主は、会社の利益のために自らの名義で人民法院に直接訴訟を提起する権利を有する。 　他人が会社の合法的権益を侵害し、会社に損失を与えた場合、本条第1項に規定する株主は前2項の規定に従って人民法院に訴訟を提起することができる。	第189条 　取締役、高級管理者が前条に規定される場合、有限責任会社の株主、株式会社が180日以上連続で単独または合計で会社の株式の1％以上を保有している株主は、書面で監査役会に人民法院に訴訟を請求することができる。監査役に前条の規定がある場合、前記株主は書面で取締役会に対して人民法院に訴訟を請求することができる。 　監査役会又は取締役会は、前項に規定する株主の書面による請求を受けた後に訴訟の提起することを拒否し、または請求を受けた日から30日以内に訴訟を提起しない、あるいは緊急で、直ちに訴訟を提起しないと会社の利益が補いがたい損害を受けることになる場合、前項に規定する株主は、会社の利益のために自らの名義で人民法院に直接訴訟を提起する権利を有する。 　他人が会社の合法的権益を侵害し、会社に損失を与えた場合、本条第1項に規定する株主は前2項の規定に従って人民法院に訴訟を提起することができる。 　<u>会社の完全子会社の取締役、監査役、高級管理者が前条の規定状況をあり、または他人が会社の完全子会社の合法的権益を侵害して損失を与えた場合、有限責任会社の株主、株式会社が180日以上連続で単独または合計で会社の1％以上の株式を保有している株主は、前3項の規定に従って書面で完全子会社の監査役会、取締役会は人民法院に訴訟を提起し、または自らの名義で人民法院に直接訴訟を提起することができる。</u>

　(4)会社の完全子会社の取締役、監査役、高級管理者が前条の規定状況をあり、または他人が会社の完全子会社の合法的権益を侵害して損失を与えた場合、有限責任会社の株主、株式会社が180日以上連続で単独または合計で会社

第Ⅰ部　改正 中国会社法

の１％以上の株式を保有している株主は、前３項の規定に従って書面で完全子
会社の監査役会、取締役会は人民法院に訴訟を提起し、または自らの名義で人
民法院に直接訴訟を提起することができる（第189条第４項）。

9　取締役・高級管理者の第三者に対する責任（第191条）

表5−5

2018年会社法	2023年会社法
規定なし	第191条 　取締役、高級管理者が職務を執行し、他人に損害を与えた場合、会社は、賠償責任を負わなければならない。取締役、高級管理者に故意または重大な過失があった場合、賠償責任も負わなければならない。

　2023年会社法第191条は、新規条文で取締役・高級管理者の第三者に対する
責任に関する規定である。2023年会社法は、取締役・高級管理者の第三者に対
する責任について下記の通りに定めている（第191条）。
　⑴取締役、高級管理者が職務を執行し、他人に損害を与えた場合、会社は、
損害賠償責任をおわなければならない。
　⑵取締役、高級管理者に故意または重大な過失があった場合も損害賠償責任
も負わなければならない。

10　支配株主、実質的支配者の連帯責任（第192条）

表5−6

2018年会社法	2023年会社法
規定なし	第192条 　会社の支配株主、実質的支配者が取締役、高級管理者に指示し、会社または株主の利益を損なう場合、当該取締役、高級管理者は連帯責任を負う。

　本条は新規条文で支配株主、実質的支配者が間接的に会社または株主の利益
を損なうことに関する責任規定である。本条規定は、今回会社法改正のために
新たに条文を追加した。支配株主、実質的支配者が関連関係を利用して会社の

第 5 章　取締役・監査役・高級管理者の責任強化

利益を損なう場合とは異なり、支配株主、実質的支配者が取締役、高級管理者に号令をかけることで理論的によく言及される「影の取締役」が会社や株主の利益を損なうことがある。「影の取締役」が取締役ではないが、舞台裏で取締役の権限を行使する場合がある。取締役、高級管理者が会社または株主の利益を損害する場合、会社またはその他の株主に対して賠償責任を負わなければならず、それぞれ会社法第188条と第190条に規定されている。しかし、取締役、高級管理者は時には傀儡にすぎず、そのすべての意思決定は支配株主、実質的支配者の指示に由来し、取締役、高級管理者に責任を負わせ、実際に意思決定した支配株主、実質的支配者は責任逃れを行う。さらに実際に頻繁に発生する支配株主、実質的支配者が返済能力のない人を取締役、高級管理者に選任し、裁判所が取締役、高級管理者に責任を負うと判決した場合でも返済能力がなくて執行できないため、会社と株主の利益を保護するために2023年会社法は「影の取締役」責任の規定を追加した。[2]

11　取締役の責任保険（第193条）

表 5 - 7

2018年会社法	2023年会社法
規定なし	第193条 　会社は取締役在任中に取締役が会社の職務を遂行するために負担する賠償責任に対して責任保険を保証することができる。 　会社が取締役のために責任保険を付保した後、取締役会は株主会に責任保険の付保金額、保証範囲及び保険料率などの内容を報告しなければならない。

2023年会社法第193条は、新規条文で取締役の責任保険に関する規定である。2023年会社法は、取締役の責任保険について下記の通りに定めている。

（1)会社は取締役在任中に取締役が会社の職務を遂行するために負担する賠償責任に対して責任保険を保証することができる（第193条第1項）。

（2)会社が取締役のために責任保険を付保した後、取締役会は株主会に責任保険の付保金額、保証範囲及び保険料率などの内容を報告しなければならない（第193条第2項）。

第Ⅰ部　改正 中国会社法

第2節　2023年会社法第191条の立法過程における学説論争

取締役・高級管理者の第三者に対する責任をめぐる学説論争

　2023年会社法第191条は、新規条文で取締役・高級管理者の第三者に対する責任に関する規定である。2023年会社法は、取締役・高級管理者の第三者に対する責任について下記の通りに定めている（第191条）。

　(1)取締役、高級管理者が職務を執行し、他人に損害を与えた場合、会社は、損害賠償責任をおわなければならない。

　(2)取締役、高級管理者に故意または重大な過失があった場合も損害賠償責任も負わなければならない。

　2023年会社法の立法過程において取締役等の第三者責任制度を導入すべきかを巡り、今回の立法論争の重要な争点の１つとなっていた。[3]

1　立法化反対説

　立法化反対説は、取締役の第三者責任制度導入に反対する理由について以下のように展開している。

　(1)法人機関説では取締役は会社機関構成員であり、取締役の行為が会社の手足のような行為であり、その法的効果は会社自身に帰属すべきであると考えている。すなわち、取締役が会社を代表して行った行為は会社の行為であり、その法的結果・賠償責任は会社が負担しなければならず、取締役には第三者に対する責任は、存在しない。言い換えれば、法律は法人の全体的な価値を維持するために、外部で機関の独立性を解消し、名目上は法人だけであり、取締役は職務行為に従事する際に会社と実質的に同一の主体であり、法人と機関構成の間は主体と主体の関係ではなく、同一の関係である、法人機関は対外的に法人の名義で法律関係を生じ、法人機関の構成員は権利義務と責任主体ではない。取締役、高級管理者の会社経営決定と業務執行における過失はすでに会社の過失として作成されており、その侵害行為は会社の権利侵害行為に吸収されているため、対外的には会社だけが第三者に賠償責任を負い、その後、会社は取締役、経営に賠償権を行使することができる。中国では法人と機関構成員がその職権を乱用した際にその個人の意志を体現しているにもかかわらず、法人と機関構成員が共同で第三者に連帯責任を負わなければならないのは法理上、矛盾

している⁴⁾。

(2)立法化反対説は、取締役と債権者の間に責任を負う前提条件となる基礎的な法的関係が不足していると指摘している。組織法の視点で取締役が第三者に対する責任を理解する場合、取締役が第三者と直接基礎関係を形成し、または第三者に保障義務を持った場合にのみ、責任を負うことができる。さらに取締役は会社の機関であり、会社と法律関係だけが発生し、職務を執行する過程で会社に信義義務だけを負う。一般的な取締役による第三者への信義義務は通常に存在しない。取締役が会社に対して信義義務を負うのは、非常に特殊な法律的シナリオにのみ現れる可能性があり、例えば、会社が借金の返済不能に陥っていた場合、取締役が管理する会社の財産、その実際の財産利益はすでに債権者に帰属しており、この場合、取締役が債権者に対して信義義務を負うように要求することができ、取締役が債権者の利益のために会社の財産を適切に管理するように要求することができる⁵⁾。

(3)立法化反対説は、取締役が直接的第三者に責任を負うことは中国の現実的な経済基盤を大きく超えると強調している。

中国のコーポレートガバナンスの文脈の中で会社の所有権と経営権の実際分離の程度は十分ではなく、取締役は支配株主からの指示で委任されることが多く独立性に欠ける。この時、実権のない取締役が第三者に直接責任を負うことが求められ、中国の現実的な経済基盤を突破し、軽率にこの制度を導入することで中小企業のリスクが増加することが考えられる。また、取締役が通常、債権者に損害賠償責任を負うのではなくて第三者に対する責任を負担する法的根拠も曖昧である。この前提のもとで取締役の責任を強化することは、取締役の積極的経営を激励するのに利するのではなく取締役職業を萎縮させる可能性もある。また、会社法が本当に規制すべきなのは、支配株主であり、実質的支配者である。すなわち、取締役に影響を与えることによって会社の統治に不適切に介入する支配株主・実質的支配者の法的責任である⁶⁾。

2 立法化賛成説

立法化賛成説は、取締役等の第三者責任制度導入を肯定する理由について以下のようにその主張を展開している。

(1)法人機関説を硬直化理解してはならないこと。

第Ⅰ部　改正 中国会社法

　中国では会社法の人格形成において、取締役会が会社の執行機関として取締役会長が法定代表者として統一的に会社を代表して対外的に事務執行を行う。そのため、取締役個人が会社の機関ではなく、会社の受託者として独立した主体性を持ち、それは会社に対して経営管理権を享受し、信義義務を負う。また、取締役は会社機関と会社機関一構成員としての二重の身分を持っていると考えられている。会社の機関として取締役の人格は会社の人格に吸収され、その行為は会社の行為である。会社機関の一構成員として取締役と会社の間は委任関係であり、独立した法的主体である。これにより、取締役が会社に対する信義義務に違反した場合、会社に損害を与えるだけでなく過失のある取締役は会社に賠償責任を負わせるだけでなく、会社の債権者が発生した損失も補償しなければならない。[7]

　(2)取締役が会社を通じて第三者と間接的に基礎的な法的関係を有すること。

　一方、取締役と会社との関係は委託関係として理解できるため、取締役が第三者の利益を損なう行為は債務不履行の表れとみなされる可能性がある。一方、取締役と会社との関係を信義関係と理解する場合、現代のコーポレートガバナンスモデルの第三者などの利害関係者と会社とのつながりがますます緊密になっているため、会社法上の取締役信義義務もそれによって動態的な特徴を備えており、特定の状況における取締役の第三者に対する義務もその信義義務の当然の延長と見なされている。取締役の信義義務違反行為により他の主体の利益が損なわれた場合、会社法によって予め設定された権利と責任のバランスが崩れ、取締役が会社に対して信義義務を負う常態的な規定だけで適用の背景が失われ、取締役の不法行為の結果が他の主体に伝達されると同時に、取締役の信義責任が第三者に伝達されることを意味する。[8]

　(3)取締役が一定限度の責任を負うことは現実のニーズに合致すること。

　まず、2023年会社法は取締役の第三者責任制度を導入することで『証券法』における取締役の虚偽陳述責任の正当性を立証するのに役立つ。次に、取締役が一定の限度内の責任を負担することは、もちろん追い出し効果や取締役の恐怖心を招くことはない。取締役会に内部取締役、外部取締役、従業員取締役など異なるタイプが存在し、会社の意思決定に参与する程度にも深い区分があり、取締役責任の分類と減免規則を通じて、責任相応の懲戒を行ったことがあり、中国現在の現実的な経済状況を突破することはできない。最後に、取締役

第5章　取締役・監査役・高級管理者の責任強化

が会社と第三者の利益を損なうことを裏で指示した支配株主、実質的支配者についても、「影の取締役」制度を通じて規制することができ、責任を強化することと取締役の責任を強化することには矛盾はない。[9]

第3節　四回の修訂草案審議稿から見た2023年会社法第191条の立法過程

取締役・高級管理者の第三者に対する責任について

表5-6

会社法 修訂草案1審稿	会社法 修訂草案2審稿	会社法 修訂草案3審稿	会社法 修訂草案4審稿
第190条 　取締役、高級管理者が職務を執行し、故意又は重大な過失により他人に損害を与えた場合、会社と連帯責任を負わなければならない。	第190条 　取締役、高級管理者が職務を執行し、他人に損害を与えた場合、会社は賠償責任を負わなければならない。取締役、高級管理者に故意または重大な過失があった場合、賠償責任も負わなければならない。	第191条 　取締役、高級管理者が職務を執行し、他人に損害を与えた場合、会社は賠償責任を負わなければならない。取締役、高級管理者に故意または重大な過失があった場合、賠償責任も負わなければならない。	第191条 　取締役、高級管理者が職務を執行し、他人に損害を与えた場合、会社は賠償責任を負わなければならない。取締役、高級管理者に故意または重大な過失があった場合、賠償責任も負わなければならない。

　証券法第85条は、「情報開示義務者が規定に従って情報を開示しなかった、または公告した証券発行書類、定期報告、臨時報告およびその他の情報開示資料に虚偽記載、誤導性陳述又は重大な脱落が存在し、投資家が証券取引で損失を被った場合、情報開示義務者は賠償責任を負わなければならない。発行者の支配株主、実質的支配者、取締役、監査役、高級管理者およびその他の直接責任者及び推薦人、販売を請け負った証券会社およびその直接責任者は、発行者と連帯賠償責任を負わなければならないが、自分に過失がないことを証明できる場合を除く」と規定している。厳密には、証券法第85条に規定された上場企業の取締役等が虚偽情報開示の被害投資家に対して負う連帯賠償責任は、会社や株主に対する責任ではなく、第三者に対する責任の範疇に属する。2018年会社法で取締役等の第三者責任が規定されていない状況下で、責任の強化という

137

第Ⅰ部　改正　中国会社法

監督管理政策を実行するために証券法第85条は取締役等と会社の第三者に対する連帯責任を先取りして設計した[10]。

1　四回の修訂草案審議稿

修訂草案１審稿第190条は『証券法』第85条をもとに、取締役等の他人（第三者）に対する連帯責任を規定し、連帯責任の適用範囲を拡大した。すなわち「取締役、高級管理者が職務を執行し、故意または重大な過失で他人に損害を与えた場合、会社と連帯責任を負わなければならない」という。その中の立法ロジックは、取締役等の第三者に対する連帯責任が資本市場で上場企業の取締役と役員が虚偽陳述被害の投資家に対して負う連帯賠償責任として表現できる以上、資本市場以外の広範な場面にも応用すべきであるという考えである[11]。

2023年会社法の起草過程で取締役の第三者責任の類型問題に対する認識が変わった。会社法修訂草案１審稿は第190条で「取締役、高級管理者が職務を執行し、故意または重大な過失により他人に損害を与えた場合、会社と連帯責任を負わなければならない」と規定していた。このような会社と取締役が連帯責任を共同で負うモデルの利点は、債権者を十分に救済でき、債権者が会社または取締役に全額責任を主張することを自由に選択できるようにすることにある。しかし、この規定は一時的に矢面に立たされたこともあった。ある学者は連帯責任の体系的位置づけから、この規則は権利侵害法規則の会社法の簡単な再現に属し、支配株主、実質的支配者が影の取締役を構成する際にも連帯責任を負わなければならない条項の加持の下で、組織法上の代替責任体系は実際には存在しないと指摘した。そのため、会社法修訂草案２審稿は第三者責任の類型問題について連帯責任を賠償責任責任へ変更したため、連帯責任に関する論争も基本的に解消した[12]。

修訂草案１審稿は第190条で取締役、高級管理者の第三者に対する連帯責任を規定しているだけで、取締役、高級管理者の会社や株主に対する連帯責任については言及していない。修訂草案２審稿第190条は、修訂草案１審稿第190条に規定された取締役、高級管理者と会社との間で第三者に対して負う連帯責任を否定した。最終的に登場した2023年会社法第191条もこの立場を堅持した。

第 5 章　取締役・監査役・高級管理者の責任強化

2　立法機関の見解

　中国の立法機関は、取締役等の第三者に対する責任規定について以下の見解を表明した。第一に、修訂草案 2 審稿第190条内容を「取締役、高級管理者がその職務を執行し、他人に損害を与えた場合、会社はその賠償責任を負わなければならない。取締役、高級管理者は故意または重大な過失があった場合も賠償責任を負わなければならない」と修正した[13]。第二に、会社は取締役の在任中に取締役が会社の職務を執行するために負担する賠償責任について責任保険をかけることができるという規定を追加した[14]。

[注]

1 ）　趙旭東主編・劉斌副主編『2023新公司法重点热点問題解読』法律出版社　2024年、402-403頁。

2 ）　朱慈蘊主編『新公司法条文精解』中国法制出版社　2024年、315-319頁。李建偉主編『公司法評釈』法律出版社、2024年、 4 頁。

3 ）　郭富青「我国公司法設置董事対第三人承担民事責任的三重思考」『法律科学』2024年第 1 期、166頁。

4 ）　冬柔編『民法』法律出版社、1986年、28-29頁。鄭佳寧「法国公司法中管理層対第三人的責任」『比較法研究』2010年第 6 期。

5 ）　李飛「論董事対公司債権人負責的法理正当性―従法人組織体説的局限性及其超越之路径展開」『法制與社會発展』2010年第 4 期、39-40頁。

6 ）　葉林・葉冬影「公司董事連帯／賠償責任的学理考察―評述『公司法修訂草案』第190条」『法律適用』2022年第 5 期、23頁。

7 ）　王長華「公司法人機関理論的再認識―以董事対第三人的責任為視角」『法学雑誌』2020年第 6 期、53-55頁。

8 ）　姜惠琴「董事対第三人責任」『法学雑誌』2006年第 6 期、20頁。孫光焔「董事証券虚假陳述職務侵権責任制度的重構―以公司治理為視角」『法商研究』2010年第 4 期、23頁。鄒碧華「論董事対公司債権人的民事責任」『法律適用』2008年第 9 期。

9 ）　陳景善「論董事対第三人責任的認定與適用中的問題點―以日本法規定為中心」『比較法研究』2013年第 5 期、 6 頁。金春「破産企業董事対債権人責任的制度建構」『法律適用』2020年第17期。

10）　劉俊海著『新公司法的制度創新』中国法制出版社、2024年、12頁。

11）　李建偉主編『公司法評釈』法律出版社、2024年、416-418頁。

12）　劉俊海前掲注10）、12-13頁。

13）　江必新「関于『中華人民共和国公司法（修訂草案）』修改情況的汇報」中華人民共和国全人代常務委員会公報2024年第 1 号、38頁。

14）　江必新前掲注13）、38頁。

第6章　国家出資会社の組織機関に関する特別規定

第1節　2023年会社法改正条文（新規条文を含む）の解釈

1　国家出資会社の定義（第168条）

表6-1

2018年会社法	2023年会社法
第64条 　国有独資会社の設立と組織機構は、本節の規定を適用する。本節に規定がない場合は、本章第1節、第2節の規定を適用する。 　本法でいう国有独資会社とは、国が単独で出資し、国務院または地方人民政府が本級人民政府の国有資産監督管理機構に権限を与えて出資者の職責を履行する有限責任会社を指す。	第168条 　国家出資会社の組織機構は、本章の規定を適用する。本章に規定がない場合は、本法のその他の規定を適用する。 　本法でいう国家出資会社とは、国が出資する国有独資会社、国有資本持株会社を指し、国が出資する有限責任会社、株式会社を含む。

　2023年会社法第168条は、改正条文で国家出資会社の定義に関する規定である。2018年会社法では第2章第4節第64条において国有独資会社の定義については表6-1の左欄の通りに定めていた。これに対して2023年会社法は、第7章第168条において国家出資会社の定義について下記のように規定している。本法でいう国家出資会社とは、国が出資する国有独資会社、国有資本持株会社を指し、国が出資する有限責任会社、株式会社を含む。

　2018年会社法第64条は、「国有独資会社の設立と組織機構は、本節規定を適用する。本節に規定がない場合は、本章第1節、第2節の規定を適用する」と規定していた。立法者の計画配置の角度から見ると、国有独資会社は本法第2章第4節に入れ、節名は「国有独資会社の特別規定」であった。国家出資会社の重要性を考慮して、2023年会社法は、国有独資会社を国家出資会社に拡張し、第2章の一節から独立の第7章に引き上げた。同法第168条第1項は、「国家出資会社の組織機構は、本章の規定を適用する。本章に規定がない場合は、

第 I 部　改正 中国会社法

本法のその他の規定を適用する」と規定している[1]。つまり、2023年会社法は、国家出資会社の統治機構に対する調整範囲を拡張した。

2　国家出資者の職責の履行機関（第169条）

2023年会社法第169条は、新規条文で国家出資者の職責の履行機関に関する規定である。本条の規定は、2018年会社法第64条第2項の内容を変えて国家出資者の職責の履行機関について下記の明文規定を定めている。つまり、国家出資会社は、国務院または地方人民政府がそれぞれ国家を代表して法に基づいて出資者の職責を履行し、出資者の権益を享有する。国務院または地方人民政府は、国有資産監督管理機構またはその他の部門、機構に授権し、本級人民政府を代表して国家出資会社に対して出資者の職責を履行することができる。本級人民政府を代表して出資者の職責を履行する機構、部門、以下を総称して出資者の職責を履行する機構と呼ぶ（第169条）。

本条は2018年会社法第64条第2項の伝承と発展に由来する。2018年会社法第64条第2項の国有独資会社に対する立法定義は、国家を代表して法に基づいて出資者の職責を履行する機構が一元的であることを意味する。国有独資会社とは、国が単独で出資し、国務院または地方人民政府が本級人民政府の国有資産監督管理機構に権限を与えて出資者の職責を履行する有限責任会社を指す。2023会社法第169条2項に規定された国家株主代理機構は多元化の特徴がある。まず、国家出資会社は国務院または地方人民政府がそれぞれ国家を代表して法に基づいて出資者の職責を履行し、出資者の権益を享有する。次に、国務院または地方人民政府は、国有資産監督管理機構またはその他の部門、機構が本級人民政府を代表して国家出資会社に対して出資者の職責を履行することを授権することができ、本級人民政府を代表して出資者の職責を履行する機構、部門は多元性を有し、国務院国家資金委員会、財政部、教育部などの部門または機構を含むが、これらに限らない[2]。

3　国家出資会社における党組織の地位（第170条）

2023年会社法第170条は、新規条文で国家出資会社における党組織の指導に関する規定である。国家出資会社における中国共産党の組織は、中国共産党規約の規定に従って指導的役割を発揮し、会社の重大な経営管理事項を研究討論し、会社の組織機構が法に基づいて職権を行使することを支持する。

第6章　国家出資会社の組織機関に関する特別規定

本条の規定は、初めて会社法の明文規定で国家出資会社における党組織の指導的役割を明確にし、国家出資会社における党組織の地位とその企業統治に参加する方式を確立した。[3]

4　会社定款の制定権限（第171条）

表6-2

2018年会社法	2023年会社法
第65条 　国有独資会社の定款は国有資産監督管理機構によって制定され、または取締役会によって制定し、国有資産監督管理機構に批准される。	第171条 　国有独資会社の定款は出資者の職責を履行する機構によって制定する。

2023年会社法第171条は、改正条文で国有独資会社の定款に関する規定である。2018年会社法第65条では国有独資会社の定款は国有資産監督管理機構によって制定され、または取締役会によって制定し、国有資産監督管理機構に批准されると定めていた（第65条）。これに対して2023年会社法は、「国有資産監督管理機構によって制定され、または取締役会によって制定し、国有資産監督管理機構に批准される」の部分を削除した上国有独資会社の定款は出資者の職責を履行する機構によって制定すると規定している。[4]

5　国有独資会社の株主権の行使（第172条）

2023年会社法第172条は、改正条文で国有独資会社の株主権の行使に関する規定である。2018年会社法では国家独資会社の株主権の行使については表6-3の左欄の通りに規定していた。これに対して2023年会社法では国家独資会社の株主権の行使について第65条第1項削除した上、下記の通りに定めている（第172条）。国有独資会社は株主会を設置せず、出資者の職責を履行する機構が株主会の職権を行使する。出資者の職責を履行する機構は、取締役会に株主会の職権の一部を行使する権限を与えることができるが、会社定款の制定と改正、会社の合併、分割、解散、破産申請、登録資本の増加または減少、利益の配当は、出資者の職責を履行する機構が決定しなければならない。

国有独資会社は国有財産を出資として設立され、一般的な会社の意味での「株主」は存在せず、当然株主会を設置する必要はなく、社内の職権配置原理

143

第Ⅰ部　改正 中国会社法

表6‐3

2018年会社法	2023年会社法
第66条 　国有独資会社は株主会を設置せず、国有資産監督管理機構が株主会の職権を行使する。国有資産監督管理機構は会社の取締役会に株主会の一部の職権を行使する権限を与え、会社の重大な事項を決定することができるが、会社の合併、分割、解散、登録資本の増加または減少、社債の発行は、国有資産監督管理機構が決定しなければならない。その中で、重要な国有独資会社が合併、分割、解散、破産を申請する場合、国有資産監督管理機構が審査した後、本級人民政府に報告して批准しなければならない。 　前項でいう重要な国有独資会社は、国務院の規定に従って確定する。	第172条 　国有独資会社は株主会を設置せず、出資者の職責を履行する機構が株主会の職権を行使する。出資者の職責を履行する機構は、取締役会に株主会の職権の一部を行使する権限を与えることができるが、会社定款の制定と改正、会社の合併、分割、解散、破産申請、登録資本の増加または減少、利益の配当は、出資者の職責を履行する機構が決定しなければならない。

に基づいて、本条の規定は出資者の職責を履行する機関が株主会の権利を行使しなければならない。国有独資会社のうち、株主会の職権は2つの部分に分かれていた。一部は出資者の職責を履行する機構によって行使される；もう一部は、出資者の職責を履行する機関が会社の常設執行機関の取締役会に授権して行使される。出資者の職責を履行する機構と国有独資会社の職権区分において、会社の一般的な問題は取締役会が職権を行使して決定と承認を行い、重大な問題は出資者の職責を履行する機構が決定する。[5]

6　取締役会の構成（第173条）

　2023年会社法第173条は、改正条文で取締役会の構成等に関する規定である。2018年会社法では取締役会の構成等については表6‐4の左欄の通りに規定していた。これに対して2023年会社法では国有独資会社の株主権の行使取締役会の構成等について下記の通りに定めている（第173条）。改正のポイントは、以下の3つである。

　(1)国有独資会社の取締役会構成員のうち、過半数が外部取締役であり、かつ従業員代表いなければならない（第173条第2項）。

　(2)取締役会の構成員は出資者の職責を履行する機構に委任される。ただし、

第 6 章　国家出資会社の組織機関に関する特別規定

表 6 - 4

2018年会社法	2023年会社法
第67条 　国有独資会社は取締役会を設置し、本法第46条、第66条の規定に基づいて職権を行使する。取締役の任期ごとは３年を超えてはならない。取締役会の構成員には従業員代表がいなければならない。 　取締役会の構成員は国有資産監督管理機構に委任される。ただし、取締役会構成員の従業員代表は、従業員代表大会により選出される。 　取締役会は代表取締役１人を設置し、副代表取締役を設置することができる。代表取締役、副代表取締役は国有資産監督管理機構が取締役会構成員から指定する。	第173条 　国有独資会社の取締役会は本法の規定に基づいて職権を行使する。 　<u>国有独資会社の取締役会構成員のうち、過半数が外部取締役であり、かつ従業員代表いなければならない。</u> 　取締役会の構成員は出資者の職責を履行する機構に委任される。ただし、取締役会構成員の従業員代表は、従業員代表大会によって選出される。 　取締役会は代表取締役１人を設置し、副代表取締役を設置することができる。代表取締役、副代表取締役は出資者の職責を履行する機構が取締役会構成員から指定する。

　取締役会構成員の従業員代表は、従業員代表大会によって選出される（第173条第３項）。

　(3)取締役会は取締役会長１人を設置し、副取締役会長を設置することができる。取締役会長、副取締役会長は出資者の職責を履行する機構が取締役会構成員から指定する（第173条第４項）。

7　経理の任免および兼任（第174条）

表 6 - 5

2018年会社法	2023年会社法
第68条 　国有独資会社が経理を設置し、取締役会が任命または解任する。経理は本法第49条の規定に基づいて職権を行使する。	第174条 　国有独資会社の経理は取締役会によって任命または解任される。 　<u>出資者の職責を履行する機構の同意を得て、取締役会の構成員は経理を兼任することができる。</u>

　2023年会社法第173条は、改正条文で経理の任免および兼任に関する規定である。2018年会社法では経理の任免および兼任について「国有独資会社が経理

第Ⅰ部　改正 中国会社法

を設置し、取締役会が任命または解任する。経理は本法第49条の規定に基づいて職権を行使する」と定めていた（第68条）。これに対して2023年会社法では経理の任免および兼任について下記の通りに定めている（第174条）。

(1)国有独資会社の経理は取締役会によって任命または解任される（第174条第1項）。

(2)出資者の職責を履行する機構の同意を得て、取締役会の構成員は経理を兼任することができる（第174条第2項)。本条改正のポイントは、下記の2つである[6]。

(1)本条の規定により、国有独資会社は経理を設置し、取締役会が任命または解任する。会社経理は有限責任会社の責任を負い、会社とその支店の各生産部門またはその他の事業部門を制御する高級管理職であり、会社の事務を具体的に管理する。経理は取締役会によって任命され、解任され。経理は取締役会のすべての決議と指示に従い、会社の生産経営活動の中で効果的に貫徹し、執行しなければならない。つまり、経理は取締役会に責任を負う。

(2)国有独資会社の経理は取締役が兼任することができる。一般的な会社と同様に、本条では、取締役会の構成員は経理を兼任することができると規定している。このような設置と要求は、国家が国有企業の二権分離を強調し、科学的な管理機構を構築してきた現代企業制度の建設と関係がある。国有独資会社の取締役会の地位は独特で、同時に一定の株主会の権力を行使する。経理独別な設定により、意思決定と経営の分離をより良く実現することができる。

8　取締役・高級管理者の兼任禁止（第175条）

表6-6

2018年会社法	2023年会社法
第69条 　国有独資会社の取締役会長、副取締役会長、取締役、高級管理者は国有資産監督管理機構の同意を得ず、その他の有限責任会社、株式会社またはその他の経済組織で兼職してはならない。	第175条 　国有独資会社の取締役、高級管理者は、出資者の職責を履行する機構の同意を得ずに、その他の有限責任会社、株式会社またはその他の経済組織で兼職してはならない。

2023年会社法第175条は、改正条文で取締役・高級管理者の兼任禁止に関する規定である。2018年会社法では取締役・高級管理者の兼任禁止については国

146

第6章　国家出資会社の組織機関に関する特別規定

有資産監督管理機構を出資者の職責を履行する機構に修正した上で表6‐6の左欄の通りに規定していた。これに対して2023年会社法では経理の任免および兼任について下記の通りに定めている（第175条）。

　すなわち、国有独資会社の取締役、高級管理者は、出資者の職責を履行する機構の同意を得ずに、その他の有限責任会社、株式会社またはその他の経済組織で兼職してはならない。法改正の理由は、下記の通りである[7]。

　(1)国有独資会社の取締役と高級管理者は国有独資会社の経営管理者であり、国有独資会社の経営管理権を行使し、国有資産の価値維持と付加価値の重要な任務を担っているため、専任、固定職位が必要である。本条では、出資者の職責を履行する機構の同意を得た以外に、他の有限責任会社、株式会社またはその他の経済組織で兼職してはならないと規定している。それは会社の責任者の兼職によって会社の管理を怠り、それによって国有資産にもたらす可能性のある損害を回避するためである。

　(2)国有独資会社の取締役と高級管理者の兼職禁止制度は、一般有限会社の取締役、経理の競業避止義務とは異なる。「会社法」第184条は、取締役、監査役、高級管理者の競業避止義務を規定し、取締役会または株主会に報告していない、および取締役会または株主会の決議を経て可決され、会社と同類の業務を自営し、他人のために経営してはならないことを明らかにした。国有独資会社の取締役及び高級管理者の兼職禁止の規定は、兼職に競業避止の事由があるか否かにかかわらず、原則として兼職を禁止する。

9　国有独資会社の審計委員会（第176条）

　2023年会社法第176条は、改正条文で審計委員会・監査役会の自由選択（二者択一）に関する規定である。2018年会社法では監査役会の設置については表6‐7の左欄の通りに規定していた。これに対して2023年会社法では審計委員会・監査役会の二者択一制度について重要な改正を行い、国有独資会社が取締役会に取締役からなる審計委員会を設置し、本法に規定する監査役会の職権を行使する場合、監査役会または監査役を設置しないと定めている（第176条）。2023年会社法は社内監督機構の面で重要な変革を行い、単層制のコーポレートガバナンスモデルを導入した。有限責任会社と株式会社監査役会の改革と協力するため、本条では国有独資会社が取締役会に取締役からなる審計委員会を設

第Ⅰ部　改正 中国会社法

表 6 - 7

2018年会社法	2023年会社法
第70条 　国有独資会社監査役会の構成員は 5 人より少なくてはならず。そのうち従業員代表の割合は 3 分の 1 を下回ってはならず、具体的な割合は会社定款に規定する。 　監査役会の構成員は国有資産監督管理機構に委任される。ただし、監査役会構成員の従業員代表は、従業員代表大会によって選出される。監査役会議長は、監査役会構成員から国有資産監督管理機構が指定する。 　監査役会は、本法第53条第 1 項から第 3 項に規定する職権及び国務院が規定するその他の職権を行使する。	第176条 　国有独資会社が取締役会に取締役からなる審計委員会を設置し、本法に規定する監査役会の職権を行使する場合、監査役会または監査役を設置しない。

置して本法で規定する監査役会の職権を行使する場合、監査役会または監査役を設置しないことを規定している。これは、国有独資会社は依然として選択権を持っており、監査役会を保留するか、監査役会の職権を行使する審計委員会を設立して代替するかを選択することができることを意味している。これはビジネス実践における監査役会の無機能化という問題を考慮するだけでなく、域外会社の監督モデルを比較する背景の下で、中国の本土の国情と結びつけて作られた立法選択でもある。[8]

10　国家出資会社の内部統制等（第177条）

　2023年会社法第177条は、新規条文で国家出資会社の内部統制に関する規定である。2023年会社法では国家出資会社の内部統制について国家出資会社は法に基づいて内部統制を確立・健全化し、コンプライアンスを強化しなければならないと規定している（第177条）。新規条文設定の理由は、以下の通りである。本条は国家出資会社の内部コンプライアンス管理規定に関するものである。コンプライアンスは、発生する可能性のあるコンプライアンスリスクを効果的に防止、識別、対応するために構築されたコーポレートガバナンスのシステムである。その基本的な意味は：会社のすべての内外部の行為は法律、法規、国際条約と規範的文書の規定に合致しなければならない以外に、商業行為の準則、

商業慣例、会社定款、内部規則の要求と公序良俗の要求に合致しなければならない。その意味で、コンプライアンスは法的要件であり、道徳的要件でもある。企業内の運用から言えば、コンプライアンスは外的要件に適応することを目的として、内部統制と自粛能力を効果的に改善することを核心とした企業の自律的な行為である[9]。

第2節 2023年会社法第69条・121条・176条の条文解釈

1 有限責任会社の審計委員会（会社法第69条）

2023年会社法第69条は、新規条文で有限責任会社の取締役会における審計委員会に関する規定である。本条の規定は、初めて取締役会における審計委員会を設置できる制度を導入した。本条規定のポイントは、下記の2つである（第69条）。

(1)有限責任会社は会社定款の規定に従い、取締役会に、取締役からなる審計委員会を設置でき、本法に規定される監査役会の職権を行使し、監査役会または監査役を設置しない。

(2)会社の取締役会構成員の従業員代表は、審計委員会の構成員になることができる。

2 株式会社の審計委員会（第121条）

2023年会社法121条は、新規条文で取締役会における審計委員会に関する規定である。本条の規定は、初めて取締役会における審計委員会制度を導入した。本条規定のポイントは、下記の5つである（第121条）。

(1)株式会社は、会社定款の規定に従って取締役会に取締役からなる審計委員会を設置でき、本法に規定される監査役会の職権を行使し、監査役会または監査役を設置しない。

(2)審計委員会の構成員は3人以上で、その過半数の構成員は会社で取締役以外の職務を兼任してはならず、会社と独立して客観的判断に影響を与える利害関係を持ってはならない。会社の取締役会構成員における従業員代表は審計委員会の構成員になることができる。

(3)審計委員会で決議するには、審計委員会構成員の過半数により採択しなければならない。審計委員会の決議に対する議決権は、1名に1票とする。

第Ⅰ部　改正 中国会社法

(4)審計委員会の議事方式および採決手順は、本法に規定がある場合を除き、会社定款により規定する。

(5)会社は会社定款の規定に従って取締役会に他の委員会を設置することができる。

3　国有独資会社の審計委員会（第176条）

表6-8

2018年会社法	2023年会社法
第70条 　国有独資会社監事会の構成員は５人より少なくてはならず。そのうち従業員代表の割合は３分の１を下回ってはならず、具体的な割合は会社定款に規定する。 　監査役会の構成員は国有資産監督管理機構に委任される。ただし、監査役会構成員の従業員代表は、従業員代表大会によって選出される。監査役会議長は、監査役会構成員から国有資産監督管理機構が指定する。 　監査役会は、本法第53条第１項から第３項に規定する職権及び国務院が規定するその他の職権を行使する。	第176条 　国有独資会社が取締役会に取締役からなる審計委員会を設置し、本法に規定する監査役会の職権を行使する場合、監査役会または監査役を設置しない。

　2023年会社法第176条は、改正条文で審計委員会・監査役会の自由選択（二者択一）に関する規定である。2018年会社法では監査役会の設置について下記の通りに定めていた。

(1)国有独資会社監事会の構成員は５人より少なくてはならず。そのうち従業員代表の割合は３分の１を下回ってはならず、具体的な割合は会社定款に規定する（第70条第１項）。

(2)監査役会の構成員は国有資産監督管理機構に委任される。ただし、監査役会構成員の従業員代表は、従業員代表大会によって選出される。監査役会議長は、監査役会構成員から国有資産監督管理機構が指定する（第70条第２項）。

(3)監査役会は、本法第53条第１項から第３項に規定する職権および国務院が規定するその他の職権を行使する（第70条第３項）。これに対して2023年会社法では審計委員会・監査役会の二者択一制度について重要な改正を行い、国有独

資会社が取締役会に取締役からなる審計委員会を設置し、本法に規定する監査役会の職権を行使する場合、監査役会または監査役を設置しないと定めている（第176条）。

第3節　2023年会社法第69条・121条・176条の立法過程における学説論争

監査役会の廃止・審計委員会をめぐる学説論争

　中国では近年会社の数が大幅増加しており、現在既4800万社余りに達している。他方、粉飾決算・会計不正など企業不祥事も多発している[10]。これまでの検討ですでに明らかになったように中国会社法が1994年7月1日に施行されてから5回の改正が行われ、特に2005年および2013年の改正では会社定款による私的自治を認める任意規定の増加、会社設立の準則主義の容認および最低資本金規制の撤廃など歴史的な大改正が行われていた。しかし、会社の統治機構に関する会社法の本格的な改正が行われていなかったために会社の機関設計のあり方、特に監査役会の存否をめぐる議論は、六回目の会社法改正の1つの争点となっている[11]。中国においては今、会社の統治機構に関連する学界の論争は、主に監査役会の存否を中心に展開されている。様々な学説があるが、主要的な見解は、以下のとおりである。

1　監査役会強化説

　監査役会強化説は、監査役会の無機能化の問題を認めるものの、監事会の独立性の強化や社外監査役の導入、監査役会の独立の財務支配権の強化などで経営者に対する監査役会の監査機能を改善し、監査役会の存続を引き続き認めるべきである以下のようにと主張する[12]。

　三権分立という企業統治の枠組みのもとでは監査役会は、もっとも無用な機関で法的な単に飾り物過ぎず経営者に対する監査機能をほとんど果たしていないと監査役会の無機能化の問題を認めた上で以下のように監査役会の無機能化の原因を分析し、その改善策を検討している。監査役会強化説は、監査役会の無機能化の原因について以下のように分析されている。会社法は理念上、会社の監督制度を設計したが、会社の実際運営における監査役会の行動問題について配慮してないのである。つまり、会社の監査役会には、監督行動を実施する

のに十分な動機、能力および激励が事実上欠けていると言える[13]。監査役会強化説は、監査役会の独立性の欠如問題について以下のように説明している。

(1)現行法では監査役会は、株主代表の監査役と従業員代表の監査役の両方で構成されなければならない。株主代表の監査役は、資本多数決・1株1議決権の会社法規定のもとでは大株主の議決権の行使により選出され、大株主の代表になる。会社においては実際、大株主が直接に董事長・総経理が兼任するケースも多い。そのために株主代表の監査役が大株主、董事長・総経理の行動を監視監督することは不可能ではないが、非常に困難なことであろう[14]。

(2)従業員代表の監査役は、従業員の選挙によって選任されるが、会社に雇われて会社との関係が雇用契約関係にある。従業員代表の監査役にとっては雇用契約関係の維持、給与状況、出世などは、すべて企業を支配下にする大株主、董事長・総経理に左右されるだろう。そのために従業員代表の監査役も大株主、董事長・総経理の行動を監視監督することは不可能ではないが、非常に困難なことであろう[15]。

(3)監査役会強化説は、監査役会の独立性の欠如問題の改善策として監査役会における社外監査役の導入を以下のように提案する[16]。監査役会における社外監査役の導入の目的は、大株主の監査役会に対する支配的な影響力に対抗し、株主代表の監査役の利益をバランスに取りながら従業員代表の監査役の立場上の弱さを補強するところである。監査役会における社外監査役の導入によって監査役会における人事的構成は、株主代表の監査役と従業員代表の監査役と社外監査役という「三三制」のバランスのとれた制約的構造を形成する。ある意味では、株主代表の監査役は、大株主の利益を代表し、従業員代表の監査役は、従業員の利益を代表する傾向性があるが、それも容認できることであろう。中小株主・債権者などの利益を代表するのは、社外監査役しかない。社外監査役は、会社・株主代表の監査役・従業員代表の監査役とはいかなる感情的・利益的葛藤を有してはならず、監査役会における社外監査役の存在は、大株主の監査役会に対する支配的な影響力を抑制し、取締役・総経理に対して独立的に監督的見解を表明できると期待されるだろう。

2　監査役会廃止説

監査役会廃止説は、2005年の会社法改正で監査役会の構成や監査権限も大幅

に強化されてきたが、監査役会は、単に飾り物過ぎず経営者に対する監査機能をほとんど果たしていないと以下のように強調している。[17]

　数十年間の企業統治の実践では監査役会という法定監督機関が会社の監督機能を果たすことができないことは既に証明された。また、大陸法・日本法から移植されてきた監査役会制度がドイツ・日本においても度々その機能不全・失敗を経験していたのみならず、中国の企業統治に適応できないために監査役会に対する部分的な改革は既に意味がなくなり、抜本的な法改正を行う必要がある。さらに監査役会の有名無実化（無機能化）は、企業統治のコストの浪費をもたらすのみならず会社監督が万事良しという虚像や麻痺効果を与えている。それは、法定監督機関の位置を独り占めてその他の監督機関の導入を阻害している。[18]

　監査役会廃止説は、結論として監査役会を徹底的に廃止させること、または一時的な改善策として会社が任意的に選択できる監査機関になることは、中国の企業統治の改革の突破口となり、望ましい選択であると強調する。

3　監査役会と独立取締役の併存説

　監査役会と独立取締役の併存説は、現行法では取締役会と監査役会の両方の設置を認めているし、会社法も独立取締役を規定しているため、監査役会と独立取締役の併存は、柔軟性のある企業統治を有すると強調する。[19]また、中国における企業統治の現状に配慮して会社法123条では上場会社は、独立取締役を置き、具体的規則は国務院が定めると規定している。それは、株式会社の企業統治の基本的枠組みを維持しながら独立取締役を置く上場会社の客観的現状にも配慮している。このような処理方法は、会社の実務に適応でき、柔軟性のある会社制度であるという。[20]

4　審計委員会・監査役会の二者択一説

　審計委員会・監査役会の二者択一説では以下のようにその理由について述べられている。会社定款の規定で自由に監査役会設置か取締役会における審計委員会設置を選択できるよう会社法改正で認めるべきである。[21]その２つの選択肢とは、下記の現行法上の監査役会設置会社と審計委員会設置会社の新設案である。

　審計委員会の設置を選択する会社は、ある程度の運営を経過した場合に審計

委員会の設置をそのままに維持することもできるし、会社定款変更で監査役会設置へ変更することもできる。逆の場合は同様な方法で自由に選択・変更することができる。なぜならば、立法機関ではなく会社当事者自身こそ、どのような企業統治・監督機関が会社自身の経営実態にもっとも相応しいかを理解でき、判断できるからであろう（コースの定理）。監査役会・審計委員会という機関設計は、共に市場経済体制の国家に誕生した制度であり、それぞれ独自の法律・歴史・文化・社会背景を持っているためにその優劣を判断することは非常に困難であろう[22]。立法機関の天職は会社および株主にはより多くの法的選択肢を提供することであり、会社および株主の私的自治を制限、塞ぐべきではない。また、中国証監会と上場会社の努力で独立取締役制度も整備されており、数多くの投資家による理解・支持も得られている。そのためには独立取締役制度の全面廃止も監査役会の全面廃止も立法機関にとって賢明な選択ではないという[23]。

　結局、2023年会社法に関して中国の立法機関は、主にこれまでに検討した監査役会強化説、監査役会廃止説および審計委員会・監査役会の二者択一説の立場に総合的に配慮して立法作業を進めてきたと考えられる。

第4節　四回の修訂草案審議稿から見た会社法176条の立法過程

審計委員会の設置について

1　有限責任会社の審計委員会（第69条）

　まず、会社法修訂草案1審稿第64条は、有限責任会社の審計委員会の設置について「有限責任会社は会社定款の規定に従い、取締役会に、取締役からなる審計委員会を設置し、会社の財務及び会計を監督し、会社定款に定めるその他の職権を行使することができる。取締役会に審計委員会を設置する有限責任会社は、監査役会または監査役を設置しない」と規定していた。

　さらに会社法修訂草案2審稿と会社法修訂草案3審稿では、ほぼ条文の変更なしで第64条から第69条への条文順序の調整のみが行われた。

　最後に会社法修訂草案4審稿では、「会社の取締役会構成員における従業員代表は審計委員会の構成員になることができる」と条文の内容が追加されたが、結局、会社法修訂草案4審稿では条文の変更なしで2023年新会社法第69の規定となった。

第6章　国家出資会社の組織機関に関する特別規定

表6-9

会社法 修訂草案1審稿	会社法 修訂草案2審稿	会社法 修訂草案3審稿	会社法 修訂草案4審稿
第64条 　有限責任会社は会社定款の規定に従い、取締役会に、取締役からなる審計委員会を設置し、会社の財務及び会計を監督し、会社定款に定めるその他の職権を行使することができる。 　取締役会に審計委員会を設置する有限責任会社は、監査役会または監査役を設置しないことができる。	第69条 　有限責任会社は、会社定款の規定に従い、取締役会に審計委員会を設置し、本法に規定される監査役会の職権を行使し、監査役会または監査役を設置しない。	第69条 　有限責任会社は会社定款の規定に従い、取締役会に、取締役からなる審計委員会を設置し、本法に規定される監査役会の職権を行使し、監査役会または監査役を設置しない。	第69条 　有限責任会社は会社定款の規定に従い、取締役会に、取締役からなる審計委員会を設置し、本法に規定される監査役会の職権を行使し、監査役会または監査役を設置しない。 　会社の取締役会の構成員の従業員代表は審計委員会の構成員になることができる。

2　株式会社の審計委員会（第121条）

　まず、会社法修訂草案1審稿125条は、株式会社の審計委員会の設置について「会社定款の規定により取締役会の中で取締役からなる審計委員会等の専門委員会を設置することができる。審計委員会が会社の財務・会計に対する監督を行い、会社定款所定の職権も行使する（第1項）。審計委員会を設置し、なおかつその構成員の過半数が非業務執行取締役である株式会社は、監査役会あるいは監査役を設置しない。審計委員会の構成員は、会社の経理または会計責任者を担当してはならない（第2項）」と規定している。

　さらに会社法修訂草案2審稿では「前項に規定された審計委員会は3人以上の取締役で構成され、独立取締役は過半数を占めなければならず、少なくとも1人の独立取締役は会計専門家である。独立取締役は会社で取締役以外の職務を担当してはならず、会社と独立して客観的判断に影響を与える可能性のある関係を持ってはならない」と条文内容の追加したほか第125条から第121条への条文順序の調整も行った。

　最後に会社法修訂草案3審稿では、会社の取締役会構成員における従業員代

155

第Ⅰ部　改正　中国会社法

表6-10

会社法 修訂草案1審稿	会社法 修訂草案2審稿	会社法 修訂草案3審稿	会社法 修訂草案4審稿
第125条 　株式会社は、会社定款の規定に従って取締役会に取締役からなる審計委員会などの専門委員会を設置できる。審計委員会は、会社の財務、会計を監督し、定款に規定されたその他の職権を行使する責任を負う。 　審計委員会を設置し、他の構成員の過半数が非執行役員である株式会社は、監査役会や監査役を設置しないことができる。審計委員会の構成員は、会社の経理または財務責任者を務めてはならない。	第121条 　株式会社は、会社定款の規定に従って取締役会に審計委員会を設置でき、本法に規定される監査役会の職権を行使し、監査役会または監査役を設置しない。 　前項に規定する審計委員会は3名以上の取締役で構成され、独立取締役は過半数を占めなければならず、かつ少なくとも1名の独立取締役は会計専門家でなければならない。 　独立取締役は会社で取締役以外の職務を担当してはならず、会社と独立して客観的判断に影響を与える可能性のある関係を持ってはならない。 　会社は会社定款の規定に従って取締役会に他の委員会を設置することができる。	第121条 　株式会社は、会社定款の規定に従って取締役会に取締役からなる審計委員会を設置でき、本法に規定される監査役会の職権を行使し、監査役会または監査役を設置しない。 　審計委員会の構成員は3人以上で、過半数の構成員は会社で取締役以外の職務を兼任してはならず、会社と独立して客観的判断に影響を与える可能性のある関係を持ってはならない。 　会社は会社定款の規定に従って取締役会に他の委員会を設置することができる。	第121条 　株式会社は、会社定款の規定に従って取締役会に取締役からなる審計委員会を設置でき、本法に規定される監査役会の職権を行使し、監査役会または監査役を設置しない。 　審計委員会の構成員は3人以上で、過半数の構成員は会社で取締役以外の職務を兼任してはならず、会社と独立して客観的判断に影響を与える可能性のある関係を持ってはならない。会社の取締役会構成員における従業員代表は審計委員会の構成員になることができる。 　審計委員会で決議するには、審計委員会構成員の過半数を通過しなければならない。 　審計委員会の決議に対する議決権は、1名に1票とする。 　審計委員会の議事方式及び採決手順は、本法に規定がある場合を除き、会社定款

| | | | により規定する。

　会社は会社定款の規定に従って取締役会に他の委員会を設置することができる。 |

表は審計委員会の構成員になることができると条文の内容が追加された。結局、会社法修訂草案4審稿では条文の変更なしで2023年会社法第121条の規定となった。

3　国有独資会社の審計委員会（第176条）

表6‑11

会社法 修訂草案1審稿	会社法 修訂草案2審稿	会社法 修訂草案3審稿	会社法 修訂草案4審稿
第153条 　国有独資会社は規定に従って監事会または監事を設置せず、取締役会に取締役からなる審計委員会などの専門委員会を設置し、審計委員会の構成員の過半数を外部取締役としなければならない。審計委員会は、会社の財務、会計を監督し、定款に規定されたその他の職権を行使する。	第176条 　国有独資会社は監査役会又は監査役を設置せず、取締役会に審計委員会を設置し、本法に規定する監査役会の職権を行使する。	第176条 　国有独資会社が取締役会に取締役からなる審計委員会を設置し、本法に規定する監査役会の職権を行使する場合、監査役会または監査役を設置しない。	第176条 　国有独資会社が取締役会に取締役からなる審計委員会を設置し、本法に規定する監査役会の職権を行使する場合、監査役会または監査役を設置しない。

　2023年会社法は、国有独資会社が審計委員会を導入することを認め、監査役会または監査役を設置しないことを規定している（第176条）。今回の会社法改正の重要な措置の1つは、審計委員会制度を導入し、国有独資会社が監査役会を設置せず、取締役会の中に審計委員会を設置して監査役会の職権を行使することを認めたことである。2017年に公布された国務院弁公庁の「国有企業法人のガバナンス構造改善に関する指導意見」は、国有独資、全額出資会社の外部

第Ⅰ部　改正 中国会社法

取締役が多数を占める取締役会を全面的に設立し、国有持株企業が外部取締役の派遣制度を実行し、外部派遣監査役会の改革を完成させることを提案した。

2018年に中国共産党が公布した「党と国家機構改革深化方案」は、国有重点大手企業に監事会を設置しないことを明らかにした[24]。2018年に公布された国務院の「国有資本投資の推進、会社改革の試行に関する実施意見」は、国有資本投資、運営会社が取締役会を設立し、その構成員が原則として９人を下回ってはならず、執行役員、外部取締役、従業員取締役で構成されることを提案し、取締役会の下に戦略・投資委員会、指名委員会、報酬・考査委員会、審計委員会などの専門委員会を設置することも提案した。現在、国務院国家資金委員会が出資者の職責を履行している中央企業も監査役会を廃止した後、監査役会も設置せず、外部取締役の導入と取締役会の審計委員会の設立などの専門委員会を通じて監督の役割を果たしているという。2023年会社法の立法過程において中国の立法機関は、主にこれまでに検討した監査役会強化説、監査役会廃止説および監査役会・審計委員会の二者択一説の立場に沿って立法作業を進めてきたと考えられる。

まず、会社法修訂草案１審稿153条では国有独資会社は、規定により監査役会あるいは監査役を設置せず、取締役会の中で取締役からなる審計委員会等の専門委員会を設置する。審計委員会の構成員は、その過半数が社外取締役で構成されなければならない。審計委員会の会社の財務・会計に対する監督を行い、会社定款所定の職権も行使すると規定されている。

さらに会社法修訂草案２審稿ではほぼ条文内容の変更なしで第153条から第176条への条文順序上の調整だけを行った。

最後に会社法修訂草案３審稿では、国有独資会社が取締役会に取締役からなる審計委員会を設置し、本法に規定する監査役会の職権を行使する場合、監事会または監査役を設置しないと条文の内容が修正された。結局、会社法修訂草案４審稿では条文の変更なしで2023年会社法第176条の規定となった。

2023年会社法第69条では、有限責任会社は会社定款の規定に従って取締役会に取締役からなる審計委員会を設置し、本法で規定する監査役会の職権を行使し、監査役会と監査役を設置しないことができると規定している。また、第121条では株式会社の審計委員会に対しても同様の規定を定めている。このような任意性規範の配置の上で、会社監督の一部の権限は取締役会に移り、取締

158

役会の監督機能の強化は、期待されている。

中国の立法機関は、国有出資会社の関連制度について下記の見解を示した。

(1)改正草案は党規の規定に基づいて、党の国有企業に対する指導を明確にし、党組織が方向、大局を管理し、実行を保証する指導的な役割を保証し、下記のように規定する。すなわち、国家出資会社の中の中国共産党の組織は、中国共産党規の規定に基づいて指導的な役割を発揮し、会社の重大な経営管理事項を研究討論し、株主会、取締役会、監事会、高級管理者が法に基づいて職権を行使することを支持する[25]。

(2)国有企業改革の成果を深く総括し、現行の会社法の国有独資会社専節に関する基礎の上で国家出資会社の特別規定」の特別の章を設置する：第1には、適用範囲を国有独資有限責任会社から、国有独資、国有持株の有限責任会社、株式会社に拡大する。第2には、国家出資会社は、国有資産監督管理機構などが授権に基づいて本級政府を代表して出資者の職責を履行することを明確にする；出資者の職責を履行する機構は重要な国家出資会社の重大事項について関連決定を行う前に、本級政府に報告して承認しなければならない。国家出資会社は、法に基づいて健全的な内部監督管理とリスク制御制度を確立しなければならない。第3には、党中央の関連配置を実行し、国有独資会社の取締役会の建設を強化し、国有独資会社の取締役会構成員のうち外部取締役が過半数を超えなければならないことを要求する。また、取締役会に審計委員会などの専門委員会を設置するとともに、監査役会を設置しない[26]。

(3)中国の特色ある現代企業制度の完備に関する党中央の要求を貫徹、実行し、中国の会社制度革新の実践経験を深く総括し、会社組織機構の設置の面で会社により大きな私的自主権を与える[27]。第1に、取締役会のコーポレートガバナンスにおける地位を強化し、民法典の関連規定に基づいて取締役会が会社の業務執行機関であることを明確にする。第2に、国有独資会社、国有資本投資運営会社の取締役会建設実践に基づき、中国企業の海外進出及び外商投資企業が中国への投資に便宜を提供し、会社が単層制の機関設計（取締役会のみを設置し、監査役会を設置しないこと）を選択することができると認める。会社が取締役会のみを設置することを選択した場合、取締役会に取締役からなる審計委員会を設置して監督を担当しなければならないがこのうち、株式会社の場合は、審計委員会の構成員の過半数は、非執行役員でなければならない。第3に、会

159

第Ⅰ部　改正 中国会社法

社の組織機関の設置をさらに簡略化し、規模の小さい会社の場合は、取締役会を設置しないこともできるし、株式会社には 1 〜 2 人の取締役を設置し、有限責任会社には 1 人の取締役または経理を設置し、規模の小さい会社では、監査役会を設置せず 1 〜 2 人の監査役を設置するという。

[注]
1 ）劉俊海著『新公司法的制度創新』中国法制出版社、2024年、496頁。
2 ）劉俊海前掲注 1 ）、496-497頁。
3 ）趙旭東主編・劉斌副主編『2023新公司法条文解釈』法律出版社、2024年、370-371頁。
4 ）趙旭東前掲注 2 ）、371-372頁。
5 ）徐強胜『公司法 規則与応用』中国法制出版社、2024年、393頁。趙旭東主編・劉斌副主編『2023新公司法条文解釈』法律出版社、2024年、2-3頁。
6 ）徐強胜前掲注 5 ）、395-396頁。
7 ）徐強胜前掲注 5 ）、396-397頁。
8 ）朱慈蘊主編『新公司法条文精解』中国法制出版社、2024年、283頁。李建偉主編『公司法評釈』法律出版社、2024年、 4 頁。
9 ）徐強胜前掲注 5 ）、398頁。
10）周小川「公司治理与金融稳定」中国金融、2020年第15期、 2 頁。
11）趙旭東「公司法修訂中的公司治理制度創新」中国法学評論、2020年第 6 期、6-7頁。
12）施天濤「譲監事会的腰杆子硬起來」中国法学評論、2020年第 6 期、93頁。
13）施天濤前掲注12）、94頁。
14）施天濤前掲注12）、94頁。
15）施天濤前掲注12）、95頁。
16）施天濤前掲注12）、96頁。
17）趙旭東「中国公司治理制度的困境與出路」中国法学、2021年第 2 期、6-7頁。
18）趙旭東前掲注17）、66-67頁。
19）朱慈蘊・林凱「公司制度趨同理論検視下的中国公司治理評析」法学研究2013年第 5 期、29-32頁。石少侠「论我国公司治理的问题与对策」北京论坛2017年第 3 期744頁。R. Romano, The Sarbanes-Oxley Act and the Making of Quack Corporate Governance114 Yale. L. J（2005）at1530.
20）朱慈蘊・林凱前掲注19）、32頁。
21）劉俊海「論新公司法的四項核心原則」北京理工大学学報2022年第 3 期、15頁。馮果「一元制公司治理結構下董事会的功能檢視與再造」北京理工大学学報2022年第 3 期、4-5頁。
22）劉俊海「公司法学第三版」北京大学出版社、2020年、170頁。
23）劉俊海前掲注21）、172頁。徐治文「南巡講話後の市場経済と法の歩みと行方」追手門経営論集 Vol. 28, No, 2、2022年、45頁。
24）王瑞賀「関于『中華人民共和国公司法（修訂草案)』的説明」中華人民共和国全人代常務委員会公報2024年第 1 号、35頁。

第 6 章　国家出資会社の組織機関に関する特別規定

25)　王瑞賀前掲注24)、35頁。
26)　王瑞賀前掲注24)、35-36頁。
27)　王瑞賀前掲注24)、36-37頁。

第7章　株主・中小株主の権益保護の強化

第1節　2023年会社法の改正条文（新規条文を含む）の解釈

1　株主権濫用の賠償責任（第21条）

　2023年会社法第21条は、改正条文で株主権濫用の賠償責任に関する規定である。2018年会社法には株主権濫用の賠償責任について下記の通りに定めていた（第20条）。

　(1)会社の株主は法律、行政規範と会社定款を遵守し、法に基づいて株主の権利を

行使し、株主の権利を濫用して会社またはその他の株主の利益を損害してはならず、会社法人の独立な地位と株主の有限責任を濫用して会社の債権者の利益を損害してはならない。

　(2)会社の株主が株主の権利を濫用して会社またはその他の株主に損失を与え

表 7 - 1

2018年会社法	2023年会社法
第20条 　会社の株主は法律、行政規範と会社定款を遵守し、法に基づいて株主の権利を行使し、株主の権利を濫用して会社またはその他の株主の利益を損害してはならない：会社法人の独立な地位と株主の有限責任を濫用して会社の債権者の利益を損害してはならない。 　会社の株主が株主の権利を濫用して会社またはその他の株主に損失を与えた場合、法に基づいて賠償責任を負わなければならない。 　会社の株主が会社法人の独立な地位と株主の有限責任を濫用し、債務を逃れ、会社の債権者の利益を深刻に損害した場合、会社の債務に連帯責任を負わなければならない。	第21条 　会社の株主は法律、行政規範と会社定款を遵守し、法に基づいて株主の権利を行使し、株主の権利を濫用して会社またはその他の株主の利益を損害してはならない。 　会社の株主が株主の権利を濫用して会社またはその他の株主に損失を与えた場合、賠償責任を負わなければならない。 第22条 　会社の持株株主、実際の支配者、取締役、監査役、高級管理人はその利益相反取引をして会社の利益を損害してはならない。 　前項の規定に違反し、会社に損失を与えた場合、賠償責任を負わなければならない。

第Ⅰ部　改正　中国会社法

た場合、法に基づいて賠償責任を負わなければならない。

　(3)会社の株主が会社法人の独立な地位と株主の有限責任を濫用し、債務を逃れ、会社の債権者の利益を深刻に損害した場合、会社の債務に連帯責任を負わなければならない。

　これに対して2023年会社法では株主権濫用の賠償責任について2018年会社法第20条１項の「会社法人の独立な地位と株主の有限責任を濫用して会社の債権者の利益を損害してはならない」の内容を削除した上、下記の通りに規定している（第21条）。

　(1)会社の株主は法律、行政規範と会社定款を遵守し、法に基づいて株主の権利を行使し、株主の権利を濫用して会社またはその他の株主の利益を損害してはならない。

　(2)会社の株主が株主の権利を濫用して会社またはその他の株主に損失を与えた場合、賠償責任を負わなければならない。

2　会社法人格の否認（第23条）

　2023年会社法第23条は、改正条文で会社法人格の否認に関する規定である。2018年会社法は会社法人格の否認にについて下記の通りに定めていた（第20条第３項）。

表 7 - 2

2018年会社法	2023年会社法
第20条３項 　会社の株主が会社法人の独立な地位と株主の有限責任を濫用し、債務を逃れ、会社の債権者の利益を深刻に損害した場合、会社の債務に連帯責任を負わなければならない。	第23条 　会社の株主が会社法人の独立な地位と株主の有限責任を濫用し、債務を逃れ、会社の債権者の利益を深刻に損害した場合、会社の債務に連帯責任を負わなければならない。
第63条 　一人有限責任会社の株主は、株主自身の財産から会社の財産が独立することを証明できない場合は、会社の債務にについて連帯責任を負わなければならない。	会社の株主がその支配する２つ以上の会社を利用して前項の規定行為を実施した場合、各社はいずれかの会社の債務に対して連帯責任を負わなければならない。 　一人有限責任会社の株主は、株主自身の財産から会社の財産が独立することを証明できない場合は、会社の債務にについて連帯責任を負わなければならない。

第 7 章　株主・中小株主の権益保護の強化

(1)会社の株主が会社法人の独立な地位と株主の有限責任を濫用し、債務を逃れ、会社の債権者の利益を深刻に損害した場合、会社の債務に連帯責任を負わなければならない（第20条第 3 項）。

(2)一人有限責任会社の株主は、株主自身の財産から会社の財産が独立することを証明できない場合は、会社の債務にについて連帯責任を負わなければならない（第63条）。

これに対して2023年会社法では会社法人格の否認について下記の通りに規定している（第23条）。

(1)会社の株主が会社法人の独立な地位と株主の有限責任を濫用し、債務を逃れ、会社の債権者の利益を深刻に損害した場合、会社の債務に連帯責任を負わなければならない。

(2)会社の株主がその支配する 2 つ以上の会社を利用して前項の規定行為を実施した場合、各社はいずれかの会社の債務に対して連帯責任を負わなければならない。

(3)一人有限責任会社の株主は、株主自身の財産から会社の財産が独立することを証明できない場合は、会社の債務にについて連帯責任を負わなければならない。

3　異議株主の株式買取請求権（第89条第 3 項）

2023年会社法第89条は、改正条文で異議株主の持分買取請求権に関する規定である。2018年会社法は異議株主の持分買取請求権については表 7 - 3 の左欄の通りに定めていた（第74条）。これに対して2023年会社法では異議株主の持分買取請求権について下記の通りに規定している（第89条）。

以下のいずれかの場合、株主会の決議に反対票を投じた株主は、会社に合理的な価格で株式を買取するように請求することができる。

(1)会社は 5 年連続で株主に利益を配当せず、会社は当該 5 年連続で利益を得て、そして本法に規定さる利益配当条件に準拠する場合。

(2)会社が合併、分割、主な財産を譲渡する場合。

(3)会社定款に規定される営業期間が満了した、又は定款に規定されるその他の解散事由が発生した場合、株主会会議は決議により定款を改正して会社を存続させる場合。

165

第Ⅰ部　改正 中国会社法

表7-3

2018年会社法	2023年会社法
第74条 　以下のいずれかの場合、株主会の決議に反対票を投じた株主は、会社に合理的な価格でその持分を買い取るように請求することができる： ⑴会社は5年連続で株主に利益を配当せず、会社は当該5年連続で利益を得て、そして本法に規定さる利益配当条件に準拠する場合： ⑵会社が合併、分割、主な財産を譲渡する場合： ⑶会社定款に規定される営業期間が満了した、又は定款に規定されるその他の解散事由が発生した場合、株主会は決議により定款を改正して会社を存続させる場合。 　株主会決議が採択された日から60日以内に、株主と会社が持分買取合意に達しない場合、株主は株主会決議が採択された日から90日以内に人民法院に訴訟を提起することができる。	第89条 　以下のいずれかの場合、株主会の決議に反対票を投じた株主は、会社に合理的な価格で株式を買取するように要求することができる： ⑴会社は5年連続で株主に利益を配当せず、会社は当該5年連続で利益を得て、そして本法に規定さる利益配当条件に準拠する場合： ⑵会社が合併、分割、主な財産を譲渡する場合： ⑶会社定款に規定される営業期間が満了した、又は定款に規定されるその他の解散事由が発生した場合、株主会会議は決議により定款を改正して会社を存続させる場合。 　株主会会議決議が採択された日から60日以内に、株主と会社が株式買取合意に達しない場合、株主は株主会会議決議が採択された日から90日以内に人民法院に訴訟を提起することができる。 　<u>会社の支配株主が株主の権利を濫用し、会社又は他の株主の利益を著しく損なう場合、他の株主は会社に合理的な価格で株式の買取を請求する権利がある。</u> 　<u>会社が本条第1項、第3項に規定する状況により買取した自社株式は、6ヶ月以内に法に基づいて譲渡または消却しなければならない。</u>

　株主会会議決議が採択された日から60日以内に、株主と会社が株式買収合意に達しない場合、株主は株主会会議決議が採択された日から90日以内に人民法院に訴訟を提起することができる。

　会社の支配株主が株主の権利を濫用し、会社又は他の株主の利益を著しく損なう場合、他の株主は会社に合理的な価格で株式の買取を請求する権利がある。

　会社が本条第1項、第3項に規定する状況により買取した自社株式は、6ヶ月以内に法に基づいて譲渡または消却しなければならない。

第７章　株主・中小株主の権益保護の強化

4　支配株主・実質的支配者の忠実・勤勉義務（第180条第３項）

2023年会社法第180条は、改正条文で支配株主・実質的支配者の忠実義務・勤勉義務に関する規定である。2018年会社法は第147条第１款で取締役、監査役、高級管理者は法律、行政規範と会社定款を遵守し、会社に対して忠実義務と勤勉義務を負わなければならないと規定していたが、支配株主・実質的支配者の忠実・勤勉義務に関連する規定が無かった。これに対して2023年会社法では支配株主・実質的支配者の忠実・勤勉義務にについて下記の通りに規定している（第179・180条）。

(1)取締役、監査役、高級管理者は、法律、行政規範と会社定款を遵守しなければならない（第179条）。

(2)取締役、監査役、高級管理者は、会社に対して忠実義務と勤勉義務を負い、自分の利益と会社の利益の衝突を回避するための措置を講じ、職権を利用して不当な利益を受け取ってはならない。

(3)取締役、監事、高級管理者は、会社に勤勉義務を負い、職務を執行することは会社の最大利益のために管理者の通常あり、合理的な注意を尽くさなけれ

表７-４

2018年会社法	2023年会社法
第147条第１款 　取締役、監査役、高級管理者は法律、行政規範と会社定款を遵守し、会社に対して忠実義務と勤勉義務を負わなければならない。	第179条 　取締役、監査役、高級管理者は法律、行政規範と会社定款を遵守しなければならない。
	第180条 　取締役、監査役、高級管理者は会社に対して忠実義務と勤勉義務を負い、自分の利益と会社の利益の衝突を回避するための措置を講じ、職権を利用して不当な利益をむさぼってはならない。
	取締役、監事、高級管理者は会社に勤勉義務を負い、職務を執行することは会社の最大利益のために管理者の通常あり、合理的な注意を尽くさなければならない。
	会社の支配株主、実質的支配者が会社の取締役を務めないが実際に会社の事務を実行する場合、前２項の規定を適用する。

167

第Ⅰ部　改正 中国会社法

ばならない。

⑷会社の支配株主、実質的支配者が会社の取締役を務めないが実際に会社の業務を実行する場合、前2項の規定を適用する。

5　支配株主・実質的支配者の連帯責任（第192条）

2023年会社法第192条は、新規条文で支配株主・実質的支配者の連帯責任に関する規定である。2023年会社法は、初めて支配株主・実質的支配者の連帯責任制度を導入した。

つまり、会社の支配株主、実質的支配者が取締役、高級管理者に対して会社または株主の利益を損なう行為をするように指示した場合、当該取締役、高級管理者とともに連帯責任を負なければならない（第192条）。

6　特定株主の株式譲渡制限（第160条第1項）

2023年会社法第160条は、改正条文で特定株主の株式譲渡制限（第160条1項）に関する規定である。2018年会社法は発起人等の株式譲渡制限について上記表7－5の左欄の通りに定めていた（第141条）。これに対して2023年会社法では特定株主の株式譲渡制限について下記の通りに規定している（第160条）。

⑴会社が株式を公開発行する前に発行された株式は、証券取引所に上場した日から1年間以内に譲渡してはならず、法律、行政規範又は国務院証券監督管理機構は、上場会社の株主、実質的支配者が保有する自社株式を譲渡することに対して別途規定がある場合、その規定に従う。

⑵会社の取締役、監査役、高級管理者は、会社に保有する自社株式及びその変動状況を申告し、就任時に確定した在任期間に毎年譲渡する株式は、自社株式総数の25％を超えてはならず、保有する自社株式は、会社株式の上場取引の日から1年間以内に譲渡してはならない。上記人員が退職してから半年以内に、保有する自社株式を譲渡してはならず、会社定款は、会社の取締役、監査役、高級管理者が保有する自社株式を譲渡することに対してその他の制限的な規定を定めることができる。

⑶株式が法律、行政規範に規定された譲渡制限期間内に質権を行使した場合、質権者は譲渡制限期間内に質権を行使してはならない。

第 7 章　株主・中小株主の権益保護の強化

表 7 - 5

2018年会社法	2023年会社法
第141条 　発起人が保有する当社株式は、会社設立日から 1 年間以内に譲渡してはならない。会社が株式を公開発行する前に発行した株式は、証券取引所に上場した日から 1 年間以内に譲渡してはならない。 　会社の取締役、監査役、高級管理者は、その保有する自社の株式及びその変動状況を申告し、在任期間中に毎年譲渡する株式は、当社の株式総数の25％を超えてはならず、保有する当社株式は、会社株式の上場取引の日から 1 年間以内に譲渡してはならない。上記人員が退職してから半年以内に、保有する自社株式を譲渡してはならない。会社定款は、会社の取締役、監査役、高級管理者が保有する自社株式を譲渡することに対してその他の制限的な規定を定めることができる。	第160条 　会社が株式を公開発行する前に発行された株式は、証券取引所に上場した日から 1 年間以内に譲渡してはならない。法律、行政規範又は国務院証券監督管理機構は、上場会社の株主、実質的支配者が保有する自社株式を譲渡することに対して別途規定がある場合、その規定に従う。 　会社の取締役、監査役、高級管理者は、会社に保有する自社の株式及びその変動状況を申告し、就任時に確定した在任期間に毎年譲渡する株式は、自社の株式総数の25％を超えてはならない。保有する当社株式は、会社株式の上場取引の日から 1 年間以内に譲渡してはならない。上記人員が退職してから半年以内に、保有する自社株式を譲渡してはならない。会社定款は、会社の取締役、監査役、高級管理者が保有する自社株式を譲渡することに対してその他の制限的な規定を定めることができる。 　株式が法律、行政規範に規定された譲渡制限期間内に質権を行使した場合、質権者は譲渡制限期間内に質権を行使してはならない。

第 2 節　2023年会社法第57条の立法過程における学説論争

株主の会計証憑閲覧権（会社法第57条）をめぐる学説論争

　中国では会社法理論界と実務界は会計証憑を株主の知る権利として株主による閲覧できるかどうかについて意見が分かれている。

　中国の司法実践において株主査閲が請求権の対象となる会計帳簿を調べることは、会計学における会計帳簿と呼ばれる会計書類だけを指すのか、それとも会計帳簿の作成に必要な会計証憑や原始契約なども含むのか、ずっと論争の焦点となってきた。[1]

第Ⅰ部　改正 中国会社法

表7‑6

2018年会社法	2023年会社法
第33条 　株主は、会社定款、株主総会の会議記録、取締役会会議の決議、監査役会会議の決議、財務会計の報告を査閲、複製する権利がある。 　株主は会社の会計帳簿の査閲を請求することができる。請求する場合は、会社に書面で提出し、目的を説明しなければならない。会社は合理的な根拠により、株主からの請求に不正な目的があり、会社の合法的な利益を損なう可能性があると判断した場合、株主からの請求を拒否することができる。株主が書面による請求を提出した日から15日以内に株主に書面で返事し、理由を説明しなければならない。請求を拒否された場合、株主は裁判所に閲覧を要求することができる。	第57条 　株主は、会社定款、株主名簿、株主総会の会議記録、取締役会会議の決議、監査役会会議の決議、財務会計の報告を査閲、複製する権利がある。 　株主は会社の会計帳簿、会計証憑の査閲を請求することができる。請求する場合は、会社に書面で提出し、目的を説明しなければならない。会社は合理的な根拠により、株主からの請求に不正な目的があり、会社の合法的な利益を損なう可能性があると判断した場合、株主からの請求を拒否することができる。株主が書面による請求を提出した日から15日以内に株主に書面で返事し、理由を説明しなければならない。請求を拒否された場合、株主は裁判所に訴訟を起こすことができる。 　株主が前項に規定する資料を査閲には、会計士事務所、弁護士事務所などの仲介機関に委託することができる。 　株主及びその委託する会計事務所、弁護士事務所等の仲介機関は関連資料を査閲、複製には、国家秘密、商業秘密、プライバシー、個人情報等の保護に関する法律、行政規範の規定を遵守しなければならない。 　株主が会社の完全子会社に関する資料の査閲、複製を要求する場合、前4項の規定を適用する。

第7章　株主・中小株主の権益保護の強化

表7-7

2018年会社法	2023年会社法
第97条 　株主は、会社定款、株主名簿、社債控え、株主総会会議記録、取締役会会議決議、監査役会会議決議、財務会計報告書を査閲し、会社の経営に対して提案または質問する権利がある。	第110条 　株主は、会社定款、株主名簿、株主総会会議記録、取締役会会議決議、監査役会会議決議、財務会計報告書を査閲、複製し、会社の経営に対して提案または質問する権利がある。 　180日以上連続で会社の株式の3％以上を単独または合計して保有する株主が会社の会計帳簿、会計証憑の査閲を要求した場合、本法第57条第2項、第3項、第4項の規定を適用する。会社定款が持株比率に対して低い規定がある場合、その規定に従う。 　株主が会社の完全子会社に関する資料の査閲、複製を要求する場合、前2項の規定を適用する。 　上場企業の株主が関連資料を査閲、複製する場合、『中華人民共和国証券法』などの法律、行政規範の規定を遵守しなければならない。

1　会計証憑閲覧賛成説

会計証憑閲覧賛成説の主な理由は、主に以下の5つである。

(1)会社法は、株主が会社の会計証憑を査閲することができることを明確に規定していないが、明文規定で禁止もしていない。法によって禁止されていない自由の基本法理に基づいて株主は会計証憑を閲覧する権利を享有する。[2]

(2)会計証憑は会社の実情を反映する最も基本的で最も原始的な資料であり、側面から会社の真実な経営状況を反映することができる。会社の経営に参加しない少数の株主にとって会計証憑を閲覧することは、会社の経営現状を本当に知る絶好の機会であり、同時に大株主の欺瞞を防止する有力な保障でもある。[3]

(3)株主が会社の投資家としてその利益は通常会社の利益と一致するため、株主は会社の実際の経営に関する会計証憑を査閲する権利があり会社もそれを保証しなければならない。[4]

(4)株主会計帳簿査閲請求権を共益権とし、司法政策に奨励的な態度を取れ

ば、この問題は解決するだろう。具体的には共益権として株主会計帳簿閲覧閲
請求権は株主の会社経営に対する監督権の制度延長として、それによって会計
帳簿閲覧請求権は、会社経営監督メカニズムの重要な構成部分となり、会社の
監査役が有する監査権限と比較すれば、監査役は、会計監査権を行使する過程
で、会計帳簿および原始証憑を含むすべての会計資料を閲覧することが当然で
きるが、その意味では株主の会計帳簿閲覧請求権の範囲を「会計帳簿」と呼ば
れる会計書類に限定する理由は、明らかにないだろう[5]。

　(5)会社法第33条の理解は『中華人民共和国会計法』（以下『会計法』と略称す
る）の関連規定と両立しなければならない。『会計法』第14条第1項は「会計
証憑には原始証憑と記帳証憑が含まれる」と規定している。『会計法』第15条
は「会計帳登記は、審査を経た会計証憑を根拠とし、関連法律、行政法規と国家
統一の会計制度の規定に合致しなければならない。会計帳簿には総勘定元帳、
明細帳、日記帳とその他の補助性帳簿が含まれる」と規定している。『会計法』
の2つの条文の規定により、会社会計帳簿と総勘定元帳、明細帳、日記帳及び
会計証憑間の論理関係、つまり総勘定元帳、明細帳、日記帳などからなる会社
の会計帳簿は、すべて会計証憑を基礎とし、根拠とする。会社の株主が会社の
会計帳簿記載の真実性に疑問を呈した場合、疑問を呈した株主は会計証憑を用
いて会計帳簿記載の真実か否かを確認し、認証する必要があるだけでなく、会
社も株主に会計証憑を提供し、異議を呈した株主に疑問を解く義務がある。こ
れにより、株主が査閲することができる会社の会計帳簿に会計証憑（原始証憑、
記帳証憑）が含まれるべきだという結論を順序よく論理的に得ることができる[6]。

2　会計証憑閲覧反対説

　反対説の理由は、主に下記の3つである。

　(1)会計証憑は他の査閲可能な対象とは異なり、特殊性がある。会計証憑は最
も原始的な基礎となる資料であるため、必然的に多くの会社経営内部情報、顧
客情報などの重要な内容が含まれており、これらはすべて会社の営業秘密の範
疇に属している。そのため、法政策の面では、企業の商業秘密保護と株主の知
る権利保障を考慮する必要があり、その中の1つの合理的な方法は株主が会計
証憑を査閲することを禁止となる[7]。

　(2)会計証憑は社内情報と緊密に関連し、株主が自由に会計証憑を閲覧するこ

とを許可された場合に、営業会社の営業秘密が損なわれ、ひいては会社の利益も損なう恐れがある。また株主の知る権利の対象範囲の拡大は、会社の管理コストを増加させ、会社の正常な経営を阻害する恐れがある[8]。

(3)立法上、会社法第33条と第97条は株主の知る権利に関する制度を規定している。その中で会社法第33条は第1、第2項の枠組みに分けて設置し、株主の権利範囲を2つの次元に分けた。すなわち、第1次元では定款、株主会会議記録、取締役会会議決議、監査役会会議決議と財務会計報告であり、上述の材料に対し、株主は査閲と複製を請求する権利があるが、第2次元では会計帳簿だが、株主は査閲するだけで、複製することはできない。司法実践において株主が頻繁に主張する会計証憑については少なくとも条文表現上で知る権利が行使できる範囲には含まれていない[9]。

このことから、会計証憑は会社法第33条第1、第2項に設置された二次元の客体とは異なり、第三次元と見なされ、株主の知る権利客体の範囲の三次元構造を形成しなければならない。これにより、裁判所は、株主会計証憑の査閲請求を審査する際、会計帳簿より厳格な態度を堅持しなければならず、簡単に会計証憑を会計帳簿の査閲延長と見なすことはできず、株主が請求を提出すれば、会計帳簿とともに会計証憑の査閲も判決による判断をすべきである[10]。

第3節　四回の修訂草案審議稿から見た2023年会社法第57条の立法過程

1　四回の修訂草案審議稿

会社法修訂草案1審稿第51条第2項は、株主は会社の会計帳簿、会計証憑の査閲を請求することができるが、請求する場合は、会社に書面で提出し、目的を説明しなければならないと定めていた。会社法修訂草案2審稿・3審稿第56条では、修訂草案1審稿内容のままで規定していた。

そして会社法修訂草案4審稿第57条5項では株主が会社の完全子会社に関する資料の査閲、複製を要求する場合、前4項の規定を適用する（5項）と定めていたが、結局、修訂草案4審稿第57条内容のままで2023年会社法第57条規定となった。

また、株式会社における株主の会計証憑閲覧等について2023年会社法第110条は、180日以上連続で会社の株式の3％以上を単独または合計して保有する

第Ⅰ部　改正 中国会社法

株主が会社の会計帳簿、会計証憑の査閲を要求した場合、本法第57条第2項、
第3項、第4項の規定を適用するが、会社定款が持株比率に対して低い規定が
ある場合、その規定に従うと定めている。

表7-7

会社法 修訂草案1審稿	会社法 修訂草案2審稿	会社法 修訂草案3審稿	会社法 修訂草案4審稿
第51条 　株主は、会社定款、株主名簿、株主会の会議記録、取締役会会議の決議、監査役会会議の決議、財務会計の報告を査閲、複製する権利がある。 　株主は会社の会計帳簿、会計証憑の査閲を請求することができる。請求する場合は、会社に書面で提出し、目的を説明しなければならない。会社は合理的な根拠により、株主からの請求に不正な目的があり、会社の合法的な利益を損なう可能性があると判断した場合、株主からの請求を拒否することができる。株主が書面による請求を提出した日から15日以内に株主に書面で返事し、理由を説明しなければならない。請求を拒否された場合、株主は裁判所に訴訟を起こすことができる。	第56条 　株主は、会社定款、株主名簿、株主会の会議記録、取締役会会議の決議、監査役会会議の決議、財務会計の報告を査閲、複製する権利がある。 　株主は会社の会計帳簿、会計証憑の査閲を請求することができる。請求する場合は、会社に書面で提出し、目的を説明しなければならない。会社は合理的な根拠により、株主からの請求に不正な目的があり、会社の合法的な利益を損なう可能性があると判断した場合、株主からの請求を拒否することができる。株主が書面による請求を提出した日から15日以内に株主に書面で返事し、理由を説明しなければならない。請求を拒否された場合、株主は裁判所に訴訟を起こすことができる。	第56条 　株主は、会社定款、株主名簿、株主会の会議記録、取締役会会議の決議、監査役会会議の決議、財務会計の報告を査閲、複製する権利がある。 　株主は会社の会計帳簿、会計証憑の査閲を請求することができる。請求する場合は、会社に書面で提出し、目的を説明しなければならない。会社は合理的な根拠により、株主からの請求に不正な目的があり、会社の合法的な利益を損なう可能性があると判断した場合、株主からの請求を拒否することができる。株主が書面による請求を提出した日から15日以内に株主に書面で返事し、理由を説明しなければならない。請求を拒否された場合、株主は裁判所に訴訟を起こすことができる。	第57条 　株主は、会社定款、株主名簿、株主会の会議記録、取締役会会議の決議、監査役会会議の決議、財務会計の報告を査閲、複製する権利がある。 　株主は会社の会計帳簿、会計証憑の査閲を請求することができる。請求する場合は、会社に書面で提出し、目的を説明しなければならない。会社は合理的な根拠により、株主からの請求に不正な目的があり、会社の合法的な利益を損なう可能性があると判断した場合、株主からの請求を拒否することができる。株主が書面による請求を提出した日から15日以内に株主に書面で返事し、理由を説明しなければならない。請求を拒否された場合、株主は裁判所に訴訟を起こすことができる。

株主が前項に規定する資料を査閲には、会計士事務所、弁護士事務所などの仲介機関に委託することができる。	株主が前項に規定する資料を査閲には、会計士事務所、弁護士事務所などの仲介機関に委託することができる。	株主が前項に規定する資料を査閲には、会計士事務所、弁護士事務所などの仲介機関に委託することができる。	株主が前項に規定する資料を査閲には、会計士事務所、弁護士事務所などの仲介機関に委託することができる。
株主及びその委託する会計事務所、弁護士事務所等の仲介機関は関連資料を査閲、複製には、国家秘密、商業秘密、プライバシー、個人情報等の保護に関する法律、行政規範の規定を遵守しなければならない。	株主及びその委託する会計事務所、弁護士事務所等の仲介機関は関連資料を査閲、複製には、国家秘密、商業秘密、プライバシー、個人情報等の保護に関する法律、行政規範の規定を遵守しなければならない。	株主及びその委託する会計事務所、弁護士事務所等の仲介機関は関連資料を査閲、複製には、国家秘密、商業秘密、プライバシー、個人情報等の保護に関する法律、行政規範の規定を遵守しなければならない。	株主及びその委託する会計事務所、弁護士事務所等の仲介機関は関連資料を査閲、複製には、国家秘密、商業秘密、プライバシー、個人情報等の保護に関する法律、行政規範の規定を遵守しなければならない。株主が会社の完全子会社に関する資料の査閲、複製を要求する場合、前4項の規定を適用する。

2　立法機関の見解

　中国の立法機関は、株主の会計証憑閲覧等について下記の見解を示しました。

　2023年12月25日、全国人民代表大会憲法と法律委員会は「『中華人民共和国会社法（修訂草案）』の審議結果に関する報告」の中で一部の常務委員会委員と部門、専門家、社会公衆は、株主の完全子会社関連材料の査閲、複製権利を増加させ、株主のコーポレート・ガバナンスの監督役割をよりよく発揮させることを提案した[11]。憲法と法律委員会の研究を経て、株主は完全子会社の関連資料の査閲、複製を要求することができることを検討した[12]。

[注]
1）　朱川「股東知情権客体的第三層面―兼談公司法修訂草案第51条」上海市第二中級人民法院商事審判庭課題組　『法律适用』2022年第10期、129頁。
2）　朱大明「論股東會計帳簿査閱権的監督功能―以査閱権的共益性為中心」『北方法学』

第Ⅰ部　改正　中国会社法

2021年第1期、63頁。

3）　李建偉「股東査閲會計憑証的公司法修訂方案」『国家検察官学院学報』2023年第4期、147頁。

4）　張平「有限責任公司股東査閲权対象的界定与完善」『法学雑志』2011年第4期、48-49頁。黄輝「『公司法』修訂背景下的股東知情権制度検討：比較與実証的視角」『比較法研究』2023年第3期、55頁。

5）　李建偉前掲注3）、43頁、45頁。

6）　石少侠「対『公司法』司法解釈（四）若干規定的理解與評析」『当代法学』2017年第6期、102頁。

7）　杨路「股東知情権若干問題研究」『法律適用』2007年第4期、65頁。陈群峰「股東査帳権若干問題探析」『法学雑志』2007年第6期、63頁。

8）　彭真明「股东知情权的限制与保障—以股东査阅权为例」『法学雑志』2007年第6期、36頁。

9）　朱川「股东知情权客体的第三层面—兼谈公司法修订草案第51条」上海市第二中级人民法院商事審判庭課題組　法律適用、136-137頁。

10）　朱川前掲注9）、137頁。

11）　袁曙宏「関于『中華人民共和国公司法（修訂草案)』審議結果的報告」中華人民共和国全人代常務委員会公報2024年第1号、43頁。

12）　袁曙宏前掲12）、43頁。

第 8 章　会社債権管理制度等の完備

第 1 節　2023年会社法の改正条文（新規条文を含む）の解釈

一　会社債権管理制度

1　会社債券の定義および発行方式（第194条）

表 8 - 1

2018年会社法	2023年会社法
第153条 　本法でいう社債とは、会社が法定手続きに基づいて発行し、一定期間に元利を返済することを約束する有価証券をいう。 　会社の社債発行は、『中華人民共和国証券法』に規定される発行条件に準拠しなければならない。	第194条 　本法でいう社債とは、会社が発行した約定期限通りに元利を返済する有価証券をいう。 　社債は、公開または非公開で発行することができる。

　2023年会社法第194条は、改正条文で会社債券の定義および発行方式に関する規定である。2018年会社法では会社債券の定義について「本法でいう社債とは、会社が法定手続きに基づいて発行し、一定期間に元利を返済することを約束する有価証券をいう。」を規定し（第153条第 1 項）、会社債券の発行方式については「会社の社債発行は『中華人民共和国証券法』に規定される発行条件に準拠しなければならない」と定めていた（第153条第 2 項）。これに対して2023年会社法の改正ポイントは、下記の 2 つである。

　(1)2018年会社法第153条第 1 項の会社債券の定義を基本的に維持しながら第153条 2 項の文言を削除した上で、本法でいう社債とは、会社が発行した約定期限通りに元利を返済する有価証券をいうと定めている（第194条第 1 項）。

　(2)社債は、公開または非公開で発行することができると規定している（第194条第 2 項）。つまり会社債券の発行方式について公開発行も非公開発行も可能であると明らかにした。

第Ⅰ部　改正 中国会社法

2　会社債券の公開発行登録制および募集方法（第195条）

表 8 - 2

2018年会社法	2023年会社法
第154条 　社債発行の申請が国務院の権限を与えられた部門によって承認された後、社債の募集方法が発表される。 　社債募集方法には、以下の主要事項を記載しなければならない： (1)会社名； (2)社債募集資金の使途； (3)社債の総額と額面金額； (4)債券金利の確定方法； (5)元金返済利息支払の期限と方法； (6)社債保証状況； (7)社債の発行価格、発行の開始と終了期日； (8)会社純資産額； (9)発行済み期限満了していない社債総額； (10)社債の引受機関。	第195条 　社債の公募発行は、<u>国務院の証券監督管理当局に登録され、社債の募集方法が公告しなければならない。</u> 　社債募集方法には、以下の主要事項を記載しなければならない： (1)会社名； (2)社債募集資金の使途； (3)社債の総額と額面金額； (4)債券金利の確定方法； (5)元金返済利息支払の期限と方法； (6)社債保証状況； (7)社債の発行価格、発行の開始と終了期日； (8)会社純資産額； (9)発行済み期限満了していない社債総額； (10)社債の引受機関。

　2023年会社法第195条は、改正条文で会社債券の公開発行登録制および募集方法に関する規定である。2023年会社法は、2018年会社法第154条第1項の「国務院の権限を与えられた部門によって承認された後」を「社債の公募発行は国務院の証券監督管理当局に登録される」と改正した（第195条1項）。条文改正の理由は、下記の通りである。[1]2023年会社法改正の際に「証券法」の公開発行証券が承認制から登録制に制度が変更された時期であった。その制度変化に順応するため、社債規定の中で2018年会社法が規定していた承認制より登録制に調整しながら、転換社債が債券保有者によって株式に転換することを選択する際に上場会社の公開発行証券規則に適応すべきである。本条規定は、同様に「証券法」改正に対応するために承認制を登録制に修正した。

3　無記名社債の廃止（第197条）

　2023年会社法第197条は、改正条文で無記名社債の廃止に関する規定である。2018年会社法では社債は、記名または無記名とすることができると規定していた（第156条）が、2023年会社法は、2018年会社法の無記名社債を廃止して社債

第8章　会社債権管理制度等の完備

表8 - 3

2018年会社法	2023年会社法
第156条 　社債は、記名または無記名とすることができる。	第197条 　社債は、記名としなければならない。

は、記名としなければならないと定めている（第197条）。改正の理由は、下記の通りである。

　反腐敗、反テロ、反マネリングの公共対策を実施するために2023年会社法は、無記名社債の発行を禁止し、2018年会社法第157条の無記名社債関連の条文を削除し、記名社債の発行のみを認めている。[2]

4　社債権者名簿（第198条）

表8 - 4

2018年会社法	2023年会社法
第157条 　会社が社債を発行するには、社債帳簿を用意しなければならない。 　記名社債を発行する場合は、社債帳簿に次の事項を明記しなければならない： (1)社債権者の氏名または名称及び住所； (2)社債権者が社債を取得した期日と社債番号； (3)社債の総額、社債の額面金額、金利、元利の返済の期間と方法； (4)社債の発行期日。 　無記名社債を発行する場合は、社債帳簿に社債の総額、金利、元利の返済の期間と方法、発行期日及び社債の番号。	第198条 　会社が社債を発行するには、<u>社債保有者名簿</u>を用意しなければならない。 　社債を発行する場合は、<u>社債保有者名簿</u>に次の事項を記載しなければならない： (1)社債権者の氏名または名称及び住所； (2)社債権者が社債を取得した期日と社債番号； (3)社債の総額、社債の額面金額、金利、元利の返済の期間と方法； (4)社債の発行期日。

　2023年会社法第198条は、改正条文で社債権者名簿に関する規定である。2018年会社法では社債は、記名または無記名とすることができると規定していた（第156条）が、2023年会社法は、2018年会社法の無記名社債を廃止して社債は、記名としなければならないと定めている（第197条）。改正のポイントは、

179

第Ⅰ部　改正 中国会社法

下記の２つである。

　(1)2018年会社法第157条の「社債帳簿」を「社債保有者名簿」に変更して会社が社債を発行するには、社債保有者名簿を用意しなければならないと規定している（第198条１項）。

　(2)社債を発行する場合は、社債保有者名簿に次の事項を記載しなければならない（第198条２項）。

　　　①社債権者の氏名または名称及び住所。

　　　②社債権者が社債を取得した期日と社債番号。

　　　③社債の総額、社債の額面金額、金利、元利の返済の期間と方法。

　　　④社債の発行期日。

5　会社債券の譲渡方式（第201条）

表 8 - 5

2018年会社法	2023年会社法
第160条 　記名社債は、社債権者が裏書方式または法律、行政規範に規定されたその他の方式で譲渡する。譲渡後、会社は譲受人の氏名又は名称及び住所を社債帳簿に記載する。 　無記名社債の譲渡は、社債権者がその社債を譲受人に引き渡した後に譲渡する効力が発生する。	第201条 　社債は、社債権者が裏書方式または法律、行政規範に規定されたその他の方式で譲渡する。譲渡後、会社は譲受人の氏名又は名称及び住所を社債保有者名簿に記載する。

　2023年会社法第201条は、改正条文で会社債券の譲渡方式に関する規定である。2018年会社法では無記名社債の譲渡方式は、社債権者がその社債を譲受人に引受した後に譲渡する効力が発生すると規定していた（第160条第２項）が、2023年会社法は、2018年会社法の第160条第１項の「社債帳簿」を社債保有者名簿に変更して2018年会社法の第160条第１項の無記名社債の譲渡規定を削除した上、社債は、社債権者が裏書方式または法律、行政規範に規定されたその他の方式で譲渡する。譲渡後、会社は譲受人の氏名又は名称及び住所を社債保有者名簿に記載すると定めている（第201条）。

第 8 章　会社債権管理制度等の完備

6　転換社債の発行（第202条）

表 8 - 6

2018年会社法	2023年会社法
第161条 　上場企業は株主総会の決議を経て株式に転換可能な社債を発行することができ、社債募集方法に具体的な転換方法を規定する。上場企業が株式に転換できる社債を発行するには、国務院証券監督管理機構に報告して許可しなければならない。 　株式に転換可能な社債を発行するには、社債に転換可能社債の文字を明記し、社債帳簿に転換可能社債の金額を記載しなければならない。	第202条 　株式会社は株主会の決議を経て、または会社定款、株主会の授権を得て取締役会の決議によって、株式に転換できる社債を発行し、具体的な転換方法を規定することができる。上場企業が株式に転換できる社債を発行するには、国務院証券監督管理機構を経て登録しなければならない。 　株式に転換可能な社債を発行するには、社債に転換可能社債の文字を明記し、社債保有者名簿に転換可能社債の金額を記載しなければならない。

　2023年会社法第202条は、改正条文で会社転換社債の発行に関する規定である。2018年会社法では転換社債の発行について上記の通りに規定していた（第161条）が、2023年会社法の改正のポイントは、下記の 3 つである。

　⑴株式会社は株主会の決議を経て、または会社定款、株主会の授権を得て取締役会の決議によって、株式に転換できる社債を発行し、具体的な転換方法を規定することができる（第202条第 1 項）。

　⑵上場企業が株式に転換できる社債を発行するには、国務院証券監督管理機構を経て登録しなければならない（第202条第 1 項）。

　⑶株式に転換可能な社債を発行するには、社債に転換可能社債の文字を明記し、社債保有者名簿に転換可能社債の金額を記載しなければならない（第202条第 2 項）。

7　社債権者会議（第204条）

　2023年会社法第204条は、新規条文で社債権者会議に関する規定である。2023年会社法第204条は、2018年会社法にはなかった社債権者会議制度を初めに導入した。社債権者会議制度のポイントは、下記の 2 つである。

　⑴社債を公開発行する場合は、同期社債権者のために社債権者会議を設立し、社債募集方法の中で社債権者会議の招集手順、会議規則及びその他の重要

第Ⅰ部　改正 中国会社法

事項について規定しなければならない。社債権者会議は、社債権者と利害関係にある事項について決議することができる。

　(2)社債募集方法に別途規定がある場合を除き、社債権者会議の決議は同期の社債権者全員に効力を発生する。

8　社債受託管理人（第205条）

　2023年会社法第205条は、新規条文で社債受託管理人に関する規定である。2023年会社法第205条は、2018年会社法にはなかった社債受託管理人を初めに導入した。2023年会社法では債受託管理人について社債を公開発行する場合、発行者は社債権者のために社債受託管理者を招聘し、社債権者のために受領弁済、債権保全、社債に関連する訴訟および債務者破産手続への参加などの事項をしなければならないと定めている（第205条）。

9　社債受託管理人の義務・責任（第206条）

　2023年会社法第206条は、新規条文で社債受託管理人の義務・責任に関する規定である。2023年会社法第206条は、2018年会社法にはなかった社債受託管理人の義務・責任社債権者会議制度を初めに導入した。社債受託管理人の義務・責任制度のポイントは、下記の3つである。

　(1)社債受託管理者は勤勉責任を果たし、受託管理職責を公正に履行し、社債権者の利益を損なってはならない（第206条第1項）。

　(2)受託管理者と社債権者との利益の衝突が社債権者の利益を損なう可能性がある場合、社債権者会議は社債受託管理者の変更を決議することができる（第206条2項）。

　(3)社債受託管理者が法律、行政規範または社債権者会議の決議に違反し、社債権者の利益を損害した場合、賠償責任を負わなければならない（第206条第3項）。

二　その他の関連条文の改正（新規条文を含む）

1　会社の税引後利益配分（第210条）

　2023年会社法第210条は、改正条文で会社の税引後利益配分に関する規定である。2018年会社法では会社の税引後利益配分については表8-7の通りに規定していた（第161条）が、2023年会社法の改正のポイントは、下記の2つであ

第 8 章　会社債権管理制度等の完備

表 8-7

2018年会社法	2023年会社法
第34条 　株主は拠出した出資比率に基づいて配当金を分配する。会社が新たに資本を追加した場合、株主は納付した出資比率に基づいて優先的に出資を払込引き受ける権利がある。ただし、株主全員が出資比率に応じて配当金を分割しないことを約束した場合又は出資比率に応じて優先的に出資を払込引き受けない場合を除く。 第166条 　会社が当年度の税引後利益を配当する場合、利益の10%を会社法定積立金に計上しなければならない。会社法定積立金の累計額が会社の登録資本金の50%以上である場合、再計上しなくてもよい。 　会社の法定積立金が前年度の損失を補うために不足している場合、前項の規定に基づいて法定積立金を計上する前に、まずその年の利益で損失を補わなければならない。 　会社は税引後の利益から法定積立金を計上した後、株主会または株主総会の決議を経て、税引後の利益から任意の積立金を計上することもできる。 　会社は損失を補い、積立金を計上した後に残りの税引後利益を、有限責任会社は本法第34条の規定に基づいて配当する。株式会社は株主が保有する株式の割合に応じて配当するが、株式会社定款により株式の割合に応じて分配しないことが規定されている場合を除く。 　株主会、株主総会又は取締役会が前項の規定に違反し、会社が損失を補い、法定積立金を計上する前に株主に利益を配当する場合、株主は規定に違反して配当した利益を会社に返却しなければならない。 　会社が保有する当社株式に利益を配当してはならない。	第210条 　会社が当年度の税引後利益を配当する場合、利益の10%を会社法定積立金に計上しなければならない。会社法定積立金の累計額が会社の登録資本金の50%以上である場合、再計上する必要がない。 　会社の法定積立金が前年度の損失を補うために不足している場合、前項の規定に基づいて法定積立金を計上する前に、まずその年の利益で損失を補わなければならない。 　会社は税引後の利益から法定積立金を計上した後、株主会または株主総会の決議を経て、税引後の利益から任意の積立金を計上することもできる。 　会社が損失を補い、積立金を計上した後の余剰税引後利益を、有限責任会社は株主が納付した出資比率に基づいて利益を配当し、株主全員が出資比率に基づいて利益を配当しないと約束した場合を除く。株式会社は株主が保有する株式の割合に応じて利益を配当し、会社定款に別途規定がある場合を除く。 　会社が保有する当社株式に利益を配当してはならない。

183

第Ⅰ部　改正 中国会社法

る。

　⑴会社が損失を補い、積立金を計上した後の余剰税引後利益を、有限責任会社は株主が納付した出資比率に基づいて利益を配当し、株主全員が出資比率に基づいて利益を配当しないと約束した場合を除く。株式会社は株主が保有する株式の割合に応じて利益を配当し、会社定款に別途規定がある場合を除く。

　⑵会社が保有する当社株式に利益を配当してはならない。

2　取締役・高級管理者による違法配当の責任（第211条）

　2023年会社法第211条は、新規条文で会社の税引後利益配分に関する規定である。2023年会社法第211条は会社が本法の規定に違反して株主に利益を配当する場合、株主は規定に違反して配当した利益を会社に返却しなければならず、会社に損失を与えた場合、株主および責任のある取締役、監査役、高級管理者は賠償責任を負わなければならないと規定している。

3　利益配当の期限（第212条）

　2023年会社法第212条は、新規条文で会社の税引後利益配分に関する規定である。2023年会社法第212条は、利益配当の期限について株主会が利益の配当を決議する場合、取締役会は株主会の決議がなされた日から6ヶ月以内に配当を行わなければならないと定めている。

4　資本準備金の構成（第213条）

表8-8

2018年会社法	2023年会社法
第167条 　株式会社が株式の額面金額を超える発行価格で株式を発行した場合の割増金及び国務院財政部門が資本積立金に計上することを規定しているその他の収入は、会社資本積立金として計上しなければならない。	第213条 　会社が株式の額面金額を超える発行価格で株式を発行して得た割増金、無額面株式を発行して得た株式金を登録資本金に計上していない金額及び国務院財政部門が資本積立金に計上することを規定しているその他の項目は、会社資本積立金として計上しなければならない。

　2023年会社法第213条は、改正条文で会社の解散事由に関する規定である。2018年会社法では資本準備金の構成については表8-8の通りに定めていた

（第167条）が、2023年会社法は、会社が株式の額面金額を超える発行価格で株式を発行して得た割増金、無額面株式を発行して得た株式金を登録資本金に計上していない金額および国務院財政部門が資本積立金に計上することを規定しているその他の項目は、会社資本積立金として計上しなければならないと定めている。

5　資本準備金の用途（第214条）

表 8 - 9

2018年会社法	2023年会社法
第168条 　会社の準備金は会社の損失を補い、会社の生産経営を拡大し、又は会社の資本を増やために使用する。ただし、資本準備金は会社の損失を補うために使用してはならない。 　法定準備金を資本に転換する場合、留保する当該準備金は、転増前の会社登録資本金の25％を下回ってはならない。	第214条 　会社の準備金は会社の損失を補い、会社の生産経営を拡大し、又は会社の資本を増やために使用する。 　準備金が会社の損失を補うには、まず任意準備金と法定準備金を使用しなければならない。まだ補うことができない場合、規定に従って資本準備金を使用することができる。 　法定準備金が登録資本金の増加に転換する場合、その準備金は、増加前の会社の登録資本金の25％を下回ってはならない。

　2023年会社法第214条は改正条文で会社の資本準備金の用途に関する規定である。2018年会社法では資本準備金の構成については表 8 - 9 の通りに定めていた（第168条）が、2023年会社法は、重要な改正を行なった。本条改正のポイントは、下記の 3 つである。

　(1)会社の準備金は会社の損失を補い、会社の生産経営を拡大し、又は会社の資本を増やために使用する。

　(2)準備金が会社の損失を補うには、まず任意の準備金と法定準備金を使用しなければならず、まだ補うことができない場合、規定に従って資本準備金を使用することができる。

　(3)法定準備金が登録資本金の増加に転換する場合、その準備金は増加前の会社の登録資本金の25％より少なくてはならない。

第Ⅰ部　改正　中国会社法

6　会計士事務所の招聘および解任（第215条）

表 8 - 10

2018年会社法	2023年会社法
第169条 　会社の監査業務を請け負う会計士事務所を雇用、解任し、会社定款の規定に基づき、株主会、株主総会または取締役会が決定する。 　会社の株主会、株主総会または取締役会が会計士事務所の解任について採決を行う場合、会計士事務所に意見陳述を許可しなければならない。	第215条 　会社の監査業務を請け負う会計士事務所を雇用、解任し、会社定款の規定に基づき、株主会、取締役会または監査役会が決定する。 　会社の株主会、取締役会または監査役会が会計士事務所の解任について採決を行う場合、会計士事務所に意見陳述を許可しなければならない。

　2023年会社法第215条は改正条文で会計士事務所の招聘および解任に関する規定である。2018年会社法では会計士事務所の招聘および解任については表8-10の通りに定めていた（第168条）が、2023年会社法は、重要な改正を行なった。本条改正のポイントは、下記の2つである。

　(1)会社の監査業務を請け負う会計士事務所を雇用、解任し、会社定款の規定に基づき、株主会、取締役会または監査役会が決定する。

　(2)会社の株主会、取締役会または監査役会が会計士事務所の解任について採決を行う場合、会計士事務所に意見陳述を許可しなければならない。

7　簡易合併および小規模合併（第219条）

　2023年会社法第219条は、新規条文で簡易合併および小規模合併に関する規定である。2023年会社法第219条は、2018年会社法にはなかった簡易合併および小規模合併制度を初めに導入した。新規条文のポイントは、下記の3つである。

　(1)会社は株式の90％以上を保有する会社と合併し、合併された会社は株主会の決議を必要としないが、他の株主に通知いなければならず、他の株主は、会社に合理的な価格で株券または株式を買収するように要求する権利がある。

　(2)会社が合併して支払った代金が当社の純資産の10％を超えない場合、株主会の決議を経なくてもよい。ただし、会社定款に別途規定がある場合を除く。

　(3)会社が前2項の規定に従って株主会の決議を経ずに合併した場合、取締役会の決議を経なければならない。

第8章　会社債権管理制度等の完備

8　会社登録資本の減少（第224条）

表 8 - 11

2018年会社法	2023年会社法
第177条 　会社が登録資本金を減らす必要がある場合は、貸借対照表及び財産リストを作成しなければならない。 　会社は登録資本金を減らす決議をした日から10日以内に債権者に通知し、かつ30日以内に新聞に公告しなければならない。債権者は通知書を受け取った日から30日以内に、通知書を受け取っていない日から45日以内に、会社に債務の返済を要求し、または相応の保証を提供する権利がある。	第224条 　会社が登録資本金を減らす必要がある場合は、貸借対照表及び財産リストを作成しなければならない。 　会社は株主会が登録資本を減らす決議をした日から10日以内に債権者に通知し、かつ30日以内に新聞または国家企業信用情報開示システムに公告しなければならない。債権者は通知書を受け取った日から30日以内に、通知書を受け取っていない日から45日以内に、会社に債務の返済を要求し、または相応の保証を提供する権利がある。 　会社が登録資本金を減少するには、株主が出資する又は株式を保有する割合に応じて出資額又は株式を減少しなければならず、法律に別途規定があり、有限責任会社の全株主は別途約束があるまたは株式会社定款に別途規定がある場合を除く。

　2023年会社法第224条は、改正条文で会社の資本減少に関する規定である。2018年会社法では会社の資本減少については表 8 - 11の通りに定めていた（第180条）が、2023年会社法は国家企業信用情報開示システムによる開示規定を初めに導入した。本条改正のポイントは、下記の 2 つである。

　(1)会社は株主会が登録資本を減らす決議をした日から10日以内に債権者に通知し、かつ30日以内に新聞または国家企業信用情報開示システムに公告しなければならない。

　(2)会社が登録資本金を減少するには、株主が出資する又は株式を保有する割合に応じて出資額又は株式を減少しなければならず、法律に別途規定があり、有限責任会社の全株主は別途約束があるまたは株式会社定款に別途規定がある場合を除く。

第Ⅰ部 改正 中国会社法

9 違法な登録資本減少の法的責任（第226条）

2023年会社法第226条は、新規条文で違法な登録資本減少の法的責任に関する規定である。2018年会社法には違法な登録資本減少の法的責任に関する規定がなかった。これに対して2023年会社法は違法な登録資本減少の法的責任制度を初めに導入した。本条規定のポイントは、下記の2つである。

⑴本法の規定に違反して登録資本を減少した場合、株主は受け取った資金を返却し、株主の出資を減免した場合は原状回復しなければならない。

⑵会社に損失を与えた場合、株主及び責任のある取締役、監査役、高級管理者は賠償責任を負わなければならない。

10 資本増加時の優先的購入権（第227条）

表8-12

2018年会社法	2023年会社法
第34条 　株主は拠出した出資比率に基づいて配当金を分配する。会社が新たに資本を追加した場合、株主は納付した出資比率に基づいて優先的に出資を払込引き受ける権利がある。ただし、株主全員が出資比率に応じて配当金を分割しないことを約束した場合又は出資比率に応じて優先的に出資を払込引き受けない場合を除く。	第227条 　有限責任会社が登録資本金を増加する場合、株主は同等の条件の上で優先的に納付した出資比率に基づいて出資を納付する権利がある。ただし、株主全員が出資比率に応じて出資を優先的に認めないと約束した場合を除く。 　株式会社が登録資本金を増加するために新株を発行する場合、株主は優先予約権を享有しない、会社定款に別途規定がある、または株主会決議により株主が優先予約権を享有することを決定した場合を除く。

2023年会社法第227条は改正条文で資本増加時の優先的購入権に関する規定である。2018年会社法では会社の資本減少については表8-12の通りに定めていた（第34条）が、2023年会社法は資本増加時の優先的購入権について改正を行った。本条改正のポイントは、下記の2つである。

⑴有限責任会社が登録資本金を増加する場合、株主は同等の条件の上で優先的に納付した出資比率に基づいて出資を納付する権利がある。ただし、株主全員が出資比率に応じて出資を優先的に認めないと約束した場合を除く。

⑵株式会社が登録資本金を増加するために新株を発行する場合、株主は優先

第8章　会社債権管理制度等の完備

予約権を享有しない、会社定款に別途規定がある、または株主会決議により株主が優先予約権を享有することを決定した場合を除く。

11　会社の解散事由（第229条）

表8‑13

2018年会社法	2023年会社法
第180条 　会社は以下の事由により解散する： (1)会社定款に定める営業期間満了又は会社定款に定めるその他の解散事由の発生； (2)株主会又は株主総会決議による解散； (3)会社の合併又は分割により解散する必要がある場合； (4)法律に基づいて営業許可証を取り消され、閉鎖を命じられ、または取り消された場合； (5)人民法院が本法第182条の規定により解散させた場合。	第229条 　会社は以下の事由により解散する： (1)会社定款に定める営業期間満了又は会社定款に定めるその他の解散事由の発生； (2)株主会又は株主総会決議による解散； (3)会社の合併又は分割により解散する必要がある場合； (4)法律に基づいて営業許可証を取り消され、閉鎖を命じられ、または取り消された場合； (5)人民法院が本法第182条の規定により解散させた場合。 　会社は前項に規定する解散事由が発生した場合、10日以内に解散事由を国家企業信用情報開示システムに通じて開示しなければならない。

　2023年会社法第229条は、改正条文で会社の解散事由に関する規定である。2018年会社法では会社は表8‑13の５つの理由により解散すると定めていた（第180条）が、2023年会社法は国家企業信用情報開示システムによる開示義務規定を初めに導入した。本条改正のポイントは、下記の２つである。

　(1)会社は下記の５つの事由により解散する（第229条第１項）：

　　①会社定款に定める営業期間満了又は会社定款に定めるその他の解散事由の発生

　　②株主会又は株主総会決議による解散

　　③会社の合併又は分割により解散する必要がある場合

　　④法律に基づいて営業許可証を取り消され、閉鎖を命じられ、または取り消される場合

　　⑤人民法院は本法第231条の規定により解散する。

第Ⅰ部　改正　中国会社法

(2)会社は前項に規定する解散事由が発生した場合、10日以内に解散事由を国家企業信用情報開示システムに通じて開示しなければならない（第229条第2項）。

12　定款変更による会社存続（第230条）

表 8－14

2018年会社法	2023年会社法
第181条 　会社に本法第180条第1項の状況がある場合は、会社定款を改正することにより存続することができる。 　前項の規定に従って会社定款を改正するには、有限責任会社は3分の2以上の議決権を持つ株主によって通過させなければならず、株式会社は株主総会会議に出席する株主によって所有される議決権の3分の2以上によって通過させなければならない。	第230条 　会社に前条第1項第1号、第2号の状況があり、かつ株主に財産を配当していない場合は、会社定款を改正するか、または株主会の決議を経て存続することができる。 　前項の規定に従って会社定款を改正するまたは株主会の決議を経るには、有限責任会社は3分の2以上の議決権を持つ株主によって通過させなければならず、株式会社は株主総会会議に出席する株主によって所有される議決権の3分の2以上によって通過させなければならない。

　2023年会社法第230条は、改正条文で会社の定款変更による会社存続に関する規定である。2018年会社法では会社に定款変更による会社存続の規定を定めていた（第181条）が、2023年会社法は株主会の決議による会社存続存の規定を初めに導入した。本条改正のポイントは、下記の2つである。

　(1)会社に前条第1項第1号、第2号の状況があり、かつ株主に財産を配当していない場合は、会社定款を改正するか、または株主会の決議を経て存続することができる（第230条第1項）。

　(2)前項の規定に従って会社定款を改正するまたは株主会の決議を経るには、有限責任会社は3分の2以上の議決権を持つ株主によって通過させなければならず、株式会社は株主総会会議に出席する株主によって所有される議決権の3分の2以上によって通過させなければならない（第230条第2項）。

13　会社清算人および清算委員会（第232条）

　2023年会社法第232条は、改正条文で会社清算人および清算委員会に関する規定である。2018年会社法では会社は上記の5つの理由により解散すると定め

第 8 章　会社債権管理制度等の完備

表 8‑15

2018年会社法	2023年会社法
第183条 　会社は本法第180条第 1 号、第 2 号、第 4 号、第 5 号の規定により解散した場合は、解散事由が発生した日から15日以内に清算グループを設立し、清算を開始しなければならない。有限責任会社の清算グループは株主で構成され、株式会社の清算グループは取締役または株主総会で決定された人員で構成される。期限を過ぎて清算グループを設立せず、清算しない場合、債権者は人民法院に関係者を指定して清算グループを構成して清算することを申請できる。人民法院はこの申請を受理し、適時に清算グループを組織して清算しなければならない。	第232条 　会社は本法第229条第 1 項第 1 号、第 2 号、第 4 号、第 5 号の規定により解散した場合は、精算しなければならない。取締役は会社の清算義務者であり、解散事由が発生した日から15日以内に清算グループを構成して清算しなければならない。 　清算グループは取締役で構成されるが、会社定款に別途規定がある、又は株主会決議により他の人を選択する場合を除く。 　清算義務者が適時に清算義務を履行せず、会社又は債権者に損失を与えた場合、賠償責任を負わなければならない。

ていた（第183条）が、清算義務者の規定がなかった。これに対して2023年会社法は清算義務者の規定を初めに導入した。本条改正のポイントは、下記の 3 つである。

　(1)会社は本法第229条第 1 項第 1 号、第 2 号、第 4 号、第 5 号の規定により解散した場合は、清算しなければならない。取締役は会社の清算義務者であり、解散事由が発生した日から15日以内に清算グループを構成して清算しなければならない（第232条第 1 項）。

　(2)清算グループは取締役で構成されるが、会社定款に別途規定がある、又は株主会決議により他の人を選択する場合を除く（第232条第 2 項）。

　(3)清算義務者が適時に清算義務を履行せず、会社又は債権者に損失を与えた場合、賠償責任を負わなければならない（第232条第 3 項）。

14　人民法院による強制清算（第233条）

　2023年会社法第233条は、新規条文で人民法院による強制清算の申請に関する規定である。2018年会社法には人民法院による強制清算の申請に関する規定がなかった。これに対して2023年会社法は人民法院による強制清算の申請規定を初めに導入した。本条規定のポイントは、下記の 3 つである。

　(1)会社は第232条の規定に従って清算しなければならず、期限を過ぎても清

第Ⅰ部　改正　中国会社法

算グループを設立しない、または清算グループを設立した後に清算しない場合、利害関係者は人民法院に関係者を指定して清算グループを組織して清算することを申請できる（第233条第1項）。

⑵人民法院はこの申請を受理し、適時に清算グループを組織して清算しなければならない（第233条第2項）。

⑶会社が本法第229条第1項第4号の規定により解散した場合、営業許可証の取り消し、閉鎖または取消を命じる決定をした部門または会社登記機関は、人民法院に関係者を指定して清算グループを組織して清算することを申請できる（第233条第2項）。

15　清算グループの構成員の忠実義務と勤勉義務（第238条）

表8－16

2018年会社法	2023年会社法
第189条 　清算グループの構成員は職務に忠実し、法に基づいて清算義務を履行しなければならない。 　清算グループの構成員は職権を利用して賄賂またはその他の不法収入を受け取ってはならず、会社の財産を横領してはならない。 　清算グループの構成員が故意または重大な過失により会社または債権者に損失を与えた場合、賠償責任を負わなければならない。	第238条 　清算グループの構成員は清算の職責を履行し、忠実義務と勤勉義務を負う。 　清算グループの構成員が清算職責の履行を怠り、会社に損失を与えた場合、賠償責任を負わなければならない。故意又は重大な過失により債権者に損失を与えた場合は、賠償責任を負わなければならない。

　2023年会社法第238条は、改正条文で清算グループの構成員の忠実義務と勤勉義務に関する規定である（第238条）。2018年会社法では上記第189条により清算グループの構成員の忠実義務と定めていた（第189条）が、その勤勉義務の規定がなかった。これに対して2023年会社法は清算グループの構成員の勤勉義務の規定を初めに導入した。本条改正のポイントは、下記の3つである。

　⑴清算グループの構成員は清算の職責を履行し、忠実義務と勤勉義務を負う（第238条第1項）。

　⑵清算グループの構成員が清算職責の履行を怠り、会社に損失を与えた場合、賠償責任を負わなければならない（第238条第2項）。

第8章　会社債権管理制度等の完備

⑶故意又は重大な過失により債権者に損失を与えた場合は、賠償責任を負わなければならない（第238条第2項）。

16　営業許可の強制的取消（第241条）

2023年会社法第241条は、新規条文で営業許可の強制的取消に関する規定である。2018年会社法には営業許可の強制的取消に関する規定がなかった。これに対して2023年会社法は営業許可の強制的取消規定を初めに導入した。本条規定のポイントは、下記の3つである。

⑴会社が営業許可証を取り消され、閉鎖を命じられ、満3年に経っても会社登録機関に会社登記の抹消を申請していない場合、会社登記機関が国家企業信用情報公示システムを通じて公告することができ、公告期限は60日を下回ってはならない（第233条第1項）。

⑵公告期間が満了した後、異議がない場合、会社登記機関が会社登記を抹消することができる（第233条第1項）。

⑶前項の規定に従って会社の登記を抹消した場合、元会社の株主および清算義務者の責任は、影響を受けない（第233条第2項）。

17　虚偽登記の法的責任（第250条）

2023年会社法第250条は、改正条文で虚偽登記の法的責任に関する規定である。2023年会社法第250条は、2018年会社法にはなかった虚偽登記の直接責任者の責任規定を初めに導入した。本条のポイントは、下記の3つである。

⑴本法の規定に違反して、登録資本金を水増し、虚偽の資料を提出し、又はその他の詐欺手段を用いて重要な事実を隠して会社の登記を取得した場合、会社の登記機関は改正を命じ、登録資本金を水増しした会社に対して、登録資本金金額の5％以上15％以下の過料を科す。

⑵虚偽の資料を提出し、又はその他の詐欺手段を用いて重要な事実を隠した会社に対しては、5万元以上50万元以下の罰金を科す。情状が深刻な場合は、会社の登記を取り消し、又は営業許可証を取り消す。

⑶直接責任を負う主管者およびその他の直接責任者に対して3万元以上30万元以下の過料を科す。

第Ⅰ部　改正 中国会社法

表 8 - 17

2018年会社法	2023年会社法
第198条 　本法の規定に違反して、登録資本金を水増し、虚偽の資料を提出し、又はその他の詐欺手段を用いて重要な事実を隠して会社の登記を取得した場合、会社の登記機関は改正を命じ、登録資本金を水増しした会社に対して、登録資本金金額の5％以上15％以下の過料を科す。虚偽の資料を提出し、又はその他の詐欺手段を用いて重要な事実を隠した会社に対しては、5万元以上50万元以下の過料を科す。情状が深刻な場合は、会社の登記を取り消し、又は営業許可証を取り消す。	第250条 　本法の規定に違反して、登録資本金を水増し、虚偽の資料を提出し、又はその他の詐欺手段を用いて重要な事実を隠して会社の登記を取得した場合、会社の登記機関は改正を命じ、登録資本金を水増しした会社に対して、登録資本金金額の5％以上15％以下の過料を科す。虚偽の資料を提出し、又はその他の詐欺手段を用いて重要な事実を隠した会社に対しては、5万元以上50万元以下の過料を科す。情状が深刻な場合は、会社の登記を取り消し、又は営業許可証を取り消す。<u>直接責任を負う主管者及びその他の直接責任者に対して3万元以上30万元以下の過料を科す。</u>

18　情報の不実開示の法的責任（第251条）

　2023年会社法第251条は、新規条文で社債受託管理人に関する規定である。2023年会社法第205条は、情報の不実開示の法的責任について「会社が本法第40条の規定に基づいて関連情報を開示していない、または関連情報を如実に開示していない場合、会社の登記機関は是正を命じ、1万元以上5万元以下の過料を科すことができる。情状が深刻な場合は、5万元以上20万元以下の罰金を科す。直接責任を負う主管者およびその他の直接責任者に対して1万元以上10万元以下の過料を科す」と規定している。

19　虚偽出資の法的責任（第252条）

　2023年会社法第252条は、改正条文で虚偽出資の法的責任に関する規定である。2018年会社法では会社の発起人または株主が虚偽出資し、出資とする貨幣又は非貨幣財産を期限通りに払い込まない場合、会社の登記機関が是正を命じ、虚偽の出資額の5％以上15％以下の過料を科す（第199条）と定めていた（第199条）。これに対して2023年会社法は、以下の改正を行なった（第250条）。

　⑴会社の発起人または株主が虚偽出資し、出資とする貨幣又は非貨幣財産を期限通り払い込まない場合、会社の登記機関が是正を命じ、5万元以上20万元以下の過料を科すことができる。

第8章　会社債権管理制度等の完備

表8‒18

2018年会社法	2023年会社法
第199条 　会社の発起人または株主が虚偽出資し、出資とする貨幣又は非貨幣財産を期限通りに払い込まない場合、会社の登記機関が是正を命じ、虚偽の出資額の5％以上15％以下の過料を科す。	第252条 　会社の発起人または株主が虚偽出資し、出資とする貨幣又は非貨幣財産を期限通りに払い込まない場合、会社の登記機関が是正を命じ、5万元以上20万元以下の過料を科すことができる。情状が深刻な場合は、虚偽出資または全額出資していない5％以上15％以下の過料を科す。直接責任を負う主管者及びその他の直接責任者に対して1万元以上10万元以下の過料を科す。

(2)情状が深刻な場合は、虚偽出資または全額出資していない5％以上15％以下の過料を科す。

(3)直接責任を負う主管者及びその他の直接責任者に対して1万元以上10万元以下の過料を科す。

20　出資金の不正回収の法的責任（第253条）

表8‒19

2018年会社法	2023年会社法
第200条 　会社の発起人または株主が会社を設立した後、その出資を不正に回収した場合、会社の登記機関が是正を命じ、不正回収出資金の5％以上15％以下の過料を科す。	第253条 　会社の発起人または株主が会社を設立した後、その出資を不正に回収した場合、会社の登記機関が是正を命じ、不正回収出資金の5％以上15％以下の過料を科す。直接責任を負う主管者及びその他の直接責任者に対して3万元以上30万元以下の過料を科す。

　2023年会社法第253条は、改正条文で出資金の不正回収の法的責任に関する規定である。2018年会社法では会社の発起人または株主が会社を設立した後、その出資を不正に回収した場合、会社の登記機関が是正を命じ、不正回収出資金の5％以上15％以下の過料を科すと定めていた（第200条）。これに対して2023年会社法は、以下の改正を行なった（第253条）。

(1)会社の発起人または株主が会社を設立した後、その出資を不正に回収した

195

第Ⅰ部　改正　中国会社法

場合、会社の登記機関が是正を命じ、不正回収出資金の５％以上15％以下の過料を科す。

⑵直接責任を負う主管者及びその他の直接責任者に対して３万元以上30万元以下の過料を科す。

21　違法な会計帳簿等に対する罰則（第254条）

表8‐20

2018年会社法	2023年会社法
第201条 　会社が本法の規定に違反し、法定の会計帳簿以外、別途に会計帳簿を作成した場合、県級以上の人民政府財政部門が是正を命じ、５万元以上50万元以下の過料を科す。 第202条 　会社が法に基づいて関係主管部門に提供した財務会計報告書などの資料に虚偽の記載があり、又は重要な事実を隠した場合、関係主管部門が直接責任を負う主管者とその他の直接責任者に対して３万元以上30万元以下の過料を科す。	第254条 　以下の行為の一つがある場合、県級以上の人民政府財政部門が『中華人民共和国会計法』などの法律、行政規範の規定に基づいて処罰する： ⑴法定の会計帳簿以外、別途に会計帳簿を作成した場合； ⑵虚偽の記載があり、又は重要な事実を隠した財務会計報告書を提供した場合。

　2023年会社法第254条は、改正条文で違法な会計帳簿等の法的責任に関する規定である。2018年会社法では違法な会計帳簿の法的責任について会社が本法の規定に違反し、法定の会計帳簿以外、別途に会計帳簿を作成した場合、県級以上の人民政府財政部門が是正を命じ、５万元以上50万元以下の過料を科すと規定した上（第201条）、虚偽の財務会計報告書の法的責任についても会社が法に基づいて関係主管部門に提供した財務会計報告書などの資料に虚偽の記載があり、又は重要な事実を隠した場合、関係主管部門が直接責任を負う主管者とその他の直接責任者に対して３万元以上30万元以下の過料を科すと定めていた（第202条）。これに対して2023年会社法は、以下の改正を行なった（第254条）。以下の行為の１つがある場合、県級以上の人民政府財政部門が『中華人民共和国会計法』などの法律、行政規範の規定に基づいて処罰する。

　⑴法定の会計帳簿以外、別途に会計帳簿を作成した場合。

第8章　会社債権管理制度等の完備

(2)虚偽の記載があり、又は重要な事実を隠した財務会計報告書を提供した場合。

22　施行日および猶予期間（第266条）

表 8‐21

2018年会社法	2023年会社法
第218条 　本法は、2006年1月1日から施行する。	第266条 　本法は、2024年7月1日から施行する。 　本法の施行前に設立登録された会社は、出資期間が本法で規定された期限を超えた場合、法律、行政法規または国務院が別途規定している以外は、本法で規定された期限以内に徐々に調整しなければならない；出資期限、出資額が明らかに異常である場合、会社の登録機関は法に基づいて適時に調整することを要求することができる。国務院がその具体的実施規則を規定する。

　2023年会社法第266条は、施行日および猶予期間に関する規定である。本条のポイントは、下記の3つである。

　(1)本法は、2024年7月1日から施行する（第266条第1項）。つまり、2023年会社法は、2024年7月1日から施行し、2018年会社法は、旧法として2024年7月1日より廃止となる。

　(2)本法の施行前に設立登録された会社は、出資期間が本法で規定された期限を超えた場合、法律、行政法規または国務院が別途規定している以外は、本法で規定された期限以内に徐々に調整しなければならない；出資期限、出資額が明らかに異常である場合、会社の登録機関は法に基づいて適時に調整することを要求することができる。

　(3)国務院がその具体的実施規則を規定する。

第2節　2023年会社法第54条の立法過程における学説論争

一　株主出資の早期納付規定（第54条）

　2023年会社法第54条は、新規条文で有限責任会社の株主出資の早期納付に関

第Ⅰ部　改正 中国会社法

する規定である。本条の規定は、初めて会社法の明文規定で有限責任会社の株主出資の早期納付制度を導入した。本条の規定は、下記の通り規定している。

　つまり、会社が満期債務を返済できない場合、会社又は満期債権の債権者は、出資を引き受けたが、出資の納付期限に達していない株主に対して出資の早期納付を請求する権利がある（第54条）。

二　株主出資の早期納付をめぐる学説論争

　株主出資の早期納付をめぐる学説論争は、主に以下の３つの見解に分かれている。

1　早期納付反対説

　株主出資早期納付反対説は、その理由について以下のように強調している。

　⑴株主出資が共有する期限利益は合法的な権利であり、会社存続中に出資の納付期限に達していない株主に対して出資義務の早期履行を強制することは法的根拠が乏しい。それは、登録資本の引き受け制度に反し、実質的に株主の個人的責任を加重するものである[3]。

　⑵債権者は、会社と取引した際に、事前にその会社の登録資本の情報や株主の出資期限等の情報を既に知っていたため、自らその商業リスクを負うべきである[4]。

　⑶個別的な債権者に出資の納付期限に達していない株主に対して出資義務の早期履行を請求する権利を与える場合、実質的に会社が個別的な弁済を認めることになり、それは、会社の他の債権者の利益に害する恐れがある。

2　早期納付賛成説

　賛成説の主な主張は、以下の通りである。

　⑴出資の納付期限は、株主と会社の間の約定で第三者への対抗力を有しない[5]。

　⑵株主出資の引き受けは、株主の会社に対する承諾であり、その本質は、その出資額を限度に会社の債務について担保責任を負担することである。そのために会社が満期債務を返済できない場合、株主は、当然その分の担保責任を負うべきであろう[6]。

　⑶登録資本引受制の下で株主の出資納付の猶予であり、義務の免除ではな

い。そのために会社が満期債務を返済できないという特別な状況が発生した場合、出資義務の早期履行を行うべきである。[7]

(4)会社が全財産を持って対外的に債務を負担するが、その全責任財産とは、会社現有実存の財産だけではなく株主承諾の出資も含まれる。[8]

3　折衷説

折衷説はその理由について主に以下のように主張している。会社が非破産状況にある場合、出資義務の早期履行を行うべきかについて一概的に否定か肯定かではなく具体的状況を区別して判断すべきである。[9]

(1)会社経営が重大な困難状態にあり、継続的な存続ができない場合、出資義務の早期履行を認め、出資の完全納付をしていない株主が未納付の範囲内に補填責任を履行すると要求すべきである。[10]

(2)会社の債権者を志願的債権者と非志願的債権者に分類して、前者の場合に取引する前に会社の資産及び株主の出資状況を調べる義務があるため、自らその商業リスクを負うべきである。後者の場合、出資の完全納付をしていない株主に対して出資義務の早期履行を要求する権利がある。[11]

第3節　四回の修訂草案審議稿から見た2023年会社法第54条の立法過程

1　四回の修訂草案審議稿

会社法修訂草案1審稿第48条は、簡略化され、会社の債務返済能力基準を『企業破産法』第2条に規定された破産原因に置き換えた。すなわち、会社が満期債務を返済することができず、かつ明らかに返済能力が不足している場合、会社または債権者は出資を引き受けたが納付期限が達していない株主に出資の早期納付するよう要求する権利がある。この基準には致命的な欠陥がある。第1に、会社が満期債務を返済できず返済能力が明らかに不足した場合の条件は明らかにハードルが高すぎる。第2に、「明らか」という文言は自由裁量権の濫用を生みやすいと考えられる。会社法修訂草案1審稿第48条の適用範囲が狭すぎてハードルが高すぎて債権者保護に不利であることを考慮して会社法修訂草案2審稿第53条は、『企業破産法』第2条に規定された破産原因と完全に分離させ、新たな債務返済能力基準を確立した。つまり「会社が満期債務

第Ⅰ部　改正 中国会社法

表 8‐22

会社法 修訂草案1審稿	会社法 修訂草案2審稿	会社法 修訂草案3審稿	会社法 修訂草案4審稿
第48条 　会社が満期債務を返済することができず、かつ明らかに返済能力が不足している場合、会社または債権者は出資を引き受けたが納付期限が達していない株主に出資の早期納付するよう要求する権利がある。	第53条 　会社が満期債務を返済できない場合、会社又は満期債権の債権者は、出資を引き受けたが出資期限に達していない株主に出資を早期に納付するよう要求する権利がある。	第53条 　会社が満期債務を返済できない場合、会社又は満期債権の債権者は、出資を引き受けたが出資期限に達していない株主に出資を早期に納付するよう要求する権利がある。	第54条 　会社が満期債務を返済できない場合、会社又は満期債権の債権者は、出資を引き受けたが出資期限に達していない株主に出資を早期に納付するよう要求する権利がある。

を返済できない場合、出資を引き受けたが納付期限が達していない株主に出資の早期納付するよう要求する権利がある。会社法修訂草案3審稿第53条は、この2審稿の内容を維持した。[12]

2　立法機関の見解

　中国の立法機関は、会社法改第54条の改正について下記の見解を表明した。

　第1に失権株式の処理規定を整備し、期限通りに出資を納付していない株主の失権を明確にした後、失権株式が譲渡または抹消されていない場合、会社の他の株主はその出資比率に応じて相応の出資を納付する。株主が期限通りに出資金を全額納付せず、会社に損失を与えた場合、賠償責任を負わなければならない[13]。

　第2に、会社が満期債務を返済できないことを明らかになった場合、会社または満期債権の債権者は、出資を引受けたが納付期限が到達していない株主に出資を早期に納付するよう要求する権利がある[14]。

　第3に、株主が出資を引受けたが納付期限が到達していない株式を譲渡する場合、譲受人が出資を納付する義務を負う上で、譲受人が期限通りに出資を完納していない場合、譲渡人は、譲受人が期限通りに完納しない出資に対して補充責任を負うことを明確する[15]。

第 8 章　会社債権管理制度等の完備

[注]
1） 趙旭東主編・劉斌副主編『2023新公司法条文解釈』法律出版社、2024年、434頁。
2） 劉俊海著『新公司法的制度創新』中国法制出版社、2024年、578頁。李建偉主編『公司法評釈』法律出版社、2024年、6頁。
3） 孫 英「論公司章程絶対必要記載事項與公司無効」『法学雑誌』2010年第3期、30頁。
4） 施天濤「公司資本制度改革：解読與辨析」『清華法学』Vol. 8 No. 5、2014年、6頁。
5） 黄輝「公司資本制度改革的正當性：基於債権利人保護功能的法経済学分析」『中国法学』2015年第6期、61頁。
6） 張其鑒「股東出資義務約定性及其限制的命題確立與運用—基於債法與公司法二元系統的分析」『華東政法大学学報』2023年第3期、16頁。
7） 石少俠 盧政宜「認繳制下公司資本制度的補救與完善」『国家検察官学院学報』2019年第5期、36頁。
8） 徐強勝「我国公司人格的基本制度再造—以公司資本制度與董事会地位為核心」『環球法律評論』2020年第3期、68頁。
9） 汪青松「優化営商環境目標下的註冊資本認繳登記制再造」『湖北社会科学』2022年第1期 石冠彬「註冊資本認繳制改革與債権利人権利益保護——一個解釈論視角」『法商研究』2016年第3期、106頁。
10）「有限責任公司全面認繳制該何去何従？—兼評『公司法（修訂草案三審稿）』第47條」『現代法学』2023年11月第45巻第6期、136頁。
11） 朱慈蘊「中国公司資本制度体系化再造之思考」『法律科学』2021年第3期。朱慈蘊「股東出資義務的性質與公司資本制度完善」『清華法学』Vol. 16 No. 2、2022年、36頁。
12） 劉俊海著『新公司法的制度創新』中国法制出版社、2024年、578頁。李建偉主編『公司法評釈』法律出版社、2024年、6頁。劉迎霜「資本認繳制：股東出資自由與公司資本自治」『政治與法律』2023年第8期。趙旭東「資本制度変革下的資本法律責任—公司法修改的理性解読」『法学研究』2014年第5期、36頁。
13） 王瑞賀「関于『中華人民共和国公司法（修訂草案）』的説明」中華人民共和国全人代常務委員会公報2024年第1号、36頁。
14） 王瑞賀前掲注13）、36頁。
15） 王瑞賀前掲注13）、36頁。

第 **II** 部

関連法規訳文

1　2023年中華人民共和国会社法

2　中華人民共和国市場主体登記管理条例

中華人民共和国会社法

（中華人民共和国主席令第15号）

（全国人民代表大会常務委員会1993年12月29日制定、同日公布、1994年7月1日施行。1999年12月25日全国人民代表大会常務委員会1999年12月25日第1回改正、同日公布、同日施行。全国人民代表大会常務委員会2004年8月28日第2回改正、同日公布、同日施行。全国人民代表大会常務委員会第3回改正（第1回修訂＝全面的改正）　2005年10月27日　同日公布、2006年1月1日施行。全国人民代表大会常務委員会2013年12月28日第4回改正、同日公布、2014年3月1日施行。全国人民代表大会常務委員会2018年10月26日第5回改正、同日公布、同日施行。全国人民代表大会常務委員会2023年12月29日第6回改正（第2回修訂＝全面的改正）、同日公布、2024年7月1日施行）

目　　次

第1章　総則（第1条－第28条）
第2章　会社登記（第29条－第41条）
第3章　有限責任会社の設立及び組織機構
　　第1節　設立（第42条－第57条）
　　第2節　組織機構（第58条－第83条）
第4章　有限責任会社の持分譲渡（第84条－第90条）
第5章　株式会社の設立及び組織機構
　　第1節　設立（第91条－第110条）
　　第2節　株主会（第111条－第119条）
　　第3節　取締役会、経理（第120条－第129条）
　　第4節　監査役会（第130条－第133条）
　　第5節　上場会社組織機構に関する特別規定（第134条－第141条）
第6章　株式会社の株式発行及び譲渡
　　第1節　株式の発行（第142条－第156条）
　　第2節　株式の譲渡（第157条－第167条）
第7章　国家出資会社の組織機構に関する特別規定（第168条－第177条）
第8章　会社の取締役、監査役及び高級管理者の資格及び義務（第178条－第193条）
第9章　社債（第194条－第206条）
第10章　会社の財務、会計（第207条－第217条）
第11章　会社の合併、分割、増資、減資（第218条－第228条）
第12章　会社の解散及び清算（第229条－第242条）
第13章　外国会社の分支機構（第243条－第249条）

第Ⅱ部　関連法規訳文

　　第14章　法律責任（第250条－第264条）
　　第15章　附則（第265条－第266条）

第1章　総　則

第1条（立法目的）
　会社の組織と行為を規範化し、会社、株主、従業員及び債権者の合法的な権益を保護し、中国特色のある現代企業制度を完備し、企業家精神を促進し、社会経済秩序を維持し、社会主義市場経済の発展を促進するために、憲法に基づいて本法を制定する。

第2条（会社の種類）
　本法でいう会社とは、本法に基づいて中華人民共和国国内に設立される有限責任会社と株式会社を指す。

第3条（会社の法人格）
　会社は、企業法人であり、独立の法人財産を持ち、法人の財産権を享有する。会社はその全財産をもって会社の債務に対して責任を負う。
　会社の正当な権益は、法律によって保護され、侵害されてはいけない。

第4条（株主の有限責任と株主の権利）
　有限責任会社の株主は、引受けた出資額を限度として会社に責任を負う。株式会社の株主は、買取した株式を限度として会社に責任を負う。
　会社の株主は、会社に対して法に基づいて資産収益、重大な意思決定への参加、管理者の選択などの権利を享有する。

第5条（会社の定款）
　会社を設立するには、法に基づいて会社の定款を制定しなければならない。会社の定款は会社、株主、取締役、監査役、高級管理者に拘束力がある。

第6条（会社名称）
　会社には、自分の名称を有しなければならない。会社名は、国家の関連規定に準拠しなければならない。
　会社の名称権は、法律によって保護される。

第7条（商号に関する規定）
　本法に従って設立された有限責任会社は、会社名に有限責任会社または有限会社という文字を明記しなければならない。
　本法に従って設立された株式会社は、会社名に株式有限会社又は株式会社という文字を

明記しなければならない。

第8条（会社の住所）
会社は、その主要な事務機構の所在地を住所とする。

第9条（会社の経営範囲）
会社の経営範囲は、会社の定款によって規定される。会社は、定款を修正し、経営範囲を変更することができる。

会社の経営範囲の中で法律、行政規範の規定に属して認可受けるべきとされる項目は、法に基づいて認可されなければならない。

第10条（法定代表者の選任と辞任）
会社の法定代表者は、会社定款の規定に基づいて、取締役会長、執行取締役または経理が担当する。

法定代表者を務める取締役または経理が辞任する場合は、同時に法定代表者を辞任するものとみなす。

法定代表者が辞任する場合、会社は法定代表者が辞任する日から30日以内に新しい法定代表者を確定しなければならない。

第11条（法定代表者の職務行為の法的効果）
法定代表者が会社の名義で従事する民事活動についてその法的効果は、会社が負担とする。

会社定款または株主会の法定代表者の職権に対する制限は、善意の第三者に対抗してはいけない。

法定代表者が職務執行により他人に損害を与えた場合、会社は民事責任を負う。会社が民事責任を負った後、法律または会社定款の規定に基づいて、過失のある法定代表者に賠償を追及することができる。

第12条（会社形態の変更）
有限責任会社から株式会社への変更は、本法に規定される株式会社の条件に合致しなければならない。株式会社から有限責任会社への変更は、本法に規定される有限責任会社の条件に合致しなければならない。

有限責任会社が株式会社に変更または株式会社が有限責任会社に変更する場合、その会社が変更前の債権と債務は変更後の会社が承継する。

第13条（子会社及び支社）
会社は、子会社を設立することができる。子会社は、法人格を持ち、法に基づいて独立な民事責任を負う。

第Ⅱ部　関連法規訳文

会社は、支社を設立することができる。支社は、法人格を持たず、その民事責任は会社が負担とする。

第14条（会社投資）

会社は、他の企業に投資することができる。

法律の規定により会社が投資先企業の債務に対して連帯責任を負う出資者になってはならないと規定されている場合、その規定に従う。

第15条（会社担保）

会社が他の企業に投資または他人に担保を提供することは、会社定款の規定に基づいて、取締役会または株主会によって決議する：会社定款が投資または担保の総額及び単項投資または担保の額に限度が規定される場合、規定の限度を超えてはならない。

会社が会社の株主または実質的支配者に担保を提供する場合は、株主会の決議を経なければならない。

前項に規定する株主又は前項に規定する実質的支配者に支配される株主は、前項に規定する事項の採決に参加してはならない。かかる決議は、会議に出席する他の株主が保有する議決権の過半数で可決される。

第16条（従業員の保護）

会社は、従業員の合法的な権益を保護し、法に基づいて従業員と労働契約を締結して社会保険に加入し、労働保護を強化し、安全な生産を実現しなければならない。

会社は、多種の形式を採用し、会社従業員の職業教育と職場訓練を強化し、従業員の素質を向上しなければならない。

第17条（従業員の民主的管理）

会社の従業員は、『中華人民共和国労働組合法』に基づいて労働組合を組織し、労働組合活動を展開し、従業員の合法的権益を守る。会社は、自社の労働組合に必要な活動条件を提供しなければならない。会社の労働組合は、従業員を代表して、従業員の労働報酬、労働時間、休憩と休暇、労働安全衛生、保険福利厚生などの事項について法に基づいて会社と団体契約を締結する。

会社は、憲法と関連法律の規定に基づいて、従業員代表大会を基本形式とする民主管理制度を確立し、健全化し、従業員代表大会またはその他の形式を通じて、民主管理を実施する。

会社は、制度改正、解散、破産申請及び経営上の重大な問題を検討決定し、重要な規則制度を制定する際、会社の労働組合の意見を聴取し、従業員代表大会又はその他の形式を通じて従業員の意見と提案を聴取しなければならない。

中華人民共和国会社法

第18条（共産党の組織）

会社では、中国共産党規約の規定に基づいて、中国共産党の組織を設立し、党の活動を展開する。会社は、党組織の活動に必要な条件を提供しなければならない。

第19条（経営活動の原則）

経営活動に従事する会社は、法律・法規を遵守し、社会道徳、商業道徳、信義誠実の原則を守り、政府および公衆の監督を受け入れなければならない。

第20条（会社の社会的責任）

経営活動に従事する会社は、当社の従業員、消費者その他の利害関係者の利益及び生態環境保護などの社会的公益を十分に考慮し、社会的責任を負わなければならない。

国は、会社が社会公益活動に参加し、社会的責任報告書を開示することを奨励する。

第21条（株主権濫用の賠償責任）

会社の株主は法律、行政規範と会社定款を遵守し、法に基づいて株主の権利を行使し、株主の権利を濫用して会社またはその他の株主の利益を損害してはならない。

会社の株主が株主の権利を濫用して会社またはその他の株主に損失を与えた場合、賠償責任を負わなければならない。

第22条（関連関係）

会社の支配株主、実質的支配者、取締役、監査役、高級管理人は、その関連関係を利用して会社の利益を損害してはならない。

前項の規定に違反し、会社に損失を与えた場合、賠償責任を負わなければならない。

第23条（会社法人格の否定）

会社の株主が会社法人の独立な地位と株主の有限責任を濫用し、債務を逃れ、会社の債権者の利益を深刻な損与えた場合、会社の債務に連帯責任を負わなければならない。

会社の株主がその支配する2つ以上の会社を利用して前項規定の行為を実施した場合、各社はいずれかの会社の債務に対して連帯責任を負わなければならない。

株主が1人だけの会社は、株主が株主自身の財産から会社の財産が独立することを証明できない場合は、会社の債務に連帯責任を負わなければならない。

第24条（会社会議の電子通信化）

会社の株主会、取締役会、監査役会が会議を開催、採決するには電子通信方式を採用することができ、会社の定款に別途規定がある場合を除く。

第25条（会社決議の無効）

会社の株主会、取締役会の決議内容が法律、行政規範に違反する場合は、これを無効と

209

第Ⅱ部　関連法規訳文

する。

第26条（取消のできる会社決議）

　株主会、取締役会の会議招集手続、採決方式が法律、行政規範又は会社定款に違反し、あるいは決議内容が会社定款に違反する場合、株主は決議が行われた日から60日以内に、人民法院に取り消しを請求することができる。ただし、株主会、取締役会の会議招集手順手続または採決方法に軽微な瑕疵があり、決議に実質的な影響がない場合を除く。

　株主会会議への参加を通知されていない株主は、株主会決議が行われたことを知っているか、知るべき日から60日以内に、人民法院に取り消しを請求することができる。決議が成立した日から1年以内に取消権を行使しなかった場合、取消権は消滅する。

第27条（会社決議の不成立）

　以下のいずれかの場合、会社の株主会、取締役会の決議は成立しない：

(1)株主会、取締役会会議を開催せずに決議した場合；

(2)株主会、取締役会会議は決議事項を採決しなかった場合；

(3)会議に出席した人数又は所持した議決権数が本法又は会社定款に規定される人数又は所持する議決権数に達しなかった場合；

(4)決議事項に同意した人数又は所持した議決権数が本法又は会社定款に規定される人数又は所持する議決権数に達しなかった場合。

第28条（会社決議の無効・取消・善意第三者の保護）

　会社の株主会、取締役会の決議が人民法院により無効、取り消し、または不成立を宣告された場合、会社は会社の登記機関に当該決議に基づいて行った変更登記の取り消しを申請しなければならない。

　株主会、取締役会決議が人民法院によって無効、取り消し、または不成立を宣告された会社は、かかる決議に基づいて善意の第三者に対抗することができない。

第2章　会社登記

第29条（設立登記の申請）

　会社を設立するには、法に基づいて会社登記機関に設立登記を申請しなければならない。

　法律、行政規範により、会社設立の承認のため、提出する必要があると規定されている場合、会社が登記する前に、法律に従って承認手続を完了する必要がある。

第30条（会社設立用の申請資料の規範性）

　会社の設立を申請するには、設立登記申請書、会社定款などの書類を提出しなければならず、提出される関連資料は真実、合法、有効でなければならない。

中華人民共和国会社法

　申請書類が不備または法定形式に合致しない場合、会社登記機関は補正が必要な書類を一括して通知しなければならない。

第31条（設立登記）

　会社を設立するには、本法に規定された設立条件に合致する場合、会社登記機関はそれぞれに有限責任会社または株式会社として登記する；本法に規定された設立条件に合致しない場合、有限責任会社または株式会社として登記してはいけない。

第32条（会社登記事項・公示）

　会社登記事項には以下の事項が含まれる：

（一）氏名；

（二）住所；

（三）登録資本金；

（四）経営範囲；

（五）法定代表者の氏名；

（六）有限責任会社の株主および株式会社の発起人の氏名。

　会社登記機関は、前項に規定する会社登記事項について国家企業信用情報開示システムを通じて社会に開示しなければならない。

第33条（会社の営業許可証）

　法に基づいて設立された会社は、会社の登記機関から会社の営業許可証を交付する。会社の営業許可証の発行日は会社の設立日となる。

　会社の営業許可証には、会社の名称、住所、登録資本金、経営範囲、法定代表者の氏名などの事項を明記しなければならない。

　会社の登記機関は、規定に従って電子営業許可証を発行することができる。電子営業許可証は、紙の営業許可証と同等の法的効力を有する。

第34条（変更登記と善意第三者の保護）

　会社の登記事項が変更される場合は、法に基づいて変更登記を行わなければならない。

　会社の登記事項が登記されていないまたは変更登記されていない場合、善意の第三者に対抗してはならない。

第35条（会社登記事項の変更手続）

　会社が変更登記を申請するには、会社の法定代表者が署名した変更登記申請書、法に基づいて変更決議または決定などの書類を会社登録機関に提出しなければならない。

　会社の変更登記事項が会社定款の変更に係る場合は、修正後の会社定款を提出しなければならない。

　会社が法定代表者を変更した場合、変更登記申請書は変更後の法定代表者が署名しなけ

第Ⅱ部　関連法規訳文

ればならない。

第36条（会社の営業許可証の再発行）

会社の営業許可証の記載事項が変更された場合、会社は変更登記を行った後、会社の登記機関から営業許可証を再発行する。

第37条（会社抹消の登記・公示）

会社が解散、破産宣告又はその他の法定事由により終了する必要がある場合、法に基づいて会社登記機関に登記消却を申請しなければならず、会社登記機関が会社の終了を公告する。

第38条（支社の登記）

会社は、支社を設立するには、会社登記機関に登記を申請し、営業許可証を受領しなければならない。

第39条（詐欺的会社登記の取消）

登録資本金を水増しし、虚偽の資料を提出し、またはその他の詐欺手段を用いて重要な事実を隠して会社の設立登記を取得した場合、会社登記機関は法律、行政規範の規定に基づいて取り消さなければならない。

第40条（国家企業信用情報開示システムによる情報開示）

会社は、規定に従って国家企業信用情報開示システムを通じて以下の事項を公示しなければならない：

（一）有限責任会社の株主の引受金額と納付済出資額、出資方式と出資期日、株式会社の発起人が買取した株式数；

（二）有限責任会社の株主、株式会社発起人の株式、株式変更情報；

（三）行政許可の取得、変更、消却等の情報；

（四）法律、行政規範に規定されるその他の情報。

会社は、前項の開示情報の真実、正確、完全性を確保しなければならない。

第41条（会社の登記機関）

会社の登記機関は、会社の登記処理過程を最適化し、会社の登記効率を高め、情報化建設を強化し、オンライン処理などの便利な方法を推進し、会社の登記の便利化レベルを向上しなければならない。国務院市場監督管理部門は本法と関連法律、行政規範の規定に基づいて、会社登記の具体的な方法を制定する。

中華人民共和国会社法

第3章　有限責任会社の設立及び組織機構

第1節　設　立

第42条（有限責任会社の株主人数）

有限責任会社は、1人以上50人以下の株主の出資によって設立される。

第43条（会社設立時の株主協議）

有限責任会社設立時の株主は、設立協定を締結し、それぞれの会社設立過程における権利と義務を明確にすることができる。

第44条（会社設立時の債務負担）

有限責任会社設立時の株主が会社設立のために従事した民事活動は、その法的効果は会社が負担とする。

会社が設立されていない場合、その法的結果は会社設立時の株主が負担とする。設立時の株主が2人以上の場合は、連帯債権を有し、連帯債務を負う。

設立時の株主は、会社を設立するために自分の名義で民事活動に従事することによる民事責任があった場合、第三者は会社または会社設立時の株主に負担を請求する権利を有する。

設立時の株主が会社設立職責の履行により他人に損害を与えた場合、会社又は過失のない株主が賠償責任を負った後、過失のある株主に賠償を追求することができる。

第45条（会社定款の作成）

有限責任会社を設立するには、株主が共同で会社定款を制定しなければならない。

第46条（会社定款の明記内容）

有限責任会社の定款は、以下の事項を明記しなければならない：

(1)会社の名称と住所；

(2)会社の経営範囲；

(3)会社の登録資本金

(4)株主の氏名又は名称；

(5)株主の出資方法、出資額、出資期日；

(6)会社の組織とその形成方法、職権、議事規則；

(7)会社法定代表者の発生、変更方法；

(8)株主会議が定める必要があると認めるその他の事項。

株主は、会社定款に署名または捺印しなければならない。

213

第Ⅱ部　関連法規訳文

第47条（株主出資の納付期限）

　有限責任会社の登録資本金は、会社の登記機関に登記される株主全員が引き受けた出資額とする。

　全株主が引き受けた出資は、株主が会社定款の規定に従って会社が設立された日から5年以内に納付する。

　法律、行政規範及び国務院が有限責任会社の登録資本金の拠出、登録資本金の最低限度額、株主出資の納付期間に別途規定がある場合、その規定に従う。

第48条（現物出資等）

　株主は、貨幣で出資することができ、実物、知的財産権、土地使用権、株式、債権などの貨幣で評価することができ、法によって譲渡することができる非貨幣財産を価格として出資することができる。ただし、法律・行政規範の規定によって出資できない財産を除く。

　出資とする非貨幣財産については、価格を評価し、財産を確認し、過大評価したり、過小評価したりしてはならない。法律、行政規範は評価価格に対して規定のある場合、その規定に従う。

第49条（株主出資の全額納付義務及び違約責任）

　株主は、会社定款に規定されたそれぞれの払込引き受けた出資額を期限までに全額納付しなければならない。株主が貨幣で出資する場合、貨幣出資全額を有限責任会社が銀行に開設した口座に振り込まなければならない。非貨幣財産で出資する場合は、法に基づいてその財産権の移転手続きを行わなければならない。

　株主が期限通りに出資を納付していない場合、会社に全額納付するほか、会社に与えた損失に対して賠償責任を負わなければならない。

第50条（発起人間の瑕疵出資に対する連帯責任）

　有限責任会社の設立時に、株主が会社定款の規定に従って実際に出資を納付していない、または出資した非貨幣財産の実際の価格が納付した出資額より著しく低い場合、設立時の他の株主と当該株主は出資不足の範囲内で連帯責任を負う。

第51条（出資金払込の催促義務）

　有限責任会社が設立された後、取締役会は、株主の出資状況を審査し、株主が期限までに全額出資を納付していないことを発見した場合、会社から当該株主に書面による納付取立書を発行し、出資を取立しなければならない。

第52条（株主権利の喪失）

　株主が会社定款の規定に従って出資期間までに出資を納付していない場合、会社は前条第1項の規定に従って納付取立書を発行し出資を取立し、出資を納付する猶予期間を明記

中華人民共和国会社法

することができる。猶予期間は会社が出資取立書を発行した日から60日以上にしなければならない。猶予期間が満了し、株主が出資義務をまだ履行していない場合、会社は取締役会の決議により当該株主に失権通知を発行することができ、通知は書面形式で発行しなければならない。通知が発行された日から、当該株主は出資を納付していない株式を喪失する。

前項の規定に基づいて喪失した株式は法に基づいて譲渡しなければならず、または登録資本を減少させ、当該株式を消却しなければならない。6ヶ月以内に譲渡または抹消されていない場合は、会社の他の株主がその出資比率に基づいて相応の出資を全額納付する。

株主が失権に異議がある場合は、失権通知を受けた日から30日以内に人民法院に訴訟を提起しなければならない。

第53条（株主出資の不正回収の禁止）

会社が設立された後、株主は出資金の不正回収をしてはならない。

前項の規定に違反した場合、株主は不正回収の出資を返還しなければならない。会社に損失を与えた場合、責任のある取締役、監査役、高級管理者は当該株主と連帯賠償責任を負わなければならない。

第54条（株主出資の早期納付）

会社が満期債務を返済できない場合、会社又は満期債権の債権者は、出資を引き受けたが、出資期限に達していない株主に出資を早期に納付するよう要求する権利がある。

第55条（出資証明書）

有限責任会社が設立された後、株主に出資証明書を発行し、以下の事項を記載しなければならない：
(1)会社名；
(2)会社設立期日；
(3)会社の登録資本金；
(4)株主の氏名または名称、引受と払込の出資額、出資方式及び出資期日；
(5)出資証明書の発行番号及び発行期日。

出資証明書は、法定代表者が署名し、会社が捺印する。

第56条（株主名簿）

有限責任会社は、株主名簿を作成し、以下の事項を記載しなければならない：
(1)株主の氏名または名称及び住所；
(2)株主が引受額と拠出した出資額、出資方式及び出資期日；
(3)出資証明書の番号；
(4)株主資格の取得及び喪失の期日。

株主名簿に記載される株主は、株主名簿に基づいて株主権利の行使を主張することがで

第Ⅱ部　関連法規訳文

きる。

第57条（株主の知る権利）

　株主は、会社定款、株主名簿、株主会の会議記録、取締役会会議の決議、監査役会会議の決議、財務会計報告書を査閲、複製する権利がある。

　株主は、会社の会計帳簿、会計証憑の査閲を要求することができる。株主が会社の会計帳簿、会計証憑の査閲を要求する場合は、会社に書面で要求し、目的を説明しなければならない。会社は株主が会計帳簿、会計証憑を査閲することに不当な目的があり、会社の合法的な利益を損なう可能性があると考え、合理的な根拠がある場合、査閲の提供を拒否することができ、当該株主が書面で要求された日から15日以内に当該株主に書面で回答し、理由を説明しなければならない。会社から査閲の提供を拒否された場合、株主は人民法院に訴訟を提起することができる。

　株主が前項に規定する資料を査閲には、会計士事務所、弁護士事務所などの仲介機関に委託することができる。

　株主及びその委託する会計事務所、弁護士事務所等の仲介機関は関連資料を査閲、複製には、国家秘密、商業秘密、プライバシー、個人情報等の保護に関する法律、行政規範の規定を遵守しなければならない。

　株主が会社の完全子会社に関する資料の査閲、複製を要求する場合、前４項の規定を適用する。

第２節　組織機構

第58条（株主会の構成）

　有限責任会社の株主会は、全株主で構成される。株主会は、会社の権力機関であり、本法に基づいて職権を行使する。

第59条（株主会の職権）

　株主会は、以下の職権を行使する：
(1)取締役・監査役の選出、交代し、取締役・監査役に関する報酬事項を決定する；
(2)取締役会の報告を審議、批准する；
(3)監査役会の報告を審議、批准する；
(4)会社の利益配当方案と欠損塡補方案を審議、批准する；
(5)会社の登録資本金の増加または減少について決議する；
(6)社債の発行について決議する；
(7)会社の合併、分割、解散、清算または会社の形式変更について決議する；
(8)定款を修正する；
(9)会社定款に規定されるその他の職権。

　株主会は、社債の発行に関する決議を取締役会に授権することができる。

　本条第１項に掲げる事項について全株主が書面により一致で合意した場合、株主会会議

中華人民共和国会社法

を開催せずに直接的に決めることができ、かつ株主全員が決定書類に署名しまたは捺印する。

第60条（一人株主の書面決定要求）

一人有限責任会社は株主会を設置せず、株主が前条第1項に掲げる事項の決定をした場合、書面形式を採用し、株主が署名または捺印して会社に備えなければならない。

第61条（初回株主会会議）

初回の株主会会議は、最も出資の多い株主が招集と司会し、本法の規定に従って職権を行使する。

第62条（定時会議と臨時会議）

株主会議は、定時会議と臨時会議に分かれている。

定時会議は、会社定款の規定に基づいて時間通りに開催しなければならない。議決権の10分の1以上を代表する株主、3分の1以上の取締役または監査役会が臨時会議の開催を提案した場合、臨時会議を開催しなければならない。

第63条（株主会会議の召集及び司会）

株主会会議は、取締役会が招集し、取締役会長が司会する。取締役会長が職務を履行できない又は職務を履行しない場合、副取締役会長が司会する。副取締役会長が職務を履行できない又は職務を履行しない場合、過半数の取締役が共同で1名の取締役を推薦して司会する。

取締役会が株主会会議を招集する職責を履行できない又は履行しない場合は、監査役会が招集し、司会する。監査役会が招集及び司会しない場合、議決権の10分の1以上を代表する株主は自ら招集及び司会することができる。

第64条（株主会会議の通知及び記録）

株主会会議を開催するには、会議の開催15日前に株主全員に通知しなければならない。ただし、会社定款に別途規定があるまたは株主全員に別途約束がある場合を除く。

株主会は、提案事項の決定に対して会議記録を作成し、会議に出席する株主は、会議記録に署名または捺印しなければならない。

第65条（株主議決権の行使）

株主会会議は、株主が出資比率に基づいて議決権を行使する。ただし、会社定款に別途規定がある場合を除く。

第66条（株主会の議事方式及び決議手続）

株主会の議事方式及び採決手順は、本法に規定がある場合を除き、会社定款により規定

第Ⅱ部　関連法規訳文

する。

　株主会の普通決議は、過半数の議決権を代表する株主によって採択しなければならない。

　株主会の決議は、会社定款の変更、登録資本の増加または減少、及び会社の合併、分割、解散または会社の形態変更の決議を行う場合、3分の2以上の議決権を代表する株主によって採択されなければならない。

第67条（取締役会の職権）

　有限責任会社が取締役会を設置するには、本法第75条に別途規定がある場合を除く。

　取締役会は、以下の職権を行使する：

⑴株主会会議を招集し、株主会に仕事を報告する；

⑵株主会の決議を執行する；

⑶会社の経営計画と投資方案を決定する；

⑷会社の利益配当方案と欠損填補方案を制定する；

⑸会社が登録資本金を増加または減少し及び会社の社債を発行する方案を制定する；

⑹会社の合併、分割、解散または会社の形式を変更する方案を制定する；

⑺社内管理機構の設置を決定する；

⑻会社経理の選任または解任とその報酬を決定し、経理の指名に基づいて会社の副経理を選任または解任し、及びその報酬を決定する；

⑼会社の基本管理制度を制定する；

⑽会社定款の規定又は株主会により付与されるその他の職権。

　会社定款における取締役会権限の制限は、善意の第三者に対抗することができない。

第68条（取締役会の構成）

　有限責任会社の取締役会の構成員は、3人以上とし、その構成員の中に従業員代表を入れることができる。従業員数300人以上の有限責任会社は、法に基づいて監査役会を設置し、会社の従業員代表がいる場合を除き、その取締役会の構成員の中に会社の従業員代表がいなければならない。取締役会の従業員代表は、従業員が従業員代表大会、従業員大会またはその他の形式で民主的な選挙を通じて選出される。

　取締役会が取締役会長1人を設置し、副取締役会長を設置することができる。取締役会長、副取締役会長の選任方法は会社定款によって規定される。

第69条（有限責任会社の審計委員会）

　有限責任会社は、会社定款の規定に従って取締役会に取締役からなる審計委員会を設置し、本法に規定される監査役会の職権を行使し、監査役会または監査役を設置しないことができる。会社の取締役会の構成員とする従業員代表は審計委員会の構成員になることができる。

中華人民共和国会社法

第70条（取締役の任期と辞任）
　取締役の任期は、会社定款によって規定されるが、任期は３年を超えてはならない。取締役の任期が満了し、再選により再任することができる。
　取締役の任期満了により適時に改選されない場合、または取締役が在任期間中の辞任により取締役会の構成員が法定人数を下回った場合、改選により選任された取締役が就任するまで、元取締役は法律、行政規範、会社定款の規定に従い、取締役の職務を履行しなければならない。
　取締役が辞任する場合、書面形式で会社に通知しなければならず、会社が通知を受けた日に辞任が発効するが、前項の規定状況がある場合、取締役は職務を履行しなければならない。

第71条（取締役の事前解任及び賠償請求権）
　株主会は、取締役の解任を決議することができ、決議が行われる日に解任が発効する。
　正当な理由なく、任期満了前に取締役を解任する場合、当該取締役は会社に賠償を請求することができる。

第72条（取締役会の招集権者）
　取締役会は、取締役会会長が招集と司会する。取締役会会長が職務を履行できない又は職務を履行しない場合、取締役会副会長が招集と司会する。取締役会副会長が職務を履行できない、または職務を履行しない場合、過半数の取締役が共同で１名の取締役を推薦して、招集と司会する。

第73条（取締役会の議事方式及び決議手続）
　取締役会の議事方式及び採決手順は、本法に規定がある場合を除き、会社定款により規定する。
　取締役会会議の開催には、過半数の取締役が出席しなければならない。取締役会が決議する場合、全取締役の過半数が採択しなければならない。
　取締役会決議の採決は、１人に１票により行う。
　取締役会は、議論事項の決定について会議記録を作成し、会議に出席した取締役は会議記録に署名しなければならない。

第74条（経理の任意設置及び職権）
　有限責任会社は、経理を設置でき、取締役会がその選任または解任を決定する。
　経理は、取締役会に対して責任を負い、会社定款の規定または取締役会の授権に基づいて職権を行使する。経理は取締役会会議に列席する。

第75条（１名の取締役の選任）
　規模が小さい、または株主数が少ない有限責任会社は、取締役会を設置せず、１名の取

219

第Ⅱ部　関連法規訳文

締役を設置でき、本法の規定により取締役会の職権を行使する。当該取締役は会社の経理を兼任することができる。

第76条（監査役会の設置及び構成）

　有限責任会社は監査役会を設置し、本法第69条、第83条に別途規定がある場合を除く。

　監査役会の構成員は３人以上とする。監査役会の構成員は、株主代表と適切な割合の従業員代表を含まなければならず、その中の従業員代表の割合は３分の１を下回ってはならず、具体的な割合は会社定款によって規定する。監査役会における従業員代表は、従業員が従業員代表大会、従業員大会またはその他の形式で民主的な選挙を通じて選出される。

　監査役会は、議長１人を設置し、監査役全体の過半数により選出される。監査役会議長は、監査役会会議を招集し、司会する。監査役会議長が職務を履行できない場合、または職務を履行しない場合、過半数以上の監査役が共同で推薦する１名の監査役が監査役会会議を招集と司会する。

　取締役と高級管理者は、監査役を兼任してはならない。

第77条（監査役の任期・選任と辞任）

　監査役の任期は、１期３年とする。監査役の任期が満了し、再選により再任することができる。

　監査役の任期満了により適時に改選されない、または監査役が任期中に辞任して監査役会の構成員が法定人数により低い場合、改選される監査役が就任する前に、元監査役は法律、行政規範、会社定款の規定に基づいて、監査役の職務をまだ履行しなければならない。

第78条（監査役会の職権）

　監査役会は、以下の職権を行使する：
(1)会社の財務を検査する；
(2)取締役、高級管理者が会社の職務を執行する行為を監督し、法律、行政規範、会社定款または株主会決議に違反する取締役、高級管理者に対する解任を提案する；
(3)取締役、高級管理者の行為が会社の利益を損なう場合、取締役、高級管理者に是正を要求する；
(4)臨時株主会会議の開催を提案し、取締役会が本法に規定される招集と株主会会議の職責を履行しない場合に株主会会議を招集と司会する；
(5)株主会会議に提案する；
(6)本法の第189条の規定に基づいて、取締役、高級管理者に訴訟を提起する；
(7)会社定款に規定されるその他の職権。

第79条（列席権・質問権と調査権）

　監査役は、取締役会会議に列席し、取締役会決議事項に対して質問または提案を行うこ

とができる。

　監査役会は、会社の経営状況に異常があることを発見し、調査を行うことができる。必要な場合、会計士事務所などを招聘して、その仕事に協力することができ、費用は会社が負担する。

第80条（監査役会の報告請求権等）

　監査役会は、取締役、高級管理者に職務執行の報告書の提出を要求することができる。

　取締役、高級管理者は、監査役会に関連状況と資料を如実に提供し、監査役会又は監査役の職権の行使を妨げてはならない。

第81条（監査役会の議事方式及び決議手続）

　監査役会は毎年少なくとも１回会議を開催し、監査役は臨時監査役会会議の開催を提案することができる。

　監査役会の議事方式及び採決手続は、本法に規定がある場合を除き、会社定款により規定する。

　監査役会決議は、監査役全体の過半数で採択しなければならない。

　監査役会決議の採決は、１人に１票でなければならない。

　監査役会は、議論する事項の決定に対して会議記録を作成し、会議に出席した監査役は会議記録に署名しなければならない。

第82条（監査役会職権行使の費用負担）

　監査役会が職権を行使する必要な費用は、会社が負担する。

第83条（監査役会設置の例外規定）

　規模が小さい、または株主数が少ない有限責任会社は、監査役会を設置せず、１名の監査役を設置し、本法に規定される監査役会の職権を行使する。株主全員の合意により、監査役を設置しないことができる。

第４章　有限責任会社の持分譲渡

第84条（株式譲渡）

　有限責任会社の株主の間に相互的に持分の全部または一部を譲渡することができる。

　株主が株主以外の人に株式を譲渡する場合は、株式譲渡の数、価格、支払い方法、期限などの事項を書面で他の株主に通知しなければならず、他の株主は同等の条件の上で優先購入権がある。株主が書面による通知を受けた日から30日以内に回答していない場合は、優先購入権の放棄とみなす。２人以上の株主が優先購入権の行使を主張する場合、協議によりそれぞれの購入比率を確定する。協議が成立しない場合、譲渡時のそれぞれの出資比率に基づいて優先購入権を行使する。

第Ⅱ部　関連法規訳文

会社定款は、株式譲渡に対して別途規定がある場合、その規定に従う。

第85条（強制執行手続における優先購入権）

人民法院が法律の規定に基づいて強制執行手続に従って株主の株式を譲渡する場合、会社及び株主全員に通知しなければならず、その他の株主は同等の条件の上で優先購入権がある。他の株主が人民法院から通知を受けた日から20日以内に優先購入権を行使しない場合は、優先購入権の放棄とみなす。

第86条（株主名簿の変更）

株主がその株式を譲渡する場合は、書面で会社に通知し、株主名簿の変更を要求し、変更登記を行う必要がある場合は、会社に会社登記機関への変更登記を要求しなければならない。会社が拒否、または合理的な期限内に回答しない場合、譲渡人、譲受人は法に基づいて人民法院に訴訟を提起することができる。

株式譲渡の場合、譲受人は株主名簿に記載した時から会社に株主権利の行使を主張することができる。

第87条（株式譲渡後の変更記載）

本法に基づいて、株式を譲渡した後、会社は適時に元株主の出資証明書を消却し、新株主に出資証明書を発行し、会社定款と株主名簿における株主その出資額に関する記載を相応的に改正しなければならない。会社定款のこの改正は株主会による採決する必要はない。

第88条（株主の出資義務）

株主が引き受けたが、納付期限を未満とする株式を譲渡する場合、譲受人がその出資を納付する義務を負う。譲受人が期限までに出資を納付していない場合、譲渡人は譲受人が期限までに納付していない出資に対して補充責任を負う。

会社定款に規定される出資期日に基づいて出資を納付していない、または出資とする非貨幣財産の実際の価額が払込引き受けた出資額により著しく下回っている株主が株式を譲渡した場合、譲渡人と譲受人は出資不足の範囲内で連帯責任を負う。譲受人が知らず、かつ上記の状況が存在することを知るべきでない場合は、譲渡人が責任を負う。

第89条（株主の買取請求権）

以下のいずれかの場合、株主会の決議に反対票を投じた株主は、会社に合理的な価格で株式を買取するように請求することができる：

(1)会社は、5年連続で株主に利益を配当せず、会社は当該5年連続で利益を得て、そして本法に規定される利益配当条件に準拠する場合；

(2)会社が合併、分割、主な財産を譲渡する場合；

(3)会社定款に規定される営業期間が満了した、又は定款に規定されるその他の解散事由が

中華人民共和国会社法

発生した場合、株主会会議は決議により定款を改正して会社を存続させる場合。

株主会会議決議が採択された日から60日以内に、株主と会社が株式買取合意に達しない場合、株主は株主会会議決議が採択された日から90日以内に人民法院に訴訟を提起することができる。

会社の支配株主が株主の権利を濫用し、会社又は他の株主の利益を著しく損なう場合、他の株主は会社に合理的な価格でその株式の買取を請求する権利がある。

会社が本条第1項、第3項に規定する状況により買取した当社の株式は、6ヶ月以内に法に基づいて譲渡または消却しなければならない。

第90条（株主資格の相続）

自然人株主が死亡した後、その合法的な相続人は株主資格を相続することができる。ただし、会社定款に別途規定がある場合を除く。

第5章　株式会社の設立及び組織機構

第1節　設　立

第91条（発起設立・募集設立）

株式会社の設立は、発起設立または募集設立の方式を採用することができる。

発起設立とは、発起人が会社設立時に発行しなければならない全株式を取得して会社を設立することを指す。

募集設立とは、発起人が会社設立する時に発行しなければならない株式の一部を買取し、残りの株式を特定の対象に募集または社会に公募して会社を設立することを指す。

第92条（会社の株主人数規定）

株式会社を設立するには、1人以上200人以下の発起人がいなければならず、そのうち半数以上の発起人が中華人民共和国国内に住所を有しなければならない。

第93条（発起人の義務）

株式会社の発起人は、会社の設立準備事務を担当する。

発起人は、発起人協定を締結し、会社設立過程におけるそれぞれの権利と義務を明確にしなければならない。

第94条（株式会社定款の共同作成）

株式会社を設立するには、発起人が共同で会社定款を制定しなければならない。

第95条（会社定款の記載事項）

株式会社の定款は、以下の事項を明記しなければならない：

第Ⅱ部　関連法規訳文

(1)会社の名称と住所；
(2)会社の経営範囲；
(3)会社の設立方式；
(4)会社の登録資本金、発行済み株式数及び設立時に発行された株式数、額面株式の１株当たりの金額；
(5)種類株式を発行する場合の、各種類株式の株式数及びその権利と義務；
(6)発起人の氏名または名称、引き受けた株式数、出資の方式；
(7)取締役会の構成、職権及び議事規則；
(8)会社法定代表者の選任、変更方法；
(9)監査役会の構成、職権と議事規則；
(10)会社の利益配当方法；
(11)会社の解散事由及び清算方法；
(12)会社の通知及び公告方法；
(13)株主会会議が定める必要があると認めるその他の事項。

第96条（登録資本金の全額納付）

　株式会社の登録資本金は、会社登記機関に登記された発行済株式の資本総額とする。発起人が引き受けた株式が全部納付するまで、第三者に対して株式を募集してはならない。

　法律、行政法規及び国務院が株式会社の登録資本金の最低限度額に別途規定がある場合、その規定に従う。

第97条（発起設立・募集設立の出資方式）

　発起設立方式で株式会社を設立する場合、発起人は会社定款に規定された会社設立時に発行しなければならない株式を全部引き受けなければならない。

　募集設立方式で株式会社を設立する場合、発起人が引き受けた株式は会社定款に規定される会社設立時に発行しなければならない株式総数の35％を下回ってはならない。ただし、法律、行政規範に別途規定がある場合は、その規定に従う。

第98条（発起人の出資）

　発起人は、会社設立前に引き受けた株式の全額を支払わなければならない。

　発起人の出資は、本法第48条、第49条第２項、有限責任会社株主の出資に関する規定を準拠する。

第99条（発起人の連帯責任）

　発起人が引き受けた株式の出資金を納付しない、または出資とする非貨幣財産の実際価額が引き受けた株式より著しく低い場合、他の発起人と当該発起人は出資不足の範囲内で連帯責任を負う。

中華人民共和国会社法

第100条（株式引受書）
　発起人が株式を社会に公募するには、株式募集説明書を公告し、株式引受書を作成しなければならない。株式引受書は本法第154条第2項、第3項に掲げる事項を明記し、株式引受人が株式引受数、金額、住所を記入し、署名、又は捺印しなければならない。引受人は引受株数により株式出資金を納付する。

第101条（出資検査）
　社会に株式を公募する株式代金が全部納付された後、法に基づいて設立される出資検査機関によって出資検査を行い、かつ証明書を発行しなければならない。

第102条（会社の株主名簿）
　株式会社は株主名簿を作成し、会社に備えなければならない。株主名簿は以下の事項を記載しなければならない：
⑴株主の氏名または名称及び住所；
⑵各株主が引き受けた株式の種類と数；
⑶紙の形式で発行される株式は、その株式番号；
⑷各株主が株式を取得した期日。

第103条（設立大会）
　募集設立株式会社の発起人は、会社設立時に発行しなければならない株式を全部納付された日から30日以内に会社設立大会を開催しなければならない。発起人は設立大会の開催15日前に会議の期日を各株式引受人に通知または公告しなければならない。設立大会は、議決権の過半数を持つ株式引受人が出席すれば、開催できる。
　発起設立方式による株式会社が設立大会の開催及び採決手順は、会社定款又は発起人協議により規定する。

第104条（設立大会の職権）
　会社設立大会は、以下の職権を行使する：
⑴発起人の会社設立準備状況に関する報告を審議する；
⑵会社定款を採択する；
⑶取締役、監査役を選任する；
⑷会社の設立費用を審査する；
⑸発起人の非貨幣財産出資の価格を審査する；
⑹不可抗力が発生し、又は経営条件に重大な変化が発生により会社の設立に直接影響を与える場合、会社を設立しない決議をすることができる。
　設立大会は、前項に掲げる事項を決議する場合、会議に出席する議決権の過半数を持つ株式引受人が採択しなければならない。

225

第Ⅱ部　関連法規訳文

第105条（発起人の責任）

　会社設立時に発行しなければならない株式が募集完成していない場合、または発行株式の株式代金が全部納付された後、発起人が30日以内に設立大会を開催しない場合、株式引受人は、納付された株式代金に銀行の同期預金利息を加算し、発起人に返還を要求することができる。

　発起人、株式引受人が株式代金を納付し、または非貨幣財産交付した後、期限までに株式を募集完成していない場合、発起人が期限までに設立大会を開催しない、または設立大会の決議によって会社を設立しない場合を除き、その資本を回収してはならない。

第106条（設立大会終了後の設立登記）

　取締役会は代理人に授権し、会社設立大会終了後30日以内に会社登記機関に設立登記を申請しなければならない。

第107条（出資に関連する株主の義務・責任）

　本法第44条、第49条第3項、第51条、第52条、第53条の規定は、株式会社に適用する。

第108条（会社形態の変更）

　有限責任会社を株式会社に変更する場合、換算された払込資本金の総額は会社の純資産額を上回ってはならない。有限責任会社を株式会社に変更し、登録資本を増加させるため株式公開発行するには、法に基づいて執行しなければならない。

第109条（重要な資料の配置）

　株式会社は、会社定款、株主名簿、社債原簿、株主会会議記録、取締役会会議記録、監査役会会議記録、財務会計報告書、債券所有者名簿を当社に配置しなければならない。

第110条（株主の知る権利）

　株主は、会社定款、株主名簿、株主総会会議記録、取締役会会議決議、監査役会会議決議、財務会計報告書を閲覧、複製し、会社の経営に対して提案または質問する権利がある。

　180日以上連続で会社の株式の3％以上を単独または合計して保有する株主が会社の会計帳簿、会計証憑の査閲を要求した場合、本法第57条第2項、第3項、第4項の規定を適用する。会社定款が持株比率に対して低い規定がある場合、その規定に従う。

　株主が会社の完全子会社に関する資料の査閲、複製を要求する場合、前2項の規定を適用する。

　上場会社の株主が関連資料を査閲、複製する場合、『中華人民共和国証券法』などの法律、行政規範の規定を遵守しなければならない。

中華人民共和国会社法

第2節　株主会

第111条（株主会）

　株式会社の株主会は、全株主で構成される。株主会は、会社の権力機関であり、本法に基づいて職権を行使する。

第112条（株主会の職権）

　本法第59条第1項、第2項有限責任会社株主会の職権に関する規定は、株式会社の株主会に適用する。

　本法第60条の1人有限責任会社が株主会を設置しない規定は、1人株式会社に適用する。

第113条（株主会の定時会議と臨時会議）

　株主会は、毎年1回の定時会議を開催しなければならない。以下のいずれかの状況がある場合は、2ヶ月以内に臨時株主会会議を開催しなければならない：

(1)取締役人数が本法の規定人数又は会社定款の規定人数の3分の2に未満する場合；

(2)会社が補塡していない欠損金額が実際に払い込まれた資本金総額の3分の1に達した場合；

(3)単独又は合計して会社の株式の10％以上を保有する株主は請求した場合；

(4)取締役会が必要と判断する場合；

(5)監査役会が会議の招集を提案するとき；

(6)会社定款に規定されるその他の状況。

第114条（株主会の招集権者）

　株主会会議は、取締役会が招集し、取締役会長が司会する。取締役会長が職務を履行できない又は職務を履行しない場合、副取締役会長が司会する。副取締役会長が職務を履行できない又は職務を履行しない場合、過半数の取締役が共同で推薦する1名の取締役が司会する。

　取締役会が株主会会議を招集する職責を履行できない、または履行しない場合、監査役会は適時に招集し、司会しなければならない。監査役会が招集、司会しない場合、90日以上連続で単独または合計して会社の株式の10％以上を保有する株主は、自ら招集、司会することができる。

　単独または合計して会社の株式の10％以上を保有する株主が臨時株主会会議の開催を要請する場合、取締役会、監査役会は、要請を受けた日から10日以内に臨時株主会会議を開催するかどうかを決定し、書面で株主に回答しなければならない。

第115条（株主会の議事方式及び決議手続）

　株主会会議を開催するには、会議の開催時間、場所、審議事項を会議の開催20日前に各

第Ⅱ部　関連法規訳文

株主に通知しなければならない。臨時株主会会議は、会議の開催15日前に各株主に通知しなければならない。

　単独または合計して会社の株式の１％以上を保有する株主は、株主総会の開催10日前に臨時提案を提出することができ、書面で取締役会に提出する。臨時提案は、明確的な議題と具体的な決議事項を有しなければならない。取締役会は、提案を受け取ってから２日以内に他の株主に通知し、その臨時提案を株主総会に提出して審議しなければならない。ただし、臨時提案が法律、行政規範または会社定款の規定に違反し、または株主会の職権範囲に属しない場合を除く。会社は、臨時提案を提出した株主の持ち株比率を高めてはならない。株式を公開発行する会社は、公告方式で前２項の規定の通知を作成しなければならない。

　株主会は、通知に明記されていない事項に対して決議をしてはならない。

第116条（株主の議決権）

　株主は、株主会に出席するとき、保有する１株に１議決権があり、種類株の株主は除く。会社が保有する自社株式には議決権はない。

　株主会で決議するには、会議に出席する株主が持つ議決権の過半数により採択しなければならない。

　株主会は、会社定款の変更、登録資本金の増加または減少、及び会社の合併、分割、解散または会社組織形式の変更の決議を行う場合、会議に出席した株主が持つ議決権の３分の２以上により採択しなければならない。

第117条（取締役、監査役選出の累積投票制）

　株主会は、取締役、監査役を選出し、会社定款の規定または株主総会の決議に基づいて、累積投票制を実行することができる。

　本法でいう累積投票制とは、株主会では取締役または監査役を選出する際に、議決権のある株式１株につき選出しなければならない取締役または監査役の人数と同じ議決権を有し、株主が有する議決権は集中的に使用することができる。

第118条（議決権の代理行使）

　株主は、代理人に株主会会議への出席を依頼する場合、代理人の代理する事項、権限と期限を明確しなければならない。代理人は、会社に株主の委任状を提出し、授権範囲内で議決権を行使しなければならない。

第119条（株主会会議の議事録）

　株主会は、決議事項の決定に対する会議記録を作成し、司会者、出席した取締役は会議記録に署名しなければならない。会議記録は、出席株主の署名簿及び代理出席の依頼書と一緒に保存しなければならない。

中華人民共和国会社法

第3節　取締役会、経理

第120条（取締役会の構成・職権）

　株式会社は、取締役会を設置し、本法第128条に別途規定がある場合を除く。

　本法第67条、第68条第1項、第70条、第71条の規定は、株式会社に適用する。

第121条（株式会社の審計委員会）

　株式会社は、会社定款の規定に従って取締役会に取締役からなる審計委員会を設置でき、本法に規定される監査役会の職権を行使し、監査役会または監査役を設置しない。

　審計委員会の構成員は、3人以上で、過半数の構成員は会社で取締役以外の職務を兼任してはならず、会社と独立して客観的判断に影響を与える可能性のある関係を持ってはならない。会社の取締役会構成員における従業員代表は、審計委員会の構成員になることができる。

　審計委員会で決議するには、審計委員会構成員の過半数を通過しなければならない。

　審計委員会の決議に対する議決権は、1名に1票とする。

　審計委員会の議事方式及び採決手順は、本法に規定がある場合を除き、会社定款により規定する。

　会社は、会社定款の規定に従って取締役会に他の委員会を設置することができる。

第122条（取締役会長の選出と職権）

　取締役会は、取締役会長1人を設置し、副取締役会長を設置することができる。取締役会長と副取締役会長は取締役会が全取締役の過半数で選出する。

　取締役会長は、取締役会会議を招集と司会し、取締役会決議の実施状況を検査する。副取締役会長が取締役会長の仕事に協力し、取締役会長が職務を履行できない、または職務を履行しない場合、副取締役会長が職務を履行する。副取締役会長が職務を履行できない又は職務を履行しない場合、過半数の取締役が共同で1名の取締役を推薦して職務を履行する。

第123条（取締役会会議の開催）

　取締役会は、毎年少なくとも2回の会議を開催し、毎回の会議は会議の開催10日前に取締役と監査役全員に通知しなければならない。

　10分の1以上の議決権を代表する株主、3分の1以上の取締役または監査役会は、臨時取締役会会議の開催を提案することができる。取締役会長は、提案を受けてから10日以内に、取締役会会議を招集し、司会しなければならない。

　取締役会は、臨時会議を開催し、取締役会を招集する通知方法と通知期限を別途に定めることができる。

229

第Ⅱ部　関連法規訳文

第124条（取締役会会議の議事規則）

　取締役会会議は、過半数の取締役が出席であれば開催できる。取締役会による決議は、全取締役の過半数を経て採択しなければならない。

　取締役会決議の採決は、1名に1票とする。

　取締役会は、決議事項の決定に対する会議記録を作成し、会議に出席した取締役は会議記録に署名しなければならない。

第125条（取締役会への出席義務）

　取締役会会議は、取締役本人が出席しなければならない。取締役は、事情があって出席できない場合、書面で他の取締役に代理出席を依頼することができ、委託書に授権範囲を記載しなければならない。

　取締役は、取締役会の決議に責任を負わなければならない。取締役会の決議が法律、行政規範または会社定款、株主会決議に違反し、会社に重大な損失を与えた場合、決議に参加した取締役は会社に賠償責任を負う。採決時に異議を表明し会議記録に記載したことが証明された場合、当該取締役は責任を免除することができる。

第126条（経理の設置及び職権）

　株式会社は、経理を設置し、取締役会が選任または解任を決定する。

　経理は、取締役会に責任を負い、会社定款の規定または取締役会の授権によりその職権を行使する。経理が取締役会会議に列席する。

第127条（経理の兼任）

　取締役会は、取締役会の構成員が経理を兼任することを決定することができる。

第128条（取締役会設置の例外規定）

　規模が小さい又は株主数が少ない株式会社は、取締役会を設置せず、取締役1人を設置し、本法に規定される取締役会の職権を行使することができる。この取締役は、経理を兼任することができる。

第129条（高級管理者の報酬開示）

　会社は、定期的に株主に取締役、監査役、高級管理者が会社から報酬を得ていることを開示しなければならない。

第4節　監査役会

第130条（監査役会の設置・構成）

　株式会社は、監査役会を設置し、本法第121条第1項、第133条に別途規定がある場合を除く。

　監査役会の構成員は、3人以上とする。監査役の構成員は、株主代表と適切な割合の

中華人民共和国会社法

従業員代表を含み、その中の従業員代表の割合は3分の1を下回ってはならず、具体的な割合は会社定款によって規定される。監査役会における従業員代表は、従業員代表大会、従業員大会またはその他の形式で民主的な選挙を通じて選出される。

監査役会は、議長を1人設置し、副議長を設置することができる。監査役会議長と副議長は、監査役全員の過半数で選出される。監査役会議長は、監査役会会議を招集と司会する。監査役会議長が職務を履行できない、または職務を履行しない場合、監査役会副議長が監査役会会議を招集と司会する；監査役会副議長が職務を履行できない、または職務を履行しない場合、過半数の監査役が共同で1名の監査役を推薦して監査役会議を招集と司会する。

取締役、高級管理者は、監査役を兼任してはならない。

本法第77条有限責任会社の監査役の任期に関する規定は、株式会社の監査役に適用する。

第131条（監査役会の職権）

本法第78条から第80条まで有限責任会社監査役会の職権に関する規定は、株式会社の監査役会に適用する。

監査役会の職権行使に必要な費用は、会社が負担する。

第132条（監査役会の議事方式及び決議手続）

監査役会は、少なくとも6か月に1回会議を開催する。監査役は臨時監査役会会議の開催を提案することができる。

監査役会の議事方式及び決議手続は、本法に規定がある場合を除き、会社定款により規定する。

監査役会決議は、過半数の監査役によって採択しなければならない。監査役会決議の採決は、1人に1票としなければならない。

監査役会は、審議事項の決定に関する会議記録を作成し、会議に出席した監査役は会議記録に署名しなければならない。

第133条（監査役会設置の例外規定）

規模が小さい又は株主人数が少ない株式会社は、監査役会を設置せず、監査役1名を設置し、本法に規定される監査役会の職権を行使することができる。

第5節　上場会社組織機構に関する特別規定

第134条（上場会社の定義）

本法でいう上場会社とは、その株式が証券取引所に上場取引されている株式会社を指す。

第Ⅱ部　関連法規訳文

第135条（株主会の特別決議事項）

　上場会社が1年以内に重大な資産を購入、売却、または他人に担保を提供する金額が会社の資産総額の30％を超えた場合は、株主会により決議しなければならず、会議に出席した議決権の3分の2以上を保有する株主より採択しなければならない。

第136条（独立取締役及び定款自治）

　上場会社は、独立取締役を設置し、具体的な方法は国務院証券監督管理機構が規定する。

　上場会社の会社定款は、本法第95条に規定される事項を明記するほか、法律、行政規範の規定に基づいて取締役会専門委員会の構成、職権と議事規則及び取締役、監査役と高級管理者の報酬と考査仕組みなどの項目を明示しなければならない。

第137条（審計委員会の事前審議事項）

　上場会社が取締役会に審計委員会を設置する場合、取締役会は、以下の事項に対して決議を行う前に審計委員会の全構成員の過半数を経て採択しなければならない：
⑴会社の監査業務を請け負う会計士事務所の招聘、解任；
⑵財務責任者の招聘、解任；
⑶財務会計報告の開示；
⑷国務院証券監督管理機構が規定するその他の事項。

第138条（取締役会秘書）

　上場会社は、取締役会秘書を設置し、会社の株主総会と取締役会会議の準備、書類保管及び会社の株主資料の管理、情報開示事務の処理などのことを担当する。

第139条（利害関係のある取締役の避止義務）

　上場会社の取締役が取締役会会議の決議事項に関連する企業または個人と関係がある場合、当該取締役は適時に取締役会に書面で報告しなければならない。関連関係のある取締役は、この決議に対して議決権を行使してはならず、他の取締役に代わって議決権を行使してはならない。この取締役会会議は、過半数の無関連取締役が出席すれば開催でき、取締役会会議での決議は無関連取締役の過半数で採択されなければならない。取締役会に出席した無関連取締役の数が3人未満の場合は、この事項を上場企業の株主会に提出し、審議を求めなければならない。

第140条（支配株主等の関連情報の開示義務）

　上場会社は、法に基づいて株主、実質的支配者の情報を開示し、関連情報は真実、確実、完全しなければならない。

　法律、行政規範の規定に違反して上場会社の株式を代理保有することを禁止する。

中華人民共和国会社法

第141条（子会社による親上場会社の株式取得禁止）
　上場会社の持株子会社は、その上場会社の株式を取得してはならない。
　上場会社持株子会社が会社合併、質権行使などの原因で上場会社の株式を保有している場合、保有株式に対応する議決権を行使してはならず、関連上場会社の株式を適時に処分しなければならない。

第6章　株式会社の株式発行及び譲渡

第1節　株式の発行

第142条（株式及びその種類）
　会社の資本は、株式に細分される。会社の全株式は、会社定款の規定に基づいて額面株または無額面株を選択して採用する。額面株を採用する場合、1株当たりの額面金額は同じである。
　会社は、会社定款の規定に基づいて発行された額面株をすべて無額面株に転換し、または無額面株をすべて額面株に転換することができる。無額面株を採用する場合は、発行株式所得株式金の2分の1以上を登録資本金に計上しなければならない。

第143条（株式発行の原則）
　株式の発行は、公平、公正の原則を実行し、同一種類の株式は同一の権利を有しなければならない。
　同時発行の同種株式は、1株当たりの発行条件と価格は同じでなければならない。引受人が引き受けた株式は、1株当たり同じ価額を支払わなければならない。

第144条（種類株式の発行）
　会社は、会社定款の規定に従って以下の普通株式の権利と異なる種類株式を発行することができる：
(1)優先又は劣後的利益または余剰財産を配分する株式；
(2)1株当たりの議決権数が普通株より多い又は少ない株式；
(3)会社の同意などを得なければ譲渡できない制限株式；
(4)国務院が規定するその他の種類株式。
　株式を公開発行する会社は、前項第2号、第3号に規定する種類株式を発行してはならない。公開発行前に発行済みのものを除く。
　会社が本条第1項、第2項に規定する種類株式を発行する場合、監査役又は審計委員会構成員の選出及び交替について、種類株式は普通株式1株当たりの議決権数と同じとする。

第145条（種類株式発行会社の定款記載）
　種類株式を発行する会社は、会社定款に以下の事項を明記しなければならない：

233

第Ⅱ部　関連法規訳文

⑴種類株式の利益配当または余剰財産分配の順序；
⑵種類株式の議決権数；
⑶種類株式の譲渡の制限；
⑷中小株主の権益を保護するための措置；
⑸株主会が必要あると認めるその他の事項。

第146条（種類株主会）

　種類株式を発行する会社は、本法第116条第3項に規定する事項等が種類株主の権利を損なうおそれがある場合、第116条第3項の規定に従って株主会の決議を経なければならないほか、種類株主会に出席する株主が保有する議決権の3分の2以上で決議しなければならない。

　会社定款で種類株主会の決議を必要とするその他の事項について規定することができる。

第147条（株式及び株券）

　会社の株式は、株券の形とする。株券は株主の保有株式を証明するために会社が発行する証憑である。

　会社が発行する株券は記名株券としなければならない。

第148条（額面株券の発行価格）

　額面株券の発行価格は、券面金額または券面金額を超えることができるが、券面金額を下回ってはならない。

第149条（株券の形式及び記載事項）

　株券は紙面形式または国務院証券監督管理機構が規定するその他の形式を採用する。

　株券は紙面形式を採用する場合、以下の主要事項を明記しなければならない：

⑴会社名；
⑵会社の設立期日または株券の発行時間；
⑶株式の種類、券面金額及び株券が表章する株式数、無額面株券を発行する場合、その株式の表章株式数。

　また株券が紙面形式を採用する場合、株券の番号を明記し、法定代表者が署名し、会社が捺印しなければならない。

　発起人の株券は、紙面形式を採用する場合、発起人の株券という文字を明記しなければならない。

第150条（株券の交付）

　株式会社が設立後、株主に直ちに株券を正式に交付する。会社設立前に株主に株券を交付してはならない。

中華人民共和国会社法

第151条（新株発行の株主会）

会社が新株を発行する場合、株主会は以下の事項について決議しなければならない：

(1)新株の種類と金額；

(2)新株の発行価格；

(3)新株の発行の開始期日及び終了期日；

(4)既存株主に割り当てる新株の種類と数額；

(5)無額面株式を発行する場合、新株発行により得た株式払込金は登録資本金に計上する金額。

会社が新株を発行する場合、会社の経営状況と財務状況に基づいてその価格決定案を確定することができる。

第152条（授権資本制度）

会社定款または株主会は、取締役会に３年以内に発行済み株式の50％を超えない株式の発行を決定する権限を与えることができる。ただし、非貨幣財産の価格で出資する場合は株主会の決議を経なければならない。

取締役会が前項の規定に従って株式を発行することを決定したことにより、会社の登録資本、発行済み株式数が変化した場合、会社定款の当該記載事項に対する変更は株主会による採決を必要としない。

第153条（新株発行に関する取締役会の決議）

会社定款又は株主会の授権により取締役会が新株発行を決定する場合、取締役会の決議は全取締役の３分の２以上で採択しなければならない。

第154条（株式募集説明書）

会社が社会に株式を公募するには、国務院証券監督管理機構を経て登記し、株式募集説明書を公告しなければならない。

株式募集説明書には会社定款を添付し、以下の事項を明記しなければならない：

(1)発行済み株式総数；

(2)額面株式の券面金額及び発行価額又は無額面株式の発行価額；

(3)募集資金の使途；

(4)株式引受人の権利と義務；

(5)株式の種類とその権利と義務；

(6)当該株式募集の開始期限及び終了期限、期限内に募集完了しない場合に株式引受人は引き受けた株式の取消ができるという説明。

会社設立時に株式を発行する場合は、発起人が引き受けた株式数も明記しなければならない。

第Ⅱ部　関連法規訳文

第155条（証券販売の引受会社）

　会社が社会に株式を公募する場合に、法に基づいて設立される証券会社が販売を引受、販売引受協定を締結しなければならない。

第156条（株金払込の取扱銀行）

　会社が株式を社会に公募するには、銀行と株金払込取扱契約を締結しなければならない。

　株金払込取扱銀行は、契約に従って株式代金を代理受領し、保存し、株式代金を納付する引受人に株金払込証明書を発行し、関係部門に株金払込証明書を発行する義務を負わなければならない。

　会社が新株を発行して株式金が全額納付された後、公告しなければならない。

第2節　株式の譲渡

第157条（株式譲渡の自由とその制限）

　株式会社の株主が保有する株式は、他の株主に譲渡することができ、株主以外の人にも譲渡することができる。会社定款が株式譲渡について制限がある場合、その譲渡は会社定款の規定に従う。

第158条（株式譲渡の場所と方式）

　株主がその株式を譲渡するには、法に基づいて設立された証券取引所で行い、または国務院が規定するその他の方式に従って行わなければならない。

第159条（株式の譲渡）

　株式の譲渡は、株主が裏書き方式または法律、行政規範に規定されるその他の方式で行う。譲渡後、会社が譲受人の氏名または名称及び住所を株主名簿に記載する。

　株主会会議の開催前20日以内または会社が配当金の分配を決定する基準日の前5日以内に、前項に規定する株主名簿の変更登記を行ってはならない。法律、行政規範または国務院証券監督管理機構により上場会社の株主名簿の変更登記に別途規定がある場合は、その規定に従う。

第160条（特定株主の株式譲渡制限）

　会社が株式を公開発行する前に発行された株式は、証券取引所に上場した日から1年間以内に譲渡してはならない。法律、行政規範又は国務院証券監督管理機構は、上場会社の株主、実際的支配者が保有する自社株式を譲渡することに対して別途規定がある場合、その規定に従う。

　会社の取締役、監査役、高級管理者は、会社に保有する当社の株式及びその変動状況を申告し、就任時に確定した在任期間に毎年譲渡する株式は、自社株式総数の25％を超えてはならない。その保有する自社株式は、会社株式の上場取引日から1年間以内に譲渡して

236

中華人民共和国会社法

はならない。上記人員が退職してから半年以内に、保有する自社株式を譲渡してはならない。会社定款は、会社の取締役、監査役、高級管理者が保有する自社株式を譲渡することに対してその他の制限的な規定を定めることができる。

　株式が法律、行政規範に規定された譲渡制限期間内に質権を行使された場合、質権者は譲渡制限期間内に質権を行使してはならない。

第161条（株主の株式買取請求権）

　以下のいずれかの場合、株主会の決議に反対票を投じた株主は、会社に合理的な価格で株式を買い取るように請求することができ、株式を公開発行する会社を除く：

(1)会社が5年連続で株主に利益を配当せず、その5年連続で利益を得ているが、本法に規定する利益配当の条件に適合する場合；

(2)会社が合併、分割、主な財産を譲渡する場合；

(3)会社定款に規定される営業期間が満了し、又は定款に規定されるその他の解散事由が発生したが、株主会会議の決議により定款変更がされて会社を存続させる場合。

　株主会会議決議が採択された日から60日以内に、株主と会社が株式買収合意に達しない場合、株主は株主会会議決議が採択された日から90日以内に人民法院に訴訟を提起することができる。

　会社が本条第1項の規定に従って買取した自社株式は、6ヶ月以内に法に基づいて譲渡または消却しなければならない。

第162条（自社株式の取得制限）

　会社は自社株式を取得してはならない。ただし、以下のいずれかの場合を除く：

(1)会社の登録資本金を減らす場合；

(2)自社株式を保有する他社との合併する場合；

(3)株式を従業員持株計画または株式インセンティブに使用する場合；

(4)株主が株主会による会社合併・分割決議に異議があるため、会社に株式買取を要求する場合；

(5)株式を上場会社が発行する株式転換社債に使用する場合；

(6)上場会社に企業価値と株主権益を維持するために必要である場合。

　会社が前項第1項、第2項の規定により自社株式を買取する場合、株主会で採決しなければならない。会社が前項第3項、第5項、第6項の規定により自社の株式を買取する場合、会社定款の規定又は株主会の授権に基づき、3分の2以上の取締役が出席する取締役会会議で採決することができる。

　会社は、本条第1項の規定に従って自社株式を買取した後、第1号の状況に属する場合、買取日から10日以内にその株式を消却しなければならない。第2号、第4号の状況に属する場合は、6ヶ月以内に譲渡または消却しなければならない。第3号、第5号、第6号の状況に属する場合、会社が合計して保有する自社株式数は当社の発行済み株式総額の10％を超えてはならず、かつ3年以内に譲渡または消却しなければならない。

237

第Ⅱ部　関連法規訳文

　上場会社が自社株式を買取する場合は、『中華人民共和国証券法』の規定に基づいて情報開示義務を履行しなければならない。上場会社が本条第1項第3号、第5号、第6号に規定する状況により自社株式を買取する場合は、公開的な集中取引方式により行わなければならない。

　会社は自社株式を質権の標的として受け入れてはならない。

第163条（財務援助の禁止）

　会社は、他人が当社またはその親会社の株式を取得するのに贈与、借入保証およびその他の財務援助を提供してはならず、会社が従業員持株計画を実施する場合を除く。

　会社利益のために、株主会の決議を経て、あるいは取締役会が会社定款または株主会の授権により決議をして、会社は他人が当社またはその親会社の株式を取得するのに財務援助を提供することができるが、財務援助の累計総額は発行済み株式の総額の10%を超えてはならない。取締役会が決議する場合、取締役全体の3分の2以上が採択しなければならない。

　前2項の規定に違反し、会社に損失を与えた場合、責任のある取締役、監査役、高級管理者は賠償責任を負わなければならない。

第164条（株券紛失の救済）

　株券が盗まれ、紛失、消滅した場合、株主は『中華人民共和国民事訴訟法』に規定される公示催告手続きに基づいて、人民法院に当該株券の失効宣告を請求することができる。人民法院が当該株券の失効を宣告した後、株主は会社に株券の再発行を申請することができる。

第165条（上場会社株式の取引）

　上場会社の株式は、法律、行政規範及び証券取引所取引規則に基づいて上場取引される。

第166条（上場会社の情報開示）

　上場会社は法律、行政規範の規定に基づいて関連情報を開示しなければならない。

第167条（株主資格の相続）

　自然人株主が死亡した後、その合法的な相続人は株主資格を相続することができる：ただし、株式譲渡が制限されている株式会社の定款に別途規定がある場合を除く。

第7章　国家出資会社の組織機構に関する特別規定

第168条（国家出資会社の定義）

　国家出資会社の組織機構は、本章の規定を適用する。本章に規定がない場合は、本法の

中華人民共和国会社法

その他の規定を適用する。

本法でいう国家出資会社とは、国が出資する国有独資会社、国有資本持株会社を指し、国が出資する有限責任会社、株式会社を含む。

第169条（国家出資者の職責の履行機関）

国家出資会社は、国務院または地方人民政府がそれぞれ国家を代表して法に基づいて出資者の職責を履行し、出資者の権益を享有する。国務院または地方人民政府は、国有資産監督管理機構またはその他の部門、機構に授権し、本級人民政府を代表して国家出資会社に対して出資者の職責を履行することができる。

本級人民政府を代表して出資者の職責を履行する機構、部門について以下を総称して出資者の職責を履行する機構と呼ぶ。

第170条（国家独資会社における党組織の地位）

国家出資会社における中国共産党の組織は、中国共産党規約の規定に従って指導的役割を発揮し、会社の重大な経営管理事項を研究討論し、会社の組織機構が法に基づいて職権を行使することを支持する。

第171条（会社定款の制定権限）

国有独資会社の定款は、出資者の職責を履行する機構によって制定する。

第172条（国有独資会社の株主権の行使）

国有独資会社は株主会を設置せず、出資者の職責を履行する機構が株主会の職権を行使する。出資者の職責を履行する機構は、取締役会に株主会の職権の一部を行使する権限を与えることができるが、会社定款の制定と改正、会社の合併、分割、解散、破産申請、登録資本の増加または減少、利益配当については、出資者の職責を履行する機構が決定しなければならない。

第173条（取締役会の構成）

国有独資会社の取締役会は、本法の規定に基づいて職権を行使する。

国有独資会社の取締役会構成員のうち、過半数が外部取締役であり、かつ従業員代表がいなければならない。

取締役会の構成員は、出資者の職責を履行する機構により選任・派遣される。ただし、取締役会構成員の従業員代表は、従業員代表大会によって選出される。

取締役会は、取締役会長1人を設置し、副取締役会長を設置することができる。取締役会長、副取締役会長は、出資者の職責を履行する機構が取締役会構成員から指定する。

第174条（経理の任免及び兼任）

国有独資会社の経理は、取締役会によって任命または解任される。

第Ⅱ部　関連法規訳文

出資者の職責を履行する機構の同意を得て、取締役会の構成員は経理を兼任することができる。

第175条（取締役・高級管理者の兼任禁止）

国有独資会社の取締役、高級管理者は、出資者の職責を履行する機構の同意を得ずに、その他の有限責任会社、株式会社またはその他の経済組織で兼職してはならない。

第176条（国有独資会社の審計委員会）

国有独資会社が取締役会に取締役からなる審計委員会を設置し、本法に規定する監査役会の職権を行使する場合、監査役会または監査役を設置しない。

第177条（国家出資会社の内部統制等）

国家出資会社は、法に基づいて内部監督管理とリスク制御制度を構築し、健全化し、社内のコンプライアンス体制を強化しなければならない。

第8章　会社の取締役、監査役、高級管理者の資格及び義務

第178条（取締役・監査役・高級管理者の欠格要件）

以下のいずれかの状況がある場合、会社の取締役、監査役、高級管理者を務めてはならない：

(1)民事行為能力がない、または民事行為能力が制限されている場合；

(2)汚職、賄賂、財産の横領、財産の流用、または社会主義市場経済秩序の破壊のため、刑罰を課され、執行期限が5年未満、あるいは犯罪のため政治的権利を奪われ、執行期限が5年未満、実刑猶予を宣告された場合、実刑猶予の期間が満了した日から2年未満の場合；

(3)破産清算をした会社、企業の取締役又は工場長、経理が当該会社は企業の破産清算について個人的責任を負う場合は、当該会社、企業の破産清算が終了した日から3年を経過していない場合；

(4)法律違反により営業許可証を取り消され、閉鎖を命じられた会社、企業の法定代表者を務め、かつ個人の責任を負う場合、当該会社、企業が営業許可証を取り消され、閉鎖を命じられた日から3年を経過していない場合；

(5)個人が負担額の大きい債務の満期により返済されていないため、人民法院により信用喪失被執行人として指定された場合。

前項の規定に違反して取締役、監査役を選挙、委任し、又は高級管理者を招聘した場合、当該選挙、委任又は招聘は無効である。

取締役、監査役、高級管理者が在任中に本条第1項に掲げる状況が生じた場合、会社はその職務を解除しなければならない。

中華人民共和国会社法

第179条（取締役、監査役、高級管理者の守法義務）
　取締役、監査役、高級管理者は、法律・行政規範と会社定款を遵守しなければならない。

第180条（支配株主・実質的支配者の忠実義務および勤勉義務）
　取締役、監査役、高級管理者は、会社に対して忠実義務と勤勉義務を負い、自分の利益と会社の利益の衝突を回避するための措置を講じ、職権を利用して不当な利益をむさぼってはならない。
　取締役、監事、高級管理者は、会社に勤勉義務を負い、職務を執行することは会社の最大利益のために管理者の通常であり、合理的な注意を尽くさなければならない。
　会社の支配株主、実質的支配者が会社の取締役を務めないが、会社の業務執行実際にする場合、前2項の規定を適用する。

第181条（取締役・監査役・高級管理者の背任行為）
　取締役、監査役、高級管理者は、以下の行為をしてはならない：
⑴会社の財産を横領し、会社の資金を流用すること；
⑵会社資金を個人名義またはその他の個人名義で口座を開設して保存すること；
⑶職権を利用して賄賂を渡し又はその他の不法収入を受け取ること；
⑷他人が会社と取引したバックマージンを自分のものにすること；
⑸会社の秘密を無断で開示すること；
⑹会社に対する忠実義務に違反するその他の行為。

第182条（利益相反取引）
　取締役、監査役、高級管理者は、直接または間接的に当社と契約を締結し、または取引を行った場合、契約を締結し、または取引を行ったことに関連する事項について取締役会または株主会に報告し、会社定款の規定に従って取締役会または株主会で採決しなければならない。
　取締役、監査役、高級管理者の近親者、取締役、監査役、高級管理者またはその近親者が直接または間接的に制御する企業、および取締役、監査役、高級管理者とその他の関連関係がある関連者は、会社と契約を締結し、または取引を行った場合、前項の規定を適用する。

第183条（会社商業機会の奪取行為の禁止）
　取締役、監査役、高級管理者は、職務の便宜を利用して自分または他人のために会社に属する商業機会を獲得してはならない。ただし、次のいずれかの場合を除く：
⑴取締役会又は株主会に報告し、会社定款の規定に従って取締役会又は株主会決議により承認される；
⑵法律、行政規範又は会社定款の規定により、会社はその商業機会を利用することができ

第Ⅱ部　関連法規訳文

ない。

第184条（競業避止義務）

　取締役、監査役、高級管理者は、取締役会または株主会に報告せず、会社定款の規定に従って取締役会または株主会の決議で承認されなければ、自営または他人のために勤務する会社と同類の業務を務めてはならない。

第185条（関連取締役の表決権行使の回避）

　取締役会が本法第182条から第184条に規定する事項に対して決議する場合、関連取締役は採決に参加してはならず、その議決権は議決権総数に計上されない。取締役会に出席する無関連取締役の人数が３人未満の場合は、当該事項を株主会の審議に求めなければならない。

第186条（不正収入の処理）

　取締役、監査役、高級管理者が本法第181条から第184条の規定に違反して得た収入は会社の所有としなければならない。

第187条（株主会への列席義務等）

　株主会が取締役、監査役、高級管理者に会議に列席することを要求する場合、取締役、監査役、高級管理者は列席し、株主の質問を受けなければならない。

第188条（取締役・監査役・高級管理者の会社に対する責任）

　取締役、監査役、高級管理者の職務執行が法律、行政規範又は会社定款の規定に違反し、会社に損失を与えた場合、賠償責任を負わなければならない。

第189条（株主二重代表訴訟）

　取締役、高級管理者が前条の規定に違反した場合、有限責任会社の株主、180日以上連続で単独または合計で会社の株式の１％以上を保有している株式会社の株主は、書面で監査役会に対して人民法院に訴訟の提起を請求することができる。監査役が前条の規定に違反した場合、前記株主は書面で取締役会に対して人民法院に訴訟の提起を請求することができる。

　監査役会又は取締役会が前項に規定する株主の書面による訴訟請求を受けた後に訴訟提起することを拒否し、または請求を受けた日から30日以内に訴訟を提起しない、あるいは緊急事態で直ちに訴訟を提起しなければ会社の利益に補いがたい損害を与える恐れがある場合、前項に規定する株主は、会社の利益のために自らの名義で人民法院に直接訴訟を提起する権利を有する。

　他人が会社の合法的権益を侵害し、会社に損失を与えた場合、本条第１項に規定する株主は前２項の規定に従って人民法院に訴訟を提起することができる。

中華人民共和国会社法

会社の完全子会社の取締役、監査役、高級管理者が前条の規定状況があり、または他人が会社の完全子会社の合法的権益を侵害して損失を与えた場合、有限責任会社の株主、180日以上連続で単独または合計で会社の１％以上の株式を保有している株式会社の株主は、前３項の規定に従って書面で完全子会社の監査役会、取締役会に対して人民法院に訴訟の提起を請求することができる、または自己の名義で人民法院に直接訴訟を提起することができる。

第190条（株主直接訴訟）
　取締役、高級管理者が法律、行政規範または会社定款の規定に違反し、株主の利益を損害した場合、株主は人民法院に訴訟を提起することができる。

第191条（取締役・高級管理者の第三者に対する責任）
　取締役、高級管理者が職務を執行し、他人に損害を与えた場合、会社は賠償責任を負わなければならない。取締役、高級管理者に故意または重大な過失があった場合、賠償責任も負わなければならない。

第192条（支配株主・実質的支配者の連帯責任）
　会社の支配株主、実質的支配者は、取締役、高級管理者に指示し、会社または株主の利益を損なう行為を従事させた場合、当該取締役、高級管理者と連帯責任を負わなければならない。

第193条（取締役責任保険）
　会社は、取締役の在任期間中に取締役が会社の職務を遂行するために負担する賠償責任に対して責任保険を付保することができる。
　会社が取締役のために責任保険を付保した後、取締役会は株主会に責任保険の付保金額、保証範囲及び保険料率などの内容について報告しなければならない。

第9章　社　債

第194条（会社債券の定義及び発行方式）
　本法でいう社債とは、会社が発行した約定通りに元利を返済する有価証券をいう。
　社債は、公開または非公開で発行することができる。

第195条（債券の公開発行登録制及び募集方式）
　社債の公募発行及び取引は国務院証券監督管理機構に登録され、社債の募集方法を公告しなければならない。
　社債募集方法には、以下の主要事項を明記しなければならない：
(1)会社名；

243

第Ⅱ部　関連法規訳文

(2)社債募集資金の使途；
(3)社債の総額と額面金額；
(4)債券金利の確定方法；
(5)元金返済利息支払の期限と方法；
(6)社債担保状況；
(7)社債の発行価格、発行の開始と終了期日；
(8)会社純資産額；
(9)発行済みで償還期限が到来していない社債総額；
(10)社債販売の引受機関。

第196条（会社債券の記載事項）

　会社が紙面の方式で社債を発行する場合、社債に会社名、債券額面金額、利率、返済期限などの事項を明記し、かつ法定代表者が署名し、会社が捺印しなければならない。

第197条（無記名債券の廃止）

　社債は、記名債券としなければならない。

第198条（社債権者名簿）

　会社が社債を発行するには、社債権者名簿を備え付けなければならない。
　社債を発行する場合は、社債権者名簿に次の事項を明記しなければならない：
(1)社債権者の氏名または名称及び住所；
(2)社債権者が社債を取得した期日と社債番号；
(3)社債の総額、社債の額面金額、利率、元利返済の期間と方法；
(4)社債の発行期日。

第199条（会社債券の登記決済）

　社債の登記決済機構は、社債登記、預管、利息支払、換金化などの関連制度を確立しなければならない。

第200条（会社債券の譲渡）

　社債は、譲渡することができ、譲渡価格は譲渡人と譲受人が約定する。
　社債の譲渡は法律、行政規範の規定に準拠しなければならない。

第201条（会社債券の譲渡方式）

　社債は、社債権者が裏書方式または法律、行政規範に規定されたその他の方式で譲渡する。譲渡後、会社は譲受人の氏名又は名称及び住所を社債保有者名簿に記載する。

中華人民共和国会社法

第202条（転換社債の発行）

　株式会社は、株主会の決議、または会社定款、株主会の授権を得て取締役会の決議によって転換社債を発行し、具体的な転換方法を規定することができる。上場会社が転換社債を発行するには、国務院証券監督管理機構を経て登録しなければならない。

　転換社債を発行するには、社債に転換社債の文字を明記し、社債保有者名簿に転換社債の金額を明記しなければならない。

第203条（転換社債の転換）

　株式に転換可能な社債を発行する場合、会社はその転換方法に従って社債権者に株式を転換しなければならず、ただし社債権者は、株式を転換するか、又は株式を転換しないかについて選択権がある。法律、行政規範に別途規定がある場合を除く。

第204条（社債権者会議）

　社債を公開発行する場合は、同期社債権者のために社債権者会議を設立し、社債募集方法の中で社債権者会議の招集手順、会議規則及びその他の重要事項について規定しなければならない。社債権者会議は、社債権者と利害関係にある事項について決議することができる。

　社債募集方法に別途規定がある場合を除き、社債権者会議の決議は同期の社債権者全員に効力を発生する。

第205条（社債受託管理人）

　社債を公開発行する場合、発行者は社債権者のために社債受託管理者を招聘し、社債権者のために受領弁済、債権保全、社債に関連する訴訟及び債務者破産手続への参加などの事項を担当しなければならない。

第206条（社債受託管理人の義務・責任）

　社債受託管理者は、勤勉責任を果たし、受託管理職責を公正に履行し、社債権者の利益を損なってはならない。

　受託管理者と社債権者との利益衝突が社債権者の利益を損なうおそれがある場合、社債権者会議は社債受託管理者の変更を決議することができる。社債受託管理者が法律、行政規範または社債権者会議の決議に違反し、社債権者の利益を損害した場合、賠償責任を負わなければならない。

第10章　会社の財務、会計

第207条（会社財務、会計制度）

　会社は法律、行政規範と国務院財政部門の規定に基づいて自社の財務、会計制度を確立しなければならない。

第Ⅱ部　関連法規訳文

第208条（財務会計報告）

　会社は、会計年度が終了するごとに財務会計報告書を作成し、法に基づいて会計士事務所の監査を受けなければならない。

　財務会計報告書は、法律・行政規範及び国務院財政部門の規定に基づいて作成しなければならない。

第209条（財務会計報告の開示）

　有限責任会社は、会社定款に規定された期限に基づいて財務会計報告書を各株主に送付しなければならない。

　株式会社の財務会計報告書は、株主会の定時会議を開催する20日前に自社に備え、株主の閲覧に供しなければならない。株式を公開発行する株式会社は、その財務会計報告書を公告しなければならない。

第210条（会社の税引後利益配分）

　会社が当年度の税引後利益を配当する場合、利益の10％を会社法定準備金に計上しなければならない。会社法定準備金の累計額が会社の登録資本金の50％以上である場合、再計上を必要としない。

　会社の法定準備金が前年度の損失を補うために不足する場合、前項の規定に基づいて法定準備金を計上する前に、まずその年の利益で欠損を補わなければならない。

　会社は、税引後利益から法定準備金を計上した後、株主会の決議を経て、税引後利益から任意準備金を計上することもできる。

　会社が損失を補い、準備金を計上した後の余剰の税引き後利益は、有限責任会社の場合、株主が所有する出資比率に基づいて利益を配当し、株主全員が出資比率に基づいて利益を配当しないと約束した場合を除く。株式会社の場合、株主が保有する株式の比率に応じて利益を配当し、会社定款に別途規定がある場合を除く。

　会社が保有する自社株式は利益配当してはならない。

第211条（取締役・高級管理者による違法配当責任）

　会社が本法の規定に違反して株主に利益配当する場合、株主は規定に違反して配当した利益を会社に返却しなければならない。会社に損失を与えた場合、株主及び責任のある取締役、監査役、高級管理者は、賠償責任を負わなければならない。

第212条（利益配当の期限）

　株主会が利益配当を決議する場合、取締役会は株主会の決議がなされた日から6ヶ月以内に利益配当を行わなければならない。

第213条（資本準備金の構成）

　会社が株券の額面金額を超える発行価格で株式を発行して得た割増金、無額面株式を発

中華人民共和国会社法

行して得た株金が登録資本金に計上していない金額及び国務院財政部門の規定により資本準備金に計上するその他の収入は、会社資本準備金として計上しなければならない。

第214条（資本準備金の用途）

会社の準備金は、会社の損失を補い、会社の生産経営を拡大し、又は会社の登録資本を増やすために使用する。

準備金が会社の損失を補うには、まず任意準備金と法定準備金を使用しなければならない；補うことができない場合、規定に従って資本準備金を使用することができる。

法定準備金が登録資本金の増加に転換する場合、その準備金の残高は、増加転換前の会社登録資本金の25％を下回ってはならない。

第215条（会計士事務所の招聘と解任）

会社の監査業務を請負う会計士事務所を招聘、解任する場合は、会社定款の規定に基づき、株主会、取締役会または監査役会が決定する。

会社の株主会、取締役会または監査役会が会計士事務所の解任について採決を行う場合、会計士事務所に意見陳述を許可しなければならない。

第216条（真実な会計資料の提供）

会社が採用した会計士事務所は、真実、完全な会計証憑、会計帳簿、財務会計報告書及びその他の会計資料を提供しなければならず、拒絶、隠匿、虚偽報告をしてはならない。

第217条（会計帳簿及び口座開設の禁止事項）

会社は、法定の会計帳簿を除き、別途に会計帳簿を作成してはならない。

会社の資金について個人名義として口座を開設して預けてはならない。

第11章　会社の合併、分割、増資、減資

第218条（会社合併の方式）

会社合併は、吸収合併または新設合併の方式を採用することができる。

1つの会社が他社を吸収する合併を吸収合併といい、吸収される会社は解散する。2つ以上の会社が合併して1つの新しい会社を設立する合併を新設合併といいし、合併される各会社は解散する。

第219条（簡易合併及び小規模合併）

会社が株式の90％以上を保有する会社と合併し、合併される会社は株主会の決議を必要としないが、他の株主に通知しなければならず、他の株主は、当該会社に合理的な価格で株権または株式を買取るように要求する権利がある。

会社合併で支払った代金が当社の純資産の10％を超えない場合、株主会の決議を必要と

247

第Ⅱ部　関連法規訳文

しない。ただし、会社定款に別途規定がある場合を除く。

　会社が前2項の規定に従って株主会の決議を経ずに合併した場合、取締役会の決議を経なければならない。

第220条（会社合併の手続）

　会社の合併は、合併の各当事者が合併協定を締結し、貸借対照表及び財産リストを作成しなければならない。会社は合併決議をした日から10日以内に債権者に通知し、かつ30日以内に新聞または国家企業信用情報開示システムに公告しなければならない。債権者は通知書を受け取る日から30日以内に通知書を受け取っていない日から45日以内に、会社に債務の返済、または相応の保証の提供を要求することができる。

第221条（会社合併による債権債務の相続）

　会社が合併する場合、合併する各会社の債権、債務は、合併後の存続会社または新設会社により承継しなければならない。

第222条（会社の分割）

　会社分割の場合は、その財産についても相応の分割を行う。

　会社分割の場合は、貸借対照表及び財産リストを作成しなければならない。会社は、分割決議をした日から10日以内に債権者に通知し、かつ30日以内に新聞または国家企業信用情報開示システムで公告しなければならない。

第223条（会社分割前債務の負担）

　会社分割前の債務は、分割後の会社が連帯責任を負う。ただし、会社が分割前に債権者と債務返済に関する書面合意に別途合意がある場合を除く。

第224条（会社登録資本の減少）

　会社が登録資本金を減らす必要がある場合は、貸借対照表及び財産リストを作成しなければならない。

　会社は、株主会が登録資本を減らす決議をした日から10日以内に債権者に通知し、かつ30日以内に新聞または国家企業信用情報開示システムで公告しなければならない。債権者は、通知書を受け取った日から30日以内に、通知書を受け取っていない日から45日以内に会社に債務の返済、または相応の保証の提供を要求する権利がある。

　会社が登録資本金を減少するには、株主が出資する又は株式を保有する割合に応じて出資額又は株式を減少しなければならず、法律に別途規定があり、有限責任会社の全株主に別途約束があり、または株式会社の定款に別途規定がある場合を除く。

第225条（簡易の減資）

　会社は、本法第214条第2項の規定に基づいて損失を補った後、損失がある場合は、登

録資本金を減らして損失を補うことができる。登録資本金を減らして損失を補う場合、会社は株主に利益配当してはならず、株主が出資金または株式代金を納付する義務を免除してはならない。

前項の規定に従って登録資本を減少する場合、前条第2項の規定は適用しないが、株主会が登録資本を減少する決議をした日から30日以内に新聞または国家企業信用情報開示システムで公告しなければならない。

会社は、前2項の規定に従って登録資本金を減少した後、法定積立金と任意積立金の累計額が会社登録資本金の50％に達する前に、利益配当してはならない。

第226条（違法な登録資本減少の法的責任）

本法の規定に違反して登録資本を減少した場合、株主は受け取った資金を返却し、株主の出資を減免した場合は原状回復しなければならない。

会社に損失を与えた場合、株主及び責任のある取締役、監査役、高級管理者は賠償責任を負わなければならない。

第227条（資本増加時の優先的購入権）

有限責任会社が登録資本金を増加する場合、株主は同等の条件で納付した出資比率に基づいて優先的に出資を引き受ける権利がある。ただし、株主全員が出資比率に応じて出資の引き受けを優先的に認めないと約束した場合を除く。

株式会社が登録資本金を増加するために新株を発行する場合、株主は優先買取権を享有しない、会社定款に別途規定がある、または株主会決議により株主が優先買取権を享有することを決定した場合を除く。

第228条（資本増加時の出資納付）

有限責任会社が登録資本を増加する場合、株主は、新増資本の出資の引き受けについて、本法に基づいて有限責任会社の設立に関する出資納付の関連規定に基づいて行わなければならない。

株式会社が登録資本金を増加するために新株を発行する場合、株主は、新株の購入について本法に基づいて株式会社の設立に関する出資納付の関連規定に基づいて行わなければならない。

第12章　会社の解散及び清算

第229条（会社の解散事由）

会社は、以下の理由により解散する：
⑴会社定款に定める営業期間満了又は会社定款に定めるその他の解散事由の発生；
⑵株主会の決議による解散；
⑶会社の合併又は分割により解散する必要がある場合；

第Ⅱ部　関連法規訳文

⑷法律に基づいて営業許可証を取り消され、閉鎖を命じられ、または取り消された場合；
⑸人民法院が本法第231条の規定により解散させた場合。

　会社は、前項に規定する解散事由が発生した場合、10日以内に解散事由について国家企業信用情報開示システムで開示しなければならない。

第230条（定款変更による会社存続）

　会社は、前条第１項第１号、第２号の状況があり、かつ株主に財産を分配していない場合は、会社定款を改正するか、または株主会の決議で存続することができる。

　前項の規定に従って会社定款を改正するまたは株主会の決議を経るには、有限責任会社の場合は、３分の２以上の議決権を持つ株主により採決しなければならず、株式会社の場合は、株主会会議に出席する株主に所有される議決権の３分の２以上により採決しなければならない。

第231条（司法による強制解散）

　会社の経営管理に深刻な困難が発生し、存続を継続すると株主利益に重大な損失を与え、その他の方法で解決できない場合、会社の全株主の議決権を10％以上保有する株主は、人民法院に会社の解散を請求することができる。

第232条（会社清算人及び清算委員会）

　会社は、本法第229条第１項第１号、第２号、第４号、第５号の規定により解散した場合は、清算しなければならない。取締役は、会社の清算義務者であり、解散事由が発生した日から15日以内に清算グループを構成して清算しなければならない。

　清算グループは、取締役で構成されるが、会社定款に別途規定がある、又は株主会決議により他の人を選択する場合を除く。

　清算義務者が適時に清算義務を履行せず、会社又は債権者に損失を与えた場合、賠償責任を負わなければならない。

第233条（人民法院による強制清算）

　会社は、前条第１項の規定に従って清算しなければならず、期限を過ぎて清算グループを設立しない、または清算グループを設立した後に清算しない場合、利害関係者は人民法院に関係者を指定して清算グループを構成して清算することを申請できる。人民法院はこの申請を受理し、適時に清算グループを組織して清算しなければならない。

　会社が本法第229条第１項第４号の規定により解散した場合、営業許可証の取り消し、閉鎖または取消を命じる決定をした部門または会社登記機関は、人民法院に関係者を指定して清算グループを構成して清算することを申請できる。

第234条（清算グループの職権）

　清算グループは、清算期間中に以下の職権を行使する：

中華人民共和国会社法

(1)会社の財産を整理し、貸借対照表と財産リストをそれぞれ作成する；
(2)債権者への通知又は公告；
(3)清算に関連する会社の未解決業務を処理する；
(4)未払税金の完納及び清算過程で発生した税金の納付；
(5)債権、債務の整理；
(6)会社の債務返済後の剰余財産の分配；
(7)会社を代表して民事訴訟活動に参加する。

第235条（債権の申告）

　清算グループは、設立日から10日以内に債権者に通知し、かつ60日以内に新聞または国家企業信用情報開示システムで公告しなければならない。

　債権者は、通知書を受け取った日から30日以内に、通知書を受け取っていない日から45日以内に清算グループに債権を申告しなければならない。

　債権者が債権を申告するには、債権の関連事項を説明し、かつ証明資料を提供しなければならない。清算グループは、債権を登記しなければならない。債権の申告期間中、清算グループは債権者に弁済してはならない。

第236条（清算の手続き）

　清算グループは、会社の財産を整理し、貸借対照表と財産リストを作成した後、清算案を制定し、株主会に報告し、または人民法院に確認しなければならない。

　会社の財産は清算費用、従業員の給料、社会保険費用及び法定補償金をそれぞれ支払い、未払い税金を納付し、会社の債務を返済した後、残余財産がある場合、有限責任会社は株主の出資比率に基づいて分配し、株式会社は株主が保有する株式の割合に基づいて分配する。

　清算期間中、会社は存続するが、清算と関係のない経営活動を展開してはならない。会社の財産は前項の規定に従って完済しない限り、株主に分配してはならない。

第237条（普通清算から破産清算への転換）

　清算グループは、会社の財産を整理し、貸借対照表と財産リストを作成した後、会社の財産が債務の返済に不足することを発見した場合、法に基づいて人民法院に破産清算を申請しなければならない。

　人民法院が破産申請を受理した後、清算グループは清算事務を人民法院が指定した破産管理人に移管しなければならない。

第238条（清算組構成員の忠実義務と勤勉義務）

　清算グループの構成員は、清算の職責を履行し、忠実義務と勤勉義務を負う。

　清算グループの構成員が清算職責の履行を怠り、会社に損失を与えた場合、賠償責任を負わなければならない。故意又は重大な過失により債権者に損失を与えた場合は、賠償責

第Ⅱ部　関連法規訳文

任を負わなければならない。

第239条（清算後の手続）

　会社の清算が終わった後、清算グループは清算報告書を作成し、株主会に報告し、または人民法院に確認しなければならず、かつ会社の登記機関に報告し、会社の登記消却を申請する。

第240条（簡易抹消）

　会社が存続期間中に債務を発生せずし、またはすべての債務を完済した場合、株主全員の承諾を経て、規定に従って簡易な手続で会社の登記を抹消することができる。

　簡易な手続で会社の登記を抹消するには、国家企業信用情報公示システムを通じて公告しなければならず、公告期限は20日を下回ってはならない。公告期限が満了した後、異議申立がない場合、会社は20日以内に会社登記機関に会社登記の抹消を申請することができる。

　会社が簡易な手続で会社登記を抹消する際、株主は、本条第1項に規定する内容について約束が不実であった場合、抹消登記前の債務について連帯責任を負わなければならない。

第241条（営業許可証の強制的取消）

　会社が営業許可証を取り消され、閉鎖を命じられ、または取り消され、満3年に経っても会社登録機関に会社登記の抹消を申請しない場合、会社登記機関は国家企業信用情報公示システムを通じて公告することができるし、公告期限は60日を下回ってはならない。公告期間が満了した後、異議申し立てがない場合、会社登記機関は、会社登記を抹消することができる。

　前項の規定に従って会社の登記を抹消した場合、元会社の株主、清算義務者の責任は影響を受けない。

第242条（破産清算）

　会社が法に基づいて破産を宣告された場合、企業破産に関する法律に基づいて破産清算を実施する。

第13章　外国会社の分支機構

第243条（外国会社の定義）

　本法でいう外国会社とは、外国の法律に基づいて中華人民共和国国外に設立された会社をいう。

中華人民共和国会社法

第244条（外国会社分支機構設立の手続）
　外国会社が中華人民共和国国内に分支機構を設立するには、中国主管機関に申請を提出しなければならず、かつその会社定款、所属国の会社登記証明書等の関連書類を提出し、許可を得た後、法に基づいて会社登記機関に登記を行い、営業許可証を受け取る。
　外国会社の分支機構の審査許可方法は、国務院が別途に規定する。

第245条（外国会社分支機構設立の条件）
　外国会社が中華人民共和国国内に分支機構を設立するには、中華人民共和国国内で当該分支機構を担当する代表者または代理人を指定しなければならず、かつ当該分支機構にその従事する経営活動に必要な資金を拠出する。
　外国会社の分支機構の経営資金について最低限度額を規制する必要がある場合、別途に国務院が規定する。

第246条（外国会社分支機構設立の名称）
　外国会社の分支機構は、その名称に当該外国会社の国籍及び責任形式を明記しなければならない。
　外国会社の分支機構は、当該外国会社の定款を当該機関に備えなければならない。

第247条（外国会社分支機構設立の法的地位）
　外国会社が中華人民共和国国内に設立した分支機構は中国法人の資格がない。
　外国会社はその分支機構が中華人民共和国国内で経営活動を行うことに対して民事責任を負う。

第248条（外国会社分支機構設立の活動原則）
　許可を得て設立された外国会社の分支機構は、中華人民共和国国内で業務活動に従事し、中国の法律を遵守しなければならず、中国の社会公共利益を損なってはならず、その合法的権益は中国の法律によって保護される。

第249条（外国会社分支機構の廃止及び清算）
　外国会社が中華人民共和国国内の分支機構を廃止する場合は、法に基づいて債務を返済しなければならず、本法の関連会社の清算手続きの規定に基づいて清算を行なわなければならない。債務を完済する前に、その分支機構の財産を中華人民共和国国外に移転してはならない。

第14章　法律責任

第250条（虚偽登記の法的責任）
　本法の規定に違反して、登録資本金を水増し、虚偽の資料を提出し、又はその他の詐欺

第Ⅱ部　関連法規訳文

手段を用いて重要な事実を隠して会社登記をした場合、会社の登記機関が改正を命じ、登録資本金を水増しした会社に対して、登録資本金金額の5％以上15%以下の過料を科す。虚偽の資料を提出し、又はその他の詐欺手段を用いて重要な事実を隠した会社に対しては、5万元以上50万元以下の過料を科す。情状が深刻な場合は、会社の登記を取り消し、又は営業許可証を取り消す。直接責任を負う主管者及びその他の直接責任者に対して3万元以上30万元以下の過料を科す。

第251条（情報の不実開示の法的責任）

会社が本法第40条の規定に基づいて関連情報を開示せず、または関連情報を真実に開示しない場合、会社の登記機関は是正を命じ、1万元以上5万元以下の過料を科すことができる。情状が深刻な場合は、5万元以上20万元以下の過料を科す。直接責任を負う主管者及びその他の直接責任者に対して1万元以上10万元以下の過料を科す。

第252条（虚偽出資の法的責任）

会社の発起人、株主が虚偽出資し、未交付または出資とした貨幣又は非貨幣財産を期限通りに交付しなかった場合、会社の登記機関は是正を命じ、5万元以上20万元以下の過料を科すことができる。情状が深刻な場合は、虚偽出資または未全額出資金額の5％以上15％以下の過料を科す。直接責任を負う主管者及びその他の直接責任者に対して1万元以上10万元以下の過料を科す。

第253条（出資金の不正回収の法的責任）

会社の発起人、株主が会社を設立した後、出資金の不正回収をした場合、会社の登記機関は是正を命じ、不正回収出資金の5％以上15%以下の過料を科す。直接責任を負う主管者及びその他の直接責任者に対して3万元以上30万元以下の過料を科す。

第254条（違法な会計帳簿に対する罰則）

以下の行為の1つがある場合、県級以上の人民政府財政部門は『中華人民共和国会計法』などの法律、行政規範の規定に基づいて処罰する：
⑴法定の会計帳簿以外、別途に会計帳簿を作成した場合；
⑵虚偽の記載があり、又は重要な事実を隠した財務会計報告書を提供した場合。

第255条（債権者に通知しない法的責任）

会社が合併、分割、登録資本金の減少または清算を行う際に、本法の規定に従って債権者に通知または公告しない場合、会社の登記機関は是正を命じ、会社に対して1万元以上10万元以下の過料を科す。

第256条（違法清算の法律責任）

会社が清算を行う際、財産を隠匿し、貸借対照表または財産清算書に虚偽記載があり、

中華人民共和国会社法

あるいは債務完済の前に会社の財産を分配した場合、会社の登記機関は是正を命じ、会社に対して隠匿財産または債務完済の前に会社の財産金額の5％以上10%以下の過料を科す。直接責任を負う主管者及びその他の直接責任者に対して1万元以上10万元以下の過料を科す。

第257条（資産評価、出資検査、または検査機関の違法責任）

資産評価、出資検査、または検証を担当する機関が虚偽の資料、または重大な漏洩がある報告を提供した場合、関係部門が『中華人民共和国資産評価法』、『中華人民共和国登録会計士法』などの法律、行政規範の規定に基づいて処罰する。

資産評価、出資検査、または検証を担当する機関がその発行した評価結果、出資検査、または検証証明が不実で会社の債権者に損失を与えた場合、自分に過失がないことを証明できる以外、その評価または証明が不実な金額の範囲内で賠償責任を負う。

第258条（登記申請の違法認可）

会社登記機関が法律、行政規範の規定に違反して職責を履行しない、または不当的に職責を履行する場合、責任のあるリーダーと直接責任者に対して法に基づいて行政処分を与える。

第259条（名義詐用の法律責任）

法に基づいて有限責任会社または株式会社として登録せず、有限責任会社または株式会社の名義を詐用し、あるいは法に基づいて有限責任会社または株式会社の子会社として登録せず、有限責任会社または株式会社の子会社の名義を詐用する場合は、会社登記機関が是正を命じ、または取り締まりをして10万元以下の過料を科すこともできる。

第260条（未開業・営業停止・未変更登記に対する罰則）

会社設立後、正当な理由なく6ヶ月以上開業せず又は開業後に6ヶ月以上自主休業する場合、会社の登記機関は営業許可証を取り消すことができるが、会社が法に基づいて休業を行う場合を除く。

会社の登記事項が変更する際に、本法の規定に従って変更登記をしない場合、会社の登記機関は、期限付き登記を命じ、期限を過ぎても登記しない場合は、1万元以上10万元以下の過料を科す。

第261条（無断設立の法律責任）

外国会社が本法の規定に違反し、無断で中華人民共和国国内に分支機構を設立した場合、会社の登記機関は、改正または閉鎖を命じ、5万元以上20万元以下の過料を科すことができる。

255

第Ⅱ部 関連法規訳文

第262条（名義利用及び違法行為の法律責任）

会社の名義を利用して国家安全、社会公共利益を危害する深刻な違法行為に従事した場合、営業許可証を取り消す。

第263条（民事賠償責任の優先）

会社が本法の規定に違反して、民事賠償責任と過料を納付しなければならない場合、その財産が支払に不足する場合、まず民事賠償責任を負う。

第264条（刑事責任）

本法の規定に違反し、犯罪を構成する場合は、法に基づいて刑事責任を追及する。

第15章　附　　則

第265条（本法に関する用語の意味）

本法の次の用語の意味とは：

(1)高級管理者とは、会社の経理、副経理、財務責任者、上場会社の取締役会秘書及び会社定款に規定されるその他の人員を指す：

(2)支配株主とは、その出資額が有限責任会社の資本総額の50％以上を占める、またはその保有株式が株式会社の株式総額の50％以上を占める株主を指す。出資額又は保有株式の割合は50％未満であるが、その出資額又は保有株式に基づく議決権は、株主会の決議に重大な影響を与える株主：

(3)実質的支配者とは、投資関係、協議、その他の方法を通じて会社の行為を実質的に支配ができる人のことを指す：

(4)関連関係とは、会社の支配株主、実質的支配者、取締役、監査役、高級管理者と直接または間接的に制御される企業との関係、及び会社の利益移転を引き起こす可能性のあるその他の関係を指す。ただし、国家持株企業の間に同じ国家ホールディングされるだけで関連関係があるとは言えない。

第266条（施行日及び猶予期間）

本法は、2024年7月1日から施行する。

本法の施行前に設立登録された会社は、出資期間が本法で規定された期限を超えた場合、法律、行政法規または国務院に別途規定がある以外は、本法で規定された期限以内に次第に調整しなければならない。会社の出資期限、出資額が明らかに異常である場合、会社の登録機関は、法に基づいてその会社に対して適時に調整することを要求することができる。

中華人民共和国市場主体登記管理条例

（中華人民共和国国務院令第746号）

（国務院第131回常務会議2021年4月14日制定、2021年7月27日公布、2022年3月1日施行）

第1章　総　則

第1条　市場主体の登記管理行為を規範化し、法治化市場の建設を推進し、良好な市場秩序及び市場主体の合法的権益を維持し、経営環境を最適化するために、本条例を制定する。

第2条　本条例でいう市場主体は、中華人民共和国国内で営利を目的として経営活動に従事する以下の自然人、法人及び非法人組織を指す：
（一）会社、非会社企業法人及びその分支機構；
（二）個人独資企業、組合企業及びその分支機構；
（三）農民専門合作社及びその分支機構；
（四）個人工商業者；
（五）外国会社の分支機構；
（六）法律、行政法規に規定されるその他の市場主体。

第3条　市場主体は、本条例に基づいて登記を行わなければならない。登記されず、市場主体の名義で経営活動に従事することはできない。法律、行政法規の規定により登記する必要はない場合を除く。
市場主体登記には、設立登記、変更登記、抹消登記が含まれる。

第4条　市場主体の登記管理は、法に基づいて規則を遵守し、規範を統一し、公開・透明・便利・効率的な原則に従わなければならない。

第5条　国務院市場監督管理部門は、全国の市場主体登記管理業務を主管する。
県級以上の地方人民政府市場監督管理部門は、管轄区の市場主体登記管理業務を主管し、統一的な指導と監督管理を強化する。

第6条　国務院市場監督管理部門は、情報化建設を強化し、統一的な市場主体登記データ及びシステム建設規範を制定しなければならない。
県級以上の地方人民政府が市場主体の登記業務を担当する部門（以下、登記機関という）は、市場主体の登記プロセスを最適化し、市場主体の登記効率を高め、その場での決済、一回の決済、期限内の決済などの制度を推進し、集中的な処理、近くでの処理、ネット上

第Ⅱ部　関連法規訳文

での処理、異なる地域での処理を実現し、市場主体の登記の利便性を高めなければならない。

第7条　国務院市場監督管理部門と国務院関係部門は、市場主体登記情報と他の政府情報の共有と運用を推進し、政府サービスの効率を向上させなければならない。

第2章　登記事項

第8条　市場主体の一般的な登記事項には、以下のものが含まれる：
（一）名称；
（二）主体類型；
（三）経営範囲；
（四）住所又は主な経営場所；
（五）登記資本金又は出資額；
（六）法定代表者、業務執行パートナーまたは責任者の氏名。
　　　前項の規定のほか、市場主体の類型に基づいて以下の事項を登記しなければならない。
（一）有限責任会社の株主、株式会社の発起人、非会社企業法人出資者の氏名；
（二）個人独資企業の出資者の氏名及び住所；
（三）組合企業のパートナー名称または氏名、住所、責任負担の方式；
（四）個人工商業者の経営者名、住所、経営場所；
（五）法律、行政法規に規定されるその他の事項。

第9条　市場主体の以下の事項は、登記機関に届出をしなければならない。
（一）定款又はパートナーシップ協定；
（二）経営期間又はパートナーシップの期間；
（三）有限責任会社の株主または株式会社の発起人が引き受けた出資額、組合企業のパートナーが引き受けた、または納付した出資額、納付期限、出資方式；
（四）会社取締役、監査役、高級管理者；
（五）農民専門合作社の構成員；
（六）経営に参加する個人工商業者の家族構成員の氏名；
（七）市場主体登記連絡員、外商投資企業の法律文書送達の受付人；
（八）会社、組合企業等の市場主体が受益する所有者に関する情報；
（九）法律、行政法規に規定されるその他の事項。

第10条　市場主体が1つの名称しか登記できず、登記される市場主体の名称は法律で保護される。
市場主体の名称は、申請者が法に基づいて自主申告とする。

258

中華人民共和国市場主体登記管理条例

第11条　市場主体は、1つの住所または主要な経営場所しか登記できない。
電子商取引プラットフォーム内の自然人経営者は、国の関連規定に基づいて、電子商取引
プラットフォームが提供するネットワーク経営場所を経営場所とすることができる。
省、自治区、直轄市人民政府は関連法律、行政法規の規定と本地区の実際状況に基づいて
自らまたは下級人民政府に対して市場主体がより便利に経営活動に従事できる住所または
主要経営場所に関する具体的な規定を制定することを授権することができる。

第12条　次のいずれかの状況がある場合、会社、非会社企業法人の法定代表者を務めて
はならない。
（一）民事責任無能力者、または制限行為能力者の場合；
（二）汚職、賄賂、財産の横領、財産の流用、または社会主義市場経済秩序の破壊のため
　　　刑罰を課され、執行期限満了後5年未満、あるいは犯罪により政治的権利を奪われ、
　　　執行期限満了後5年未満の場合；
（三）破産清算を担当する会社、非会社企業法人の法定代表者、取締役又は工場長、経理
　　　が破産にいて個人的責任を負う場合、破産清算が終了した日から3年を経過しない
　　　場合；
（四）違法に営業許可証を取り消され、閉鎖を命じられた会社、非会社の企業法人の法定
　　　代表者を務め、個人の責任を負う場合、営業許可証を取り消された日から3年を経
　　　過しない場合；
（五）個人が負担額の大きい債務の満期により返済が完了されない場合；
（六）法律、行政法規に規定されるその他の状況。

第13条　法律、行政法規または国務院の決定に別途規定があるほか、市場主体の登記資
本金または出資額は引受登記制度を実行し、人民元で表示する。
出資方式は法律、行政法規の規定に合致しなければならない。会社の株主、非会社企業法
人の出資者、農民専門合作社（連合社）の構成員は、労務、信用、自然人の名前、営業
権、特許経営権または保証を設定した財産等の対価で出資してはならない。

第14条　市場主体の経営範囲には、一般経営項目と許可経営項目が含まれる。経営範囲
の中で登記前に法に基づいて承認されなければならない許可経営項目に属する場合は、市
場主体は、登記申請時に関連認可文書を提出しなければならない。
市場主体は、登記機関が公表した経営項目分類基準に基づいて経営範囲登記を行わなけれ
ばならない。

第3章　登記規範

第15条　市場主体は、実名登記を実行する。申請者は登記機関と協力して身分情報を検
証しなければならない。

259

第Ⅱ部　関連法規訳文

第16条　市場主体の登記を申請するには、以下の資料を提出しなければならない。
（一）申請書；
（二）申請者資格書類、自然人身分証明書；
（三）住所又は主要経営場所に関する書類；
（四）会社、非会社企業法人、農民専門合作社（連合社）の定款又は組合企業のパートナーシップ協定；
（五）法律、行政法規及び国務院市場監督管理部門の規定により提出するその他の資料。
国務院市場監督管理部門は、市場主体の類型に基づいて登記資料リストと文書様式をそれぞれ制定し、政府ウェブサイト、登記機関サービス窓口などを通じて社会に公開しなければならない。
登記機関は、政務情報共有プラットフォームを通じて取得できる市場主体登記の関連情報について申請者に重複提供を要求してはならない。

第17条　申請者は、提出資料の真実性、合法性及び有効性に責任を負わなければならない。

第18条　申請者は、他の自然人または仲介機関に市場主体登記の代行を依頼することができる。委託を受けた自然人又は仲介機関が代わりに登記を行うためには、関連規定を遵守しなければならず、虚偽の情報及び資料を提供してはならない。

第19条　登記機関は、申請書類に対して形式審査を行わなければならない。申請書類が完備し、法定形式に合致することを確認し、その場で登記しなければならない。その場で登記できない場合は、３営業日以内に登記しなければならない。状況が複雑な場合は、登記機関の責任者の承認を得て、さらに３営業日に延長することができる。
申請書類が不備でまたは法定形式に合致しない場合、登記機関は、申請者に補正が必要な書類を一括して通知しなければならない。

第20条　登記申請が法律、行政法規の規定に合致しない、または国家安全、社会公共利益に危害を及ぼす恐れがある場合、登記機関は、登記せず、かつその拒否理由を説明する。

第21条　申請者が市場主体の設立登記を申請し、登記機関が法に基づいて登記した場合、営業許可証を発行する。営業許可証発行日は市場主体の成立日とする。
法律、行政法規又は国務院の決定により市場主体の設立が許認可を必要とする場合は、許認可文書の有効期限内に登記機関に登記を申請しなければならない。

第22条　営業許可証は、原本と副本に分けられ、同等の法的効力がある。
電子営業許可証は、紙面の営業許可証と同等の法的効力を有する。

営業許可証の様式、電子営業許可証の基準は、国務院市場監督管理部門が統一的に制定する。

第23条　市場主体は、分支機構を設立する場合、分支機構所在地の登記機関に登記を申請しなければならない。

第24条　市場主体の変更登記事項は、変更決議、決定または法定変更事項が発生した日から30日以内に登記機関に変更登記を申請しなければならない。
市場主体の変更登記事項は、法に基づいて許認可を必要とするものに属する場合は、申請者は、許認可文書の有効期限内に登記機関に変更登記を申請しなければならない。

第25条　会社、非会社企業法人の法定代表者が在任期間中に本条例第12条に掲げる状況の１つが発生した場合、登記機関に変更登記を申請しなければならない。

第26条　市場主体が経営範囲を変更する際に、法に基づいて許認可を必要とするものに属する場合、許可された日から30日以内に変更登記を申請しなければならない。許可証又は承認書類が取り消され、撤廃され、又は有効期限が満了した場合、許可証又は承認書類が取り消され、撤廃され、又は有効期限が満了した日から30日以内に登記機関に変更登記を申請し、又は抹消登記をしなければならない。

第27条　市場主体が住所変更または主要経営場所が登記機関の管轄区域と異なる場合、新住所または主要経営場所に転入する前に転入地登記機関に変更登記を申請しなければならない。転出地登記機関は、正当な理由なく市場主体ファイルとう関連資料の移管を拒否してはならない。

第28条　市場主体の変更登記が営業許可証の記載事項にかかわる場合、登記機関は、市場主体のために営業許可証の再発行を適時にしなければならない。

第29条　市場主体が本条例第９条に規定する届出事項を変更する場合は、変更決議、決定または法定変更事項が発生した日から30日以内に登記機関に届出を行わなければならない。農民専門合作社（聯合社）の構成員が変更された場合、当該会計年度終了日から90日以内に登記機関に届出を行わなければならない。

第30条　自然災害、事故災害、公衆衛生事件、社会安全事件等の原因で経営困難になった場合、市場主体は一定期間休業することを自主的に決定することができる。法律、行政法規に別途規定がある場合を除く。
市場主体は、休業前に従業員と法に基づいて労働関係処理等の関連事項を協議しなければならない。

第Ⅱ部　関連法規訳文

市場主体は、休業前に登記機関に届出をしなければならない。登記機関は、国家企業信用情報開示システムを通じて休業期間、法律文書送付先などの情報を社会に開示しなければならない。

市場主体の休業期間は、最長3年を超えてはならない。市場主体が休業期間中に経営活動を展開する場合、営業再開とみなし、市場主体は、国家企業信用情報開示システムを通じて社会に開示しなければならない。

市場主体が休業している間は、住所または主要経営場所の代わりに法律文書の送付先住所を使用することができる。

第31条　市場主体が解散、破産宣告またはその他の法定事由により終了する必要がある場合は、法に基づいて登記機関に抹消登記を申請しなければならない。登記機関の抹消登記を経て、市場主体は終了する。

市場主体の抹消登記は、法により承認を必要する場合、承認された後に登記機関に抹消登記を申請しなければならない。

第32条　市場主体が抹消登記する前に法に基づいて清算しなければならない場合、清算グループは設立日から10日以内に清算グループの構成員、清算グループの責任者リストを国家企業信用情報公示システムを通じて公告しなければならない。清算グループは、国家企業信用情報開示システムを通じて債権者公告を公表することができる。

清算グループは、清算終了日から30日以内に登記機関に抹消登記を申請しなければならない。市場主体が抹消登記を申請する前に、法に基づいて分支機構の抹消登記を行わなければならない。

第33条　市場主体が債権債務を発生せず、または債権債務を完済し、弁済費用、従業員給与、社会保険費用、法定補償金、納付しなければならない税金（延滞金、過料）が発生せず、または完済した際に、投資家全員が上述の状況の真実性について法的責任を負うことを書面で承諾した場合、簡易手続きで抹消登記を行うことができる。

市場主体は、承諾書及び抹消登記申請について国家企業信用情報公示システムを通じて公示しなければならず、公示期間は20日とする。公示期間内に関連部門、債権者及びその他の利害関係者から異議がない場合、市場主体は、公示期間満了日から20日以内に登記機関に抹消登記を申請することができる。

個人工商業者が簡易手続に従って抹消登記を行う場合、公示の必要がなく登記機関が個人工商業者の抹消登記申請を税務等の関係部門に移送し、関係部門が10日以内に異議申し立てがなかった場合、直接抹消登記を行うことができる。

市場主体の取消が法により許可されなければならない場合、または市場主体が営業許可証を取り消され、閉鎖、撤廃を命じられ、または経営異常リストに登録された場合、簡易抹消登記には適用されない。

中華人民共和国市場主体登記管理条例

第34条　人民法院が強制清算または破産宣告の裁定を下した場合、清算グループ、破産管理人は、人民法院が強制清算手続を終結させる裁定または破産手続を終結させる裁定を持って、直接登記機関に抹消登記の申請を行うことができる。

第 4 章　監督管理

第35条　市場主体は、国家の関連規定に従って年度報告及び登記関連情報を開示しなければならない。

第36条　市場主体は、営業許可証を住所または主要経営場所の目立つ位置に置かなければならない。電子商取引経営に従事する市場主体は、そのホームページの目立つ位置に営業許可証情報又は関連リンク標識を持続的に開示しなければならない。

第37条　いかなる組織と個人も営業許可証を偽造、改竄、賃貸、貸与、譲渡してはならない。
営業許可証を紛失し、または毀損した場合、市場主体は、国家企業信用情報開示システムを通じて廃棄を宣言し、再発行を申請しなければならない。
登記機関が法に基づいて変更登記、取消登記及び抹消登記の決定をした場合、市場主体は、営業許可証を返納しなければならない。営業許可証の返納を拒否し、または返納ができない場合、登記機関は、国家企業信用情報開示システムを通じて営業許可証の廃棄を公告する。

第38条　登記機関は、市場主体の信用リスク状況に基づいて等級分類監督管理を実施しなければならない。
登記機関は、無作為的に検査対象を抽出し、無作為的に法執行検査員を選抜・派遣する方式を採用し、市場主体の登記事項に対して監督検査を行い、そして適時に社会に監督検査結果を公開しなければならない。

第39条　登記機関は、市場主体が本条例の規定に違反した疑いのある行為を調査・処分し、以下の職権を行使することができる。
（一）市場主体の経営場所への立入検査の実施；
（二）市場主体の経営活動に関連する契約、手形、帳簿及びその他の資料の閲覧、複製、収集；
（三）市場主体の経営活動に関連する機関と個人について調査する；
（四）法律に基づいて市場主体に関連経営活動の停止を命じる；
（五）違法の疑いがある市場主体の銀行口座を法に基づいて照会する；
（六）法律、行政法規に規定されるその他の職権。
登記機関が前項第４項、第５項に規定する職権を行使する場合は、登記機関の主要責任者

第Ⅱ部　関連法規訳文

の承認を得なければならない。

第40条　虚偽の資料を提出し、その他の詐欺手段を用いて重要な事実を隠して市場主体の登記を取得した場合、虚偽の市場主体の登記に影響を受けた自然人、法人、その他の組織は、登記機関に市場主体の登記を取り消す申請を提出することができる。

登記機関は、申請を受理した後、速やかに調査を展開しなければならない。調査により虚偽の市場主体登記が存在すると認定された場合、登記機関は、市場主体登記を取り消さなければならない。関連の市場主体と人員が連絡できず、または協力を拒否する場合、登記機関は、関連の市場主体の登記時間、登記事項など国家企業信用情報公示システムを通じて社会に公示することができ、公示期間は45日とする。関連の市場主体及びその利害関係者が公示期間内に異議申し立てがなかった場合、登記機関は、市場主体の登記を取り消すことができる。

虚偽の市場主体登記のため取り消された市場主体、その直接責任者は、市場主体登記が取り消された日から3年以内に市場主体登記を再申請してはならない。登記機関は、国家企業信用情報公示システムを通じて公示しなければならない。

第41条　次のいずれかの状況がある場合、登記機関は、市場主体登記を取消さないことができる。
（一）市場主体登記の取り消しは社会公共利益に重大な損害を与える恐れがある場合；
（二）市場主体の登記を取り消した後、登記前の状態に戻すことができない場合；
（三）法律、行政法規に規定されたその他の状況。

第42条　登記機関又はその上級機関が市場主体登記取消決定の誤りが認定された場合、当該決定を取消し、元の登記状態を回復することができるが、国家企業信用情報公示システムを通じて公示しなければならない。

第5章　法律責任

第43条　設立登記を経ずに経営活動に従事した場合、登記機関は是正を命じ、違法所得を没収する。是正を拒否した場合、1万元以上10万元以下の過料を科す。状況が厳重な場合、法に基づいて廃業・休業を命じ、10万元以上50万元以下の過料を科す。

第44条　虚偽の資料を提出し、またはその他の詐欺手段を用いて重要な事実を隠して市場主体の登記を取得した場合、登記機関は、是正を命じ、違法所得を没収し、5万元以上20万元以下の過料を科す。状況が厳重な場合、20万元以上100万元以下の過料を科し、営業許可証を取り消す。

第45条　登記資本金の引受制登記制度を実行する市場主体が登記資本金を水増し、市場

主体の登記を取得した場合、登記機関は、是正を命じ、登記資本金額の５％以上15％以下の過料を科す。状況が厳重な場合、営業許可証を取り消す。

登記資本の引受制登記制度を実行する市場主体の発起人、株主が虚偽出資し、出資する貨幣又は非貨幣財産を未交付又は期日通りに交付しなかった場合、又は市場主体が成立した後に出資金の不正回収をした場合、登記機関は、是正を命じ、虚偽出資金額の５％以上15％以下の過料を科す。

第46条　市場主体が本条例に従って変更登記を行っていない場合、登記機関は、是正を命じ、是正を拒否した場合、１万元以上10万元以下の過料を科す。状況が厳重な場合、営業許可証を取り消す。

第47条　市場主体が本条例に基づいて届出をしていない場合、登記機関は是正を命じ、是正を拒否した場合、５万元以下の過料を科す。

第48条　市場主体が本条例に従って営業許可証を住所または主要経営場所の目立つ位置に置かなかった場合、登記機関は是正を命じ、是正を拒否された場合、３万元以下の過料を科す。

電子商取引経営に従事する市場主体がそのホームページの目立つ位置に営業許可証情報または関連リンク標識を持続的に開示していない場合、登記機関は『中華人民共和国電子商取引法』に基づいて処罰する。

市場主体が営業許可証を偽造、改竄、賃貸、貸与、譲渡した場合、登記機関は、違法所得を没収し、10万元以下の過料を科す。状況が厳重な場合、10万元以上50万元以下の過料を科し、営業許可証を取り消す。

第49条　本条例の規定に違反した場合、登記機関が過料金額を確定する際、市場主体の類型、規模、違法情況などの要素を総合的に考慮しなければならない。

第50条　登記機関及びその関連職員が本条例の規定に違反して職責を履行しない又は職責を適当に履行しない場合、直接責任を負う主管者及びその他の直接責任者に対して法に基づいて処分を与える。

第51条　本条例の規定に違反し、犯罪を構成した場合、法に基づいて刑事責任を追及する。

第52条　法律、行政法規が市場主体の登記管理違法行為の処罰について別途規定がある場合、その規定に従う。

第Ⅱ部　関連法規訳文

第6章　附　則

第53条　国務院市場監督管理部門は、本条例に基づいて市場主体の登記と監督管理の具体的な方法を制定することができる。

第54条　固定経営場所のない露店の管理方法は、省、自治区、直轄市人民政府が現地の実情に応じて別途規定する。

第55条　本条例は、2022年3月1日より施行される。『中華人民共和国会社登記管理条例』、『中華人民共和国企業法人登記管理条例』、『中華人民共和国組合企業登記管理法』、『農民専門協同組合登記管理条例』、『企業法人法定代表者登記管理規定』は、同時に廃止する。

索　引

あ　行

一人株主の書面決定……………………84
一人有限責任会社……45, 84, 85, 102, 164, 165
一名取締役の選任………………………92
違法な会計帳簿の法的責任……………196
違法な登録資本減少の法的責任…………188
営業許可の強制的取消…………………193

か　行

会議の電子通信化………………………22
会計士事務所………50, 51, 114, 170, 174, 186
会計証憑………50, 51, 100, 101, 169-174
会計帳簿………50, 51, 100, 101, 169-174, 196
解散事由……53, 73, 74, 99, 165, 166, 184, 189-191
会社決議の取消…………………………24
　──の不成立…………………………23
会社清算人………………………………190
会社定款……3, 19, 22-24, 34, 36, 52, 58, 84-96, 98-101, 104, 108-113, 121, 122, 126, 129, 143, 149-151, 163-171, 173, 181
会社登記事項・公示……………………35
会社登記事項の変更……………………36
会社登録資本の減少…………………3, 187
会社の営業許可………………………35, 36
会社の社会的責任…………21, 25, 28, 30
会社の税引後利益配分………………182, 184
会社の登記機関……24, 35-39, 41, 42, 70, 80, 193-195, 195, 196
会社抹消の登記・公示………………37, 41
会社名称…………………………………19
額面株式…………………52, 53, 68, 69
株金払込の取扱銀行……………………69
株　券………………2, 62, 64-66, 186
株　式…3, 11, 53, 54, 57, 58, 60, 66, 104, 115, 123, 130-132, 165, 166, 183-187
株式会社………8, 34, 53, 56, 58-61, 62, 70, 81, 101, 102, 106-112, 123, 131, 141, 149, 155,

158-160, 184, 188, 190, 191
株式会社の審計委員会………8, 149, 155, 158
株式譲渡………………11, 45, 96-98
　──の方式……………………………71
株式発行………………11, 54, 61-64
　──の原則…………………………62, 63
株式募集説明書………………………68, 69
株主会……10, 20, 22-24, 37, 41, 42, 51, 53, 64, 66, 67, 68, 73-75, 81, 83-87, 89, 98, 99, 101-105, 112, 115-121, 128-130, 133, 143, 144, 146, 147, 159, 165, 166, 181, 183, 184, 186, 187, 189, 190
　──中心主義………………………116-118
　──の招集権者………………………102
　──の職権……83, 84, 101, 102, 104, 120, 143, 144
　──の特別決議事項…………………112
株主協議…………………………46, 116
株主権濫用の賠償責任………………163, 164
株主権利の喪失…………6, 9, 47, 48
株主出資の全額納付義務………………46
株主出資の早期納付………6, 49, 197, 198
株主出資の不正回収の禁止……………48
株主中心主義……………………………118
株主二重代表訴訟………………………130
株主人数………………45, 51, 52, 95, 112
株主の会計証憑閲覧権…………………169
株主の議決権………………105, 106, 152
株主の出資義務………………………79, 98
株主の知る権利……50, 100, 101, 169, 172, 173
株主名簿……49-51, 57, 71, 72, 97, 98, 100, 170, 171, 173
株主名簿の変更………………71, 72, 97
簡易合併…………………………………186
監査役……2, 5, 8, 10, 11, 18, 29, 35, 48, 49, 60, 63, 64, 72, 73, 76, 83, 84, 93-96, 109-113, 119, 123, 125-131, 137, 138, 147-152, 154-158, 160, 165, 167-169, 172, 184, 188
監査役会議長…………93, 109, 110, 148, 150

267

監査役会設置の例外規定……………… 95, 112
監査役会の職権‥ 8, 95, 96, 111, 112, 147-151,
　　155-158
監査役会の設置および構成 ……………… 92
企業家精神 …………… 17, 18, 27, 28, 30, 118
議決権の代理行使 ……………………… 106
記名株券 ……………………………… 65, 71
記名社債 ……………………………… 179, 180
競業避止義務 ………………………… 129, 147
虚偽出資の法的責任 …………………… 194
虚偽登記の法的責任 …………………… 193
経　理 ……8, 10, 86, 91, 92, 96, 108, 109, 121-
　　123, 125, 145-147, 155, 156, 160
経理の任意設置および職権 …………… 91, 122
公法的性質説 ………………………… 39-41
国有企業 …………… 1, 2, 4, 87, 146, 157, 159
国家出資会社 ‥‥5, 9, 11, 18, 141-143, 148, 159
国家出資会社における党委員会 ………… 142
国家出資会社の株主権行使 …………… 143
国家出資会社の内部統制等 …………… 148
国家出資者職責の履行機関 …………… 142
国家独資会社 ………………… 143, 144, 150
国家独資会社の審計委員会 …………… 150

さ　行

財務援助の禁止 ………………………… 75
詐欺的会社登記の取消 ………………… 37
自社株式の取得制限 …………………… 74
市場主体 ……………… 5, 17, 18, 29, 36, 37
市場主体登記管理条例 ………… 33, 37, 39, 40
支配株主等の開示義務 ………………… 115
支配株主等の忠実義務・勤勉義務 ……… 167
支配株主等の連帯責任 ………… 7, 132, 168
私法的性質説 ……………………… 39, 40, 41
資本規制緩和説 …………………… 77, 78
資本規制強化説 ………………………… 78
資本準備金の構成 ……………… 184, 185
資本準備金の用途 ……………………… 185
資本増加時の優先購入権 ……………… 188
社会主義計画経済体制 ………………… 1
社会主義市場経済体制 ………………… 1, 2
社　債 ……4, 11, 75, 83, 84, 86, 100, 118-120,
　　144, 171, 177-179, 179-182

社債権者会議 ………………………… 181, 182
社債権者名簿 ………………………… 179
社債受託管理人 ……………… 182, 194
　——の義務・責任 …………………… 182
社債譲渡 ……………………………… 180
社債の公開発行登録性 ………… 177, 178, 181
従業員 … 2, 8-10, 17, 18, 20-22, 24, 25, 27-30,
　　87, 88, 93, 152
従業員権益の保護 …………… 24, 25, 27, 28
従業員出身の取締役 …………………… 87
従業員の民主的管理 …………………… 20, 28
修訂草案1審稿‥ 27-29, 41, 42, 119, 120, 122,
　　137, 138, 154-158, 173, 199
修訂草案2審稿 …… 12, 27-29, 41, 42, 80, 119,
　　120, 122, 137-139, 154-158, 173, 199, 200
修訂草案3審稿 …… 12, 27-29, 42, 79, 80, 119,
　　120, 122, 137, 154-158, 173, 200
修訂草案4審稿 …… 12, 27-29, 42, 80, 119, 120,
　　122, 137, 154-158, 173, 200
授権資本制度 …………………………… 67
出資金払込の催促義務 ………………… 47
出資金不正回収の法的責任 …………… 195
出資検査 …………………………… 56, 57
種類株式 ……………… 52, 53, 63, 64, 81
種類株主会 …………………………… 64
小規模合併 ……………………………… 186
証券取引所 ………… 72, 73, 116, 168, 169
上場会社 …… 4, 5, 11, 71-73, 75, 83, 101, 112-
　　116, 123, 153, 154, 168, 169, 178
上場会社の情報開示 ………………… 115, 116
情報不実開示の法的責任 ……………… 194
新株発行 …………………………… 2, 66-68
審計委員会の事前審議事項 …………… 113
人民法院による強制清算 ……………… 191
清算委員会 ……………………… 41, 190
清算グループ構成員の忠実義務・勤勉義務
　　…………………………………… 192
設立大会の開催 …………………… 58, 59
設立登記 ……… 33-35, 37, 38, 40, 42, 55, 60, 61
善意第三者の保護 ……………………… 24
全人民所有制工業企業法 ……………… 1

索　引

た　行

中華人民共和国証券法…75, 100, 101, 171, 177
中華人民共和国民法典………………………118
中国特色の現代企業制度…………………………4
定款変更による会社存続…………………190
転換社債 ………………………75, 178, 181
登録資本金の全額納付制度 ………………53
特定株主の株式譲渡制限……………72, 168
独立取締役 …………………113, 123, 153-156
取締役 … 7, 8, 11, 18-20, 25, 35, 47-49, 60, 73,
　　75, 83, 88, 86, 92, 94 , 108-110, 113, 114,
　　125-139, 146, 147, 153, 154, 160, 167, 184,
　　188
取締役会 …8, 22-24, 30, 47, 60, 68, 75, 81, 83,
　　84, 86, 87-90, 106, 113-123, 143-149, 158-
　　160, 181, 184, 186
取締役会設置の例外規定………………8, 109
取締役会中心主義 ………………………116-118
取締役会長 ……87-90, 102, 103, 136, 145, 146
取締役会の招集権者 …………………………102
取締役会の職権 …8, 86, 87, 92, 106, 109, 121,
　　218, 219, 230
取締役等の違法配当責任……………………184
取締役等の欠格要件 …………………125, 240
取締役等の第三者に対する責任 … 7, 77, 132,
　　134, 135, 137, 139
取締役等の忠実義務・勤勉義務 ……126, 127
取締役等の背任行為 …………………………127

取締役の責任保険 ………………………133
取締役の任期および辞任………………88
取締役の賠償請求権 ………………………89

は　行

普通株式 ………………………………63, 64
弁護士事務所 ………………50, 51, 170, 174
法人格の否認 ………………………164, 165
法定代表者 …19, 20, 35, 36, 52, 53, 66, 125, 136
募集設立 ………………………53-55, 58
発起設立 ………………………53-55, 58, 59
発起人の連帯責任 …………………………55, 56

ま　行

無額面株式 ………………………66-69, 184, 185
無記名社債の廃止………………………178

や　行

有価証券 ………………………………177
有限責任会社 …6-8, 33-35, 45-47, 49, 61, 76,
　　79-81, 83, 84, 86-97, 110, 111, 121-123,
　　141, 146, 149, 154, 183, 184, 187, 188, 190
　　──の審計委員会 ………………………7, 154

ら　行

利益相反取引 ………………………127, 163
利益配当の期限 ………………………184
立法目的 ………………3, 8, 17, 24, 25, 27-30

■著者紹介

徐　治文（じょ・ちぶん）
　　追手門学院大学大学院教授
　　法学博士（九州大学）
　　重慶大学客員教授

［主要著書］
「法と経済学の会社法理論(1)」法政研究第64巻2号（1997年）
「法と経済学の会社法理論(2)」法政研究第64巻4号（1998年）
「法と経済学の会社法理論(3)」法政研究第65巻2号（1998年）
『現代会社法理論と「法と経済学」』晃洋書房（2007年）
『グローバル化のなかの現代中国法〔第2版〕』共著、成文堂（2009年）
『会社法の到達点と展望』共著、法律文化社（2018年）

改正　中国会社法
──条文の解釈から学説論争、立法過程の解明へ

2025年2月28日　初版第1刷発行

著　者　徐　治文
発行者　畑　　光
発行所　株式会社　法律文化社
　　　　〒603-8053 京都市北区上賀茂岩ヶ垣内町71
　　　　電話 075(791)7131　FAX 075(721)8400
　　　　customer.h@hou-bun.co.jp
　　　　https://www.hou-bun.com/

印刷：共同印刷工業㈱／製本：新生製本㈱
装幀：奥野　章
ISBN 978-4-589-04391-7

ⓒ2025　Xu Zhiwen　Printed in Japan

乱丁など不良本がありましたら、ご連絡下さい。送料小社負担にてお取り替えいたします。
本書についてのご意見・ご感想は、小社ウェブサイト、トップページの「読者カード」にてお聞かせ下さい。

JCOPY　〈出版者著作権管理機構　委託出版物〉

本書の無断複写は著作権法上での例外を除き禁じられています。複写される場合は、そのつど事前に、出版者著作権管理機構（電話 03-5244-5088、FAX 03-5244-5089、e-mail: info@jcopy.or.jp）の許諾を得て下さい。

徳本 穰・徐 治文・佐藤 誠
田中慎一・笠原武朗編

会社法の到達点と展望
―森淳二朗先生退職記念論文集―

A 5 判・534頁・12100円

戦後から現在までの会社法の大きな展開を整理し、原点から到達点までを共有のうえ、会社法における現時点の争点・論点を掘り下げた24論考。国際的動向や最新の判例法理をふまえ、根源的および喫緊の課題を論究。

砂田太士・久保寛展・高橋公忠
片木晴彦・徳本 穰編

企業法の改正課題

A 5 判・536頁・11440円

平成26年・令和元年会社法改正（第 1 編）、令和元年金融商品取引法改正（第 2 編）を踏まえ、会社をめぐる問題を多角的に検討。CSR、株主総会のIT化、社外取締役の機能、取締役報酬の規制、監査役の責任などのテーマを含む32の論考を収録。

村田敏一著

株主平等原則と株主権の動態

A 5 判・248頁・6160円

株主権平等原則の解釈問題を中心に会社法における株主権の解釈につき、文言解釈に忠実に条文間の整合性を重視した解釈方法を提示。敵対的企業買収防衛策を検討した経産省研究会委員を務めた筆者が、機関投資家の議決権行使等も論じた包括的研究。

徳本 穰編

スタンダード商法Ⅱ 会社法〔第 2 版〕

A 5 判・350頁・3300円

商法の基本的な制度や考え方を学べる標準テキストが令和元年会社法改正にあわせて改訂。株主総会・取締役会といった会社機関の意義や相互関係、株式や社債などの資金調達の仕組みについてはとくに丁寧に解説した。

菊地雄介・草間秀樹・横田尚昌
吉行幾真・菊田秀雄・黒野葉子著

レクチャー会社法〔第 3 版〕

A 5 判・316頁・2970円

充実したリファレンスや応用知識への誘導（Step Ahead）箇所の設置など、読者に段階的な理解を促すテキスト。2019年以降の判例や法改正、学説動向を踏まえてアップデート。自習用にも資格試験にも対応したオールマイティな 1 冊。

―――――― 法律文化社 ――――――

表示価格は消費税10%を含んだ価格です